钱穆先生著作系列

庄子纂笺

大字本

钱穆◎著

九州出版社
JIUZHOUPRESS

图书在版编目（CIP）数据

庄子纂笺 / 钱穆著. -- 北京 : 九州出版社,
2016.4（2018.1重印）
ISBN 978-7-5108-4318-1

Ⅰ. ①庄… Ⅱ. ①钱… Ⅲ. ①道家②《庄子》—研究
Ⅳ. ①B223.55

中国版本图书馆CIP数据核字(2016)第073064号

庄子纂笺

作　　者	钱穆　著
出版发行	九州出版社
地　　址	北京市西城区阜外大街甲 35 号 (100037)
发行电话	(010)68992190/3/5/6
网　　址	www.jiuzhoupress.com
电子信箱	jiuzhou@jiuzhoupress.com
印　　刷	三河市九洲财鑫印刷有限公司
开　　本	710 毫米 ×1000 毫米　16 开
印　　张	21
字　　数	287 千字
版　　次	2016 年 12 月第 1 版
印　　次	2018 年 1 月第 2 次印刷
书　　号	ISBN 978-7-5108-4318-1
定　　价	49.00 元

钱穆先生

新校本说明

钱穆先生著作简体新校本，经钱胡美琦女士授权出版，以钱宾四先生全集编辑委员会所编《钱宾四先生全集》繁体版为本，进行重排新校，订正其中体例、格式、标号、文字等方面存在的疏误，内容保持《全集》版本原貌。

本书初版于一九六九年六月，由三民书局经销。一九八五年十一月改由东大图书公司重印初版，同港四版，整编《全集》时，以初版为底版。

九州出版社

目　录

外篇

杂篇

庄子纂笺序目

内篇　逍遥游　齐物论　养生主　人间世　德充符　大宗师　应帝王　凡七篇

外篇　骈拇　马蹄　胠箧　在宥　天地　天道　天运　刻意　缮性　秋水　至乐　达生　山木　田子方　知北游　凡十五篇

杂篇　庚桑楚　徐无鬼　则阳　外物　寓言　让王　盗跖　说剑　渔父　列御寇　天下　凡十一篇　总三十三篇

本书采摭诸家

老子 老子书出庄子后，证论详拙箸先秦诸子系年、老子辨，及中国思想史诸书。然庄书亦复多出老子后者。要之两书相互关涉至深，而精神各不同。本书详列两书语句互见者，以备比观。

韩非 非书有解老、喻老，为阐述老子书之最古者。太史公以老、庄、申、韩同传，具见深旨。然韩自近老不近庄。太史公曰："老聃深远矣。”毋宁移以称庄周。以上战国。

刘安淮南王书宗道家，亦多援用庄书。间有异文，可资校对。

司马迁 太史公书传庄周，语焉不详。拙箸先秦诸子系年，考庄周生卒出处行事，及其师友渊源、并世辈行、思想递嬗之迹较详。读本书者宜取兼观，此不具引。以上汉。

阮籍两汉治黄、老学，魏、晋以后始转重老、庄，阮籍开其端。阮书有达庄论，有大人先生传，发挥庄子旨趣，较之后起向、郭，遥为深远。余箸魏晋玄学三宗论辨其异。以上魏。

向秀有庄子解义。旧史称其唯秋水、至乐两篇未竟，郭象以秀义不传于世，遂略事点窜，窃为己注。今向注尚有散见于诸家之称引者。

郭象注庄最显者推郭象。然其书实剽窃向秀。向、郭皆曲学阿世，有违庄生本意。余箸中国思想史郭象篇，及记魏晋玄学三宗、郭象庄子注中之自然义两文备论之。然向、郭要为代表魏、晋玄学清谈之大宗，学者治庄书，亦当专治郭注，此亦中国道家思想流变一大节目也。本书录郭注，仅取其足以发明庄书原文者而止。

郭璞　张湛有列子注。列子伪书，然亦远有端绪，颇多与庄可互发者。

崔课　李颐　支遁以上晋。　梁简文帝梁。　王叔之宋。以上诸家注庄语，均见陆德明经典释文引。

张揖后魏。　颜之推北齐。

陆德明 有经典释文。多存唐以前旧诂。辨音义、考训释，此书所当先治。然兼备众说，不无冗碎。清代马其昶庄子故，采摘释文，颇加甄别。本书师其意，亦仅择取，不备录。

成玄英有庄子疏。

司马承祯　韩愈以上唐。

陈景元自称碧虚子，有南华章句，有庄子阙误。校异文者多参证焉。

张君房　王旦　晁迥

欧阳修永叔于古书能辨真伪，盖得唐韩愈氏之传。就庄书文章高下而判其真赝，非深于文事者，不易骤企也。然读古书，必具此一眼。

苏轼有广成解。　苏辙有老子解。　黄庭坚　司马光　程颢

邵雍有观物内、外篇。余箸中国思想史，目庄周、邵雍为观物派哲学。两家意趣颇相近。庄书屡称孔、颜，邵则骎骎由道而儒矣。此又为中国道家思想一大变。治庄者由阮及邵，可以识其流变之大势。

王安石　王雱安石子，有庄子注，又有南华真经新传。

吕惠卿有庄子注。王、吕两家注，引见道藏褚伯秀南华真经义海纂微，并焦竑庄子翼。

陈祥道　杨时　叶梦得　马永卿

朱熹古人注书，不失之繁委，即陷于枯燥。惟朱子四书集注，虽亦荟萃诸家，网罗群言，而体尚简要，辞贵清通。尤能于训诂考据、义理、文章三方兼顾，使读者就注与本文一贯读之，情味醰醰。本书窃慕其例，所谓“虽不能至，心向往之”者也。

林疑独　刘概继王雱注外、杂篇。　赵以夫有内篇注。　林希逸有庄子口义。　范无隐有讲语。　褚伯秀有南华管见，有南华真经义海纂微。王、吕、陈、刘、赵、林、范诸家，均见称引。　江遹

有列子注。刘辰翁有庄子点校。　罗勉道有庄子循本，入道藏。以上诸家，均见庄子翼。

陈显微　洪迈　陆秀夫　黄震　王应麟　马端临以上宋。

吴澄　李冶　李桢以上元。

薛瑄　王畿　杨慎　王世贞　李贽　叶秉敬　陈于廷

唐顺之有南华经释略。　张四维有庄子补注。　方扬　方沆有庄义要删。　朱得之有南华通义。以上诸家均见庄子翼。

陆长庚有南华真经副墨，庄子翼颇多采撷。本书所录，复有溢出。

焦竑有庄子翼。荟萃宋、明诸家旧谊。今诸家原著多半失传，仅赖焦书见其梗概。宋、明儒发挥庄子义趣，融会释氏，旁通先秦，有超越魏、晋之上者。学庄者自陆德明音义之下，首当研读此书。

归有光有南华真经评注。　方以智有药地炮庄。　释德清有庄子内篇注。以上明。

王夫之有庄子解义。　王敔夫之子，有增注，附见解义。船山论老、庄，时有创见，义趣宏深。本书不取纵放，未能详引。学者当专治其书。上较阮、邵，足以长智慧、识流变。大抵嗣宗得庄之放旷，康节得庄之通达，船山则可谓得庄之深微。学者由阮而邵而王，循以登门，而窥堂奥；又复由庄而颜，亦庶几乎尼山之一面。若骤寻之于老聃、郭象，则希不失之矣。

钱澄之有庄屈合诂。　顾炎武　马骕　屈大均

高秋月有庄子释意。　林云铭有庄子因。此书亦就文章家眼光解庄，不免俗冗；而颇能辨真伪，上承欧、归，下开惜抱，亦治庄之一途也。

宣颖有南华经解。此书犹未脱明人习气，俗冗较逊于林云铭，而活趣盎然。王先谦集解采摭宣书，颇费洗淘之功。本书引宣说，则复有别出王氏外者。

方潜有南华经解。　王懋竑有庄子存校。自此以下，渐见清儒训诂考订之功。

姚范　方苞　刘大櫆　姚鼐有庄子章义。

王念孙有读书杂志。　俞樾有庄子平议。清儒治古书，所长在训诂、校勘，所短在义理、文章。王、俞两家，在清儒治先秦诸子书中，最具成绩，其得失亦莫能自外。治庄书而不深探其义理之精微，不熟玩其文法之奇变，专从训诂校勘求之，则所得皆其粗迹。故清儒于庄书殊少创获，较之魏、晋、宋、明，转为不逮，此亦治庄者所应知也。

卢文弨　胡鸣玉　朱亦栋　钱大昕　段玉裁　李威　李调元　孙志祖　洪亮吉　邵晋涵　郝懿行　洪颐煊　梁玉绳　翁元圻　王筠　朱骏声　陈澧　俞正燮　方东树　梅曾亮　陈用光　方宗诚　曾国藩　方昌翰清儒汲古功深，诸家对庄书皆碎金屑玉，较之王、俞，弥见琐末矣。

孙诒让其所箸墨子间诂，于清儒中，治先秦诸子书，最见功力；晚近学人，群相推崇。然辞繁不杀，一字之考订训诂，备列本末，学者固可由此而窥清学之曲折。本书则义取简要，务求勿因笺注而昧失正文之脉络神味。学者先读孙氏闲诂，再诵本书，可悟著作体例，各有偏徇；分则两美，合必兼失之矣。

陈寿昌有庄子正义。

郭庆藩有庄子集释。此书备引郭注、成疏及陆氏音义，而后下逮清代考据诸儒，便于翻阅。然论功力，则远逊孙氏之于墨书矣。

王先谦有庄子集解。王氏先有荀子集解，模袭孙书；此书则主简要。盖王氏亦习桐城义法，已悟治庄之不能墨守乾嘉矩矱矣。此书仍乏深趣，然便初学，读之易于入门。

郭嵩焘引见郭庆藩集释。　曹耀湘　苏舆　王闿运有庄子注。极求简净，盖欲成一家言，而识力未足以副。

奚侗有庄子补注。　武延绪有庄子札记。两书晚出，而所获犹多前人所未及。两书流传不广，本书采录较宽。

吴汝纶　薛福成　李桢　姚永概　姚永朴　杨守敬　陈光淞

马其昶有庄子故。此书自郭注、陆音义、成疏、焦氏翼，下及清儒，采撷最广，淘洗亦精；较之郭氏集释、王氏集解，又见超出。盖马氏得桐城家法，能通文章义趣，又兼顾宋儒义解，不嫥嫥于训诂考核。然于庄子哲理，则尚嫌涉测未深。本书乃就马书为蓝本，而加增补修订；然李光弼入郭子仪军，壁垒旌旗，非复旧观。未敢掠美，特着于此。以上清。

阮毓崧有庄子集注。此书亦继踵郭、王，而所诣盖浅。

马叔伦有庄子义证。此书虽云解庄，实解字耳。本书偶录其一二有合于解庄之旨者。

杨文会　章炳麟有齐物论释、齐物论释定本。以佛义解庄，未必能恰符双方义旨，然可资学者之开悟；增发胜解，时得妙趣，不刻划以求可也。又有庄子解故。

胡远浚有庄子诠诂。所集又多逸出于郭、王、马三书之外，此书极便初学。

陶鸿庆有读庄札记。　刘师培有庄子校补。　顾实有庄子天下篇讲疏。　高亨有庄子今笺。　曹受坤有庄子内篇注。　蒋锡昌有庄子哲学。

朱桂曜　叶国庆　钱基博　梁启超

刘文典有庄子补正。　王叔岷有庄子校释。两书为近人对庄书校勘之最详备者，而王书用力尤勤。

严复有老子评，已见刻本。复有庄子评，乃就马氏庄子故书眉批注，辜鸿铭藏其书。余友曾君履川有传钞，假以示余。以其吉光片羽，摘录其十七八，广流传焉。以上近代。

武内义雄日人。偶录一二则，聊见异邦学人治我古籍之一例。

《庄子》，衰世之书也。故治庄而著者，亦莫不在衰世。魏、晋之阮籍、向、郭，晚明之焦弱侯、方药地，乃及船山父子皆是。庄子之学，盖承杨朱而主为我。近人疑其为一人，以“庄”、“杨”叠韵，“朱”“周”双声说之。严几道批《庄》，亦持此说。然决非是。《齐物》梦蝶、《山木》烹雁，皆明著曰“庄周”，而庄书复有“杨朱”“阳子居”，非一人明矣。然庄氏要为为我之学。昔王荆公尝论之，曰：“为己，学者之本；为人，学者之末。为己有余，而天下之势可以为人矣，则不可以不为人。今始学之时，其道未足以为己，而其志已在于为人，则可谓谬用其心矣。杨子知为己之为务，而不能达于大禹之道，则可谓惑矣。墨子者，废人物亲疏之别，而方以天下为己任，是以所欲以利人者，适所以为天下害患也。故杨子近于儒，而墨子远于道。”吕吉甫、王元泽皆致力《庄子》，盖师介甫绪论，欲以羽翼夫《三经新义》。然而北宋诸儒，终亦不免有衰气。余之生，值世又衰；而并世学人，顾少治《庄》而贵《墨》。震于西方之隆强，意切追随，摩顶放踵，若惧弗及。孙仲容、梁卓如皆盛尊墨子，谓可拟之耶氏。独章枚叔愁焉异趣，谓急切觊晋、宋，已属逾望，遑论汉、唐！故枚叔颇能窥寻《庄》旨。严几道晚年，与熊纯如诸札，亦颇瞭此；而几道亦晚年治《庄》。然则处衰世而具深识，必将有会于蒙叟之言，宁不然耶！此非沮、溺避世，曾涤生曾欲体庄用墨，亦孟子“禹、稷、颜回同道”之义耳。余少知好此书。犹忆辛亥，年十七，负笈金陵，常深夜倚枕，继烛私诵。有同学某君，已忘其姓字，见余好此，告曰：“尝宿山寺，得异僧授读。”余问其说，为讲《逍遥游》“水击三千里，抟扶摇而上者九万里”两语，大奇赏。自是遍搜古今注庄诸家。每获一帙，必首尾循诵，往复不厌。然得于此者失于彼，明于前而昧于后，欲求一通体朗畅、豁人心意者而难之。自是以来，垂四十年矣。世益衰益乱，私所会于漆园之微旨者益深。戊子冬，赤氛披猖，由辽沈，而平津，而徐蚌，血战方殷。时居无锡江南大学，滨太湖，有风涛涤荡之胜。回念昔遭浙、奉兴哄，时亦居无锡。京沪线上，一夕数惊。杜门注《公孙龙》，日卒一篇，越七日成书，而风济嗅息矣。今战氛殆不可速了，遂发意注《庄子》。先就马通伯《庄子故》，惬者存之，瀿者抹之。然后广集诸家，蚁行蝇楷，列于书眉；钩勒标帜，施以五色。昕旭握管，时达丙夜；寒雨雪霰，呵冻不辍。始十二月九日，迄于翌岁己丑二月九日，前后适两越月而书成。四月遂来香港。庚寅冬，去台湾。假中央研究院未见书七八种，携赴台南，得静院，晨昏觅隙，再事添列；又越月而竣。今年秋，获交南通沈君燕谋。见余书，曰："来日何可保？"斥赀促余付梓工。余亲任校字。版垂竟，报载平、津大学教授，方集中思想改造，竟坦白者逾六千人，不禁为之废书掷笔而叹。念蒙叟复生，亦将何以自处？作逍遥之游乎，则何逃于随群虱而处裈？齐物论之芒乎，则何逃于必一马之是期？将养其生主乎，则游刃而无地。将处于人间乎，则散木而且翦。倏忽无情，混沌必凿。德符虽充，桎梏难解。计惟鼠肝虫臂，唯命之从。曾是以为人之宗师乎！又乌得求曳尾于涂中？又乌得观鱼乐于濠上？天地虽大，将不容此一人，而何有乎所谓与天地精神相往来？然而古人有言："焦头烂额为上客，曲突徙薪处下坐。"此六千教授之坦白，一言蔽之，无亦曰墨翟是而杨朱非则已。若苟四十年来，漆园之书尚能索解于人间，将不致有若是。天不丧斯文，后有读者，当知其用心之苦，实甚于考亭之释《离骚》也。

一九五一年辛卯十二月一日钱穆识于九龙新亚书院

本书四版增订本自识语

本书于一九五五年二月再版，凡增删改定者四十七条。一九五七年三月三版，增删改定者又六十九条。此次四版，增删改定者又四十三条。距本书初版已七年，凡增删改定者共一百五十九条。

一九六二年六月钱穆自识

内篇

黄庭坚曰："内书七篇，法度甚严；二十六篇，解剥斯文耳。"

逍遥游

内篇之一。支遁曰："逍遥者，明至人之心也。"郭嵩焘曰："天下篇庄子自言其道术，'充实不可以已，上与造物者游'。首篇曰逍遥游者，用其无端崖之词，以自喻也。"方潜曰："状大体大用也。无己故无体，无功无名故无用；是为大体大用。后六篇皆阐此旨。"

北冥有鱼，其名为鲲。陆德明曰："北冥，北海也。"李颐曰："鲲，大鱼名。"崔譔曰："'鲲'当为'鲸'。"王念孙曰："'昆'声字多有大义，故大鱼谓之鲲，大鸡谓之鹍，音昆。"罗勉道曰："尔雅：'鲲，鱼子。'国语：'鱼禁鲲鲕。'"穆按：罗说亦有据，然当以李、崔为是。杨慎曰："庄子乃以至小为至大，便是滑稽之开端。"鲲之大，不知其几千里也。化而为鸟，其名为鹏。崔譔曰："'鹏'，古'凤'字。"郭象曰："鹏鲲之实，吾所未详也。庄子大意，在乎逍遥游放，无为而自得。达观之士，宜要其会归，而遗其所寄，不足事事曲与生说。”鹏之背，不知其几千里也。怒而飞，王筠曰：“古以‘弩’代‘努’，然当作‘怒’。”其翼若垂天之云。司马彪曰：“若云垂天旁。”是鸟也，海运，则将徙于南冥。司马彪曰：“运，转也。”林希逸曰：“海动必有大风，今谚有‘六月海动’之语。”王闿运曰：“今飓风也。”南冥者，天池也。《齐谐》者，志怪者也。简文曰：“齐谐，书也。”罗勉道曰：“齐谐者，齐人谐谑之言。孟子曰：‘齐东野人之语’，则齐俗宜有此。”《谐》之言曰：“鹏之徙于南冥也，水击三千里，崔譔曰：“将飞举翼，击水踉跄。”抟徒端反。扶摇而上者九万里，司马彪曰：“抟，圜飞而上也。上行风谓之扶摇。”尔雅：“扶摇谓之飙。”罗勉道曰：“抟，随风圜转也。”穆按：“水击”，平飞而前。“抟扶摇”，旋转而上。去以六月息者也。”成玄英曰：“六月半岁，至天池而息。”陆长庚曰：“息，气也。”宣颖曰：“大块噫气为风。六月气盛，故多风。”方潜曰：“述谐未竟，‘野马’以下，推论其义。”野马也，尘埃也，生物之以息相吹也。郭象曰：“野马者，游气也。”成玄英曰：“天地之间，生物气息，更相吹动。”朱子曰：“‘息’是‘鼻息’之‘息’，九万里风，亦是此息推去。”穆按：此言野马尘埃虽至微，亦有所冯而移动也。天之苍苍，其正色邪？其远而无所至极邪？其视下也，亦若是则已矣。王先谦曰：“‘其’谓鹏。借人视天，喻鹏视下，极言其抟上之高。”且夫水之积也不厚，则负大舟也无力。覆杯水于坳于交反。堂之上，支遁曰：“谓有坳垤形。”则芥为之舟；李颐曰：“芥，小草。”置杯焉，则胶，崔譔曰：“胶，著地也。”水浅而舟大也。风之积也不厚，则其负大翼也无力。故九万里，则风斯在下矣，而后乃今培风；王念孙曰："'培'之为言'冯'也。冯，乘也。"背负青天而莫之夭阏于葛反。者，司马彪曰："夭，折也。"李颐曰："阏，塞也。"而后乃今将图南。马其昶曰："此言乘气以游天地间者，必待厚积，乃可远举。""蜩音条。与学释文："'学'，或作'鷽'。"鸠笑之曰：洪颐煊曰："文选注引司马彪云：'鷽鸠，小鸟。'"'我决起而飞，李颐曰："决，疾貌。"枪七良反。榆枋，音方。王闿运曰："'枋'当作'枌'。"支遁曰："枪，突也。"陈碧虚阙误本此下有"而止"二字。时则不至，王念孙曰："'则'，犹'或'也。"而控苦贡反。于地而已矣。司马彪曰："控，投也。"奚以之九万里而南为！'"方潜曰："'蜩鸠'四句，再述谐言，而下复论之。"适莽苍者，三餐七丹反。而反，司马彪曰："莽苍，近郊之色也。"崔譔曰："三餐，犹言竟日。"腹犹果然；陆德明曰："果然，饱貌。"适百里者，宿舂粮；适千里者，三月聚粮。之二虫又何知！马其昶曰："'之'，'是'也。斥蜩、鸠。"小知不及大知，小年不及大年。奚以知其然也？朝菌其陨反。不知晦朔，王引之曰："淮南作'朝秀'。高注：'朝生暮死之虫。'广雅作'朝蛴'。"穆按：列子汤问篇："朽壤之上有菌芝者，生于朝，死于晦。"则"朝菌"不烦破字。陆德明曰："朔，旦也。"蟪蛄音姑。不知春秋，司马彪曰："蟪蛄，寒蝉也。春生夏死，夏生秋死。"此小年也。楚之南有冥本或作"榠"。灵者，李颐曰："冥灵，木名也。"罗勉道曰："海龟。"以五百岁为春，五百岁为秋；上古有大椿者，以八千岁为春，八千岁为秋。而彭祖乃今以久特闻，众人匹之，不亦悲乎！姚永概曰："众人之言寿者，皆以彭祖为比方，适可悲耳。"按："之"字似指冥灵、大椿。

汤之问棘也是已。李颐曰："棘，汤时贤人。"穷发之北，司马彪曰："穷发，北极之下，无毛之地。"有冥海者，天池也。有鱼焉，其广数千里，未有知其修者，其名为鲲。有鸟焉，其名为鹏，背若泰山，翼若垂天之云，抟扶摇羊角而上者九万里，司马彪曰："风曲上行若羊角。"绝云气，负青天，然后图南，且适南冥也。斥鴳于谏反。笑之曰：司马彪曰："斥，小泽也。""彼且奚适也？我腾跃而上，不过数仞而下，翱翔蓬蒿之间，此亦飞之至也。而彼且奚适也？"此小大之辩也。奚侗曰："本书多借'辩'为'辨'。"马其昶曰："汤问棘，又详列子汤问篇。"故夫知效一官，行比一乡，吴汝纶曰："'比'，犹'庇'也。"德合一君，而征一国者，郭庆藩曰："'而'，读为'能'，古字通用。"司马彪曰："征，信也。"其自视也，亦若此矣。而宋荣子犹然笑之。梁玉绳曰："宋荣子，即宋钘。荀子言宋子见侮不辱，韩子言宋荣子义设不斗，与天下篇言钘诸语正同。"刘师培曰："'𦤎'、'幵'二声，古均通转。月令：'腐草为萤'，吕纪作'为蚈'，是其比。"陆德明曰："'犹然笑之'，谓犹以为笑。"马其昶曰："'犹'，与'逌'同，汉书：'逌尔而笑。'"且举世而誉之而不加劝，举世而非之而不加沮，定乎内外之分，辩乎荣辱之竟，斯已矣。彼其于世，未数数音朔。然也。马其昶曰："'世'谓上'一乡''一国'。"司马彪曰："'数数'，犹'汲汲'也。"虽然，犹有未树也。刘辰翁曰："未树，犹有所倚也。"夫列子御风而行，泠音零。然善也，李颐曰："列子，名御寇。"郭象曰："泠然，轻妙之貌。"郝懿行曰："'泠'，同'令'。尔雅：'令，善也。'"旬有五日而后反。彼于致福者，未数数然也。章炳麟曰："福，备也。礼记祭统：'无所不顺之谓备。'言御风当得顺风乃可行。"此虽免乎行，犹有所待者也。郭象曰："非风则不得行，斯必有待也。"若乎乘天地之正，而御六气之辩，以游无穷者，司马彪曰："六气，阴、阳、风、雨、晦、明也。"郭庆藩曰："'辩'读为'变'，古字通。"彼且恶乎待哉！故曰：至人无己，神人无功，圣人无名。

尧让天下于许由，曰："日月出矣，而爝音爵。火不息，字林："爝，炬火也。"向秀曰："人所然火。"其于光也，不亦难乎！时雨降矣，而犹浸灌，其于泽也，不亦劳乎！夫子立而天下治，而我犹尸之，成玄英曰："尸，主也。"按：尸，居也。吾自视缺然，请致天下。"许由曰："子治天下，天下既已治也。而我犹代子，吾将为名乎？名者，实之宾也。吾将为宾乎？俞樾曰："'宾'当为'实'，连下文读。"鹪子遥反。鹩音辽。巢于深林，不过一枝；郭璞曰："鹪鹩，桃雀。"偃鼠饮河，不过满腹。陆德明曰："说文：'鼢鼠，一曰偃鼠。'"归休乎君！予无所用天下为。庖人虽不治庖，尸祝不越樽俎而代之矣。"邵雍曰："此'君子思不出其位，素位而行'之意也。"刘大櫆曰："证圣人无名。"

肩吾问于连叔曰：王闿运曰："田子方篇，肩吾与孙叔敖同时。""吾闻言于接舆，陆德明曰："接舆，楚人。"大而无当，吴汝纶曰："淮南高注：'当，犹底也。'"往而不反。吾惊怖普布反。其言，犹河汉而无极也。成玄英曰："上天河汉，寻其源流，略无穷极。"大有径庭，方以智曰："径庭，犹霄壤。言径路之与中庭，偏正悬绝。”王敔曰：“径外庭内，隔远之意。”不近人情焉。”连叔曰：“其言谓何哉？”曰：“藐姑射之山，有神人居焉，肌肤若冰雪，按：冰，凝也。诗：“肤如凝脂。”淖昌约反。约若处子。李颐曰：“淖约，柔弱貌。”不食五谷，吸风饮露。乘云气，御飞龙，而游乎四海之外。其神凝，王敔曰：“三字，一部南华大旨。”使物不疵疠而年谷熟。吾以是狂九况反。而不信也。”王敔曰：“‘狂’‘诳’通，疑其诳己。”连叔曰：“然。瞽者无以与乎文章之观，聋者无以与乎钟鼓之声。岂唯形骸有聋、盲哉？夫知亦有之。是其言也，犹时女也。焦竑曰：“时，是也。女，汝也。谓知有聋盲，即汝之狂而不信者是也。”之人也，之德也，将旁礴万物以为一，司马彪曰：“旁礴，犹混同也。”世蕲乎乱，姚鼐曰：“世自化之，蕲乎治耳。”王闿运曰：“德溥万物，则世自期于治矣。”孰弊弊焉以天下为事！简文曰：“弊弊，经营貌。”之人也，物莫之伤。大浸稽天，而不溺；司马彪曰：“稽，至也。”大旱，金石流、土山焦，而不热。郭象曰：“至人之不婴乎祸难，非避之也。推理直前，而自然与吉会。”释德清曰：“老子云：‘以其无死地。’”穆案：此当以达生篇“子列子问关尹”一节说之。是其尘垢秕糠，将犹陶铸尧、舜者也，孰肯以物为事！”褚伯秀曰：“神人之德，与天同运，推其绪余，犹足成唐虞之治。而其真，则非世人所知也。”

宋人资章甫而适诸越，李颐曰：“资，货也。章甫，殷冠也。”李桢曰：“‘诸’，犹‘于’也。春秋经：‘于越入吴。’”越人断发文身，无所用之。尧治天下之民，平海内之政，往见四子藐姑射之山，汾水之阳，马其昶曰：“御览引隋图经曰：‘平山在平阳，一名壶口山，今名姑射山。'" 窅乌了反。然丧其天下焉。奚侗曰："'窅'借为'杳'。说文：'杳，冥也。'" 王先谦曰："尧自失其有天下之尊也。" 刘大櫆曰："证神人无功。"

惠子谓庄子曰：司马彪曰："惠子，名施，为梁相。""魏王贻我大瓠音护。之种，司马彪曰："魏王，梁惠王也。" 叶国庆曰："此文当作于惠施相梁之后。" 我树之成，而实五石，以盛水浆，其坚不能自举也。王闿运曰："瓠脆盛重，故不可举。" 剖之以为瓢，则瓠落无所容。简文曰："瓠落，犹廓落。" 成玄英曰："平浅不容多物。" 非不呺许憍反。然大也，俞樾曰："'呺'，文选注引作'枵'，虚也。" 吾为其无用而掊之。" 庄子曰："夫子固拙于用大矣。宋人有善为不龟手之药者，司马彪曰："文坼如龟文也。" 李桢曰："'龟'，徐音举伦反。盖以'龟'为'皲'之假借。通俗文：'手足坼裂曰皲。'" 奚侗曰："'龟''皲'音不相近。盖'皲'为手足坼裂之名，'龟'则言坼裂之形。司马说是。" 世世以洴扶经反。澼普历反。絖音旷。为事。卢文弨曰："'洴''澼'双声字，是击絮之声。" 陆德明曰："小尔雅：'絮细者谓之絖。'" 郭象曰："其药能令手不龟坼，故常漂絮于水中也。" 客闻之，请买其方百金。聚族而谋曰：'我世世为洴澼絖，不过数金；今一朝而鬻技百金，请与之。' 客得之，以说吴王。越有难，吴王使之将，冬与越人水战，大败越人，裂地而封之。能不龟手，一也；或以封，或不免于洴澼絖，则所用之异也。今子有五石之瓠，何不虑以为大樽，"虑"，文选注引作"摅"。司马彪曰："'虑'犹'结缀'也。樽如酒器，缚之于身，浮于江湖，可以自渡。" 章炳麟曰："'结缀'字当为

‘落’，‘虑’‘落’双声。”而浮乎江湖？而忧其瓠落无所容，则夫子犹有蓬之心也夫！”向秀曰：“蓬者短不畅，曲士之谓。”阮毓崧曰：“此与孟子‘茅塞’义略同。”

惠子谓庄子曰：“吾有大树，人谓之樗。其大本拥肿而不中绳墨，奚侗曰：“‘拥’当作‘痈’。说文：‘痈，肿也。’”其小枝卷曲而不中规矩，立之涂，匠者不顾。今子之言，大而无用，众所同去也。”庄子曰：“子独不见狸力之反。狌音生。乎？成玄英曰：“狌，野猫。”卑身而伏，以候敖音遨。者。司马彪曰：“遨翔之物，鸡鼠之属也。”东西跳梁，成玄英曰：“跳梁，犹走掷。”不辟音避。高下，中于机辟，司马彪曰：“辟，罔也。”王念孙曰：“‘辟’与‘罿’同，尔雅：‘罿谓之罿。’郭璞曰：‘今之翻车也。’”死于罔罟。今夫斄吕之反。牛，其大若垂天之云。此能为大矣，而不能执鼠。今子有大树，患其无用，何不树之于无何有之乡，广莫之野？简文曰：“莫，大也。”彷徨乎无为其侧，逍遥乎寝卧其下。不夭斤斧，物无害者，无所可用，安所困苦哉！”屈大均曰：“庄生之学，贵乎自得。鲲鹏之化，皆以喻心。‘无何有之乡’、‘广莫之野’，心之寓焉者也。‘彷徨’‘逍遥’，适其适之至也。化其心为鲲鹏，化其身为大樗，夫既已无己矣，而又何功与名乎哉！”严复曰：“庄书多用‘游’字。自首篇名‘逍遥游’，如‘游于物之初’、‘游于物之所不得遁’、‘游乎天地之一气’、‘游乎遥荡恣睢转徙之涂’、‘圣人有所游’、‘乘物以游心’、‘入游其樊’、‘游刃’、‘游乎尘垢之外’、‘游乎四海之外’、‘游方之内’、‘游方之外’、‘游无何有之乡’、‘游心于淡’、‘游于无有’、‘而游无朕’，皆是。”穆按：本篇以“行”与“游”对文，犹以“天”“人”对文，游则天行也。

齐物论

内篇之二。王应麟曰："庄子齐物论，非欲'齐物'也，盖谓'物论'之难齐也。"钱大昕曰："王伯厚前，王安石、吕惠卿等，已发其说。"严复曰："物有本性，不可齐也；所可齐者，物论耳。"章炳麟曰："此篇先说'丧我'，终明'物化'，泯绝彼此，排遣是非，非专为统一异论而作。"刘咸炘曰："此篇初明万物之自然，因明彼我之皆是，故曰'齐物'。后人多误认为破是非。双遣两忘，乃佛家所主。佛家主空，一切俱不要；道家主大，一切俱要。根本大异，岂可强同！"穆按：章、刘说是。孟子曰："物之不齐，物之情也。"天下篇："彭蒙、田骈、慎到，齐万物以为首。"则旧读本"齐物"相连。

南郭子綦音其。隐机音纪。而坐，陆德明曰："隐，冯也。"仰天而嘘，荅焉似丧其耦。陆德明曰："荅，解体貌。司马彪曰：'耦，身也。身与神为耦。''耦'，本亦作'偶'。"俞樾曰："'偶'当读为'寓'，寄也。即下文所谓'吾丧我'。"颜成子游立侍乎前，俞樾曰："广韵：'颜成，复姓。'"李颐曰："子綦弟子，名偃，字子游。"曰："何居乎？形固可使如槁木，而心固可使如死灰乎？今之隐机者，非昔之隐机者也。"马其昶曰："言与曩日异。"子綦曰："偃，不亦善乎，而问之也！马叙伦曰："'而'，读为'汝'。"今者吾丧我，叶秉敬曰："'吾丧我'，与篇末'物化'相应。

盖不见有物，物化而合为一我；不见有我，我丧而同乎万物。”姚鼐曰：“一除我见，则物无不齐。”女知之乎？女闻人籁而未闻地籁，女闻地籁而未闻天籁夫！”郭象曰：“籁，箫也。”子游曰：“敢问其方。”林云铭曰：“方，类也。”穆案：易大传：“方以类聚。”子綦曰：“夫大块噫乙戒反。气，其名为风。王敔曰：“大块，地也。”是唯无作，作则万窍怒呺。胡刀反。奚侗曰：“‘呺’借为‘号’。”归有光曰：“风一也，声随窍异。言出于心亦然，道一而已。”而独不闻之翏翏良救反。乎？陆德明曰：“翏翏，长风声也。”奚侗曰：“‘翏’，当作‘飂’。说文：‘高风也。’”山林之畏于鬼反。佳，醉癸反。李颐曰：“山阜貌。”奚侗曰：“‘林’，当为‘陵’。‘畏佳’，犹‘崔嵬’。”王先谦曰：“即‘嵔崔’。”大木百围之窍穴，似鼻，似口，似耳；似枅，子兮反。吴汝纶曰：“‘枅’读为‘研’。研，轵也。周礼轮人注：‘小穿也。’”奚侗曰：“枅，曲枅。柱上曲木，两头受栌。”似圈，音权。陆德明曰：“杯圈也。”似臼；似洼于花反。者，似污者。王念孙曰：“说文：‘洼，深池也。’‘污’与‘窊’通。凿地为尊，谓之‘污尊’。”陆长庚曰：“鼻两孔，口一孔，耳孔斜，枅孔方，圈孔圆深，臼浅，洼曲，污广。”郭象曰：“此略举众窍之所似。”激者，奚侗曰：“‘激’借为‘噭’。说文：‘吼也。’”謞音孝。者，司马彪曰：“若欢謞声。”叱昌实反。者，吸者，叫古吊反。者，譹者，宎于尧反。者，咬于交反。者。王敔曰：“‘譹’通‘号’。‘叫’‘号’，其声壮；‘宎’‘咬’，其声幽。”方东树曰：“‘宎’同‘窔’，玉篇：‘户枢声。’”陆长庚曰：“‘激’如水激声，‘謞’如箭去声，‘叱’出而声粗，‘吸’入而声细，‘叫’高而声扬，‘譹’下而声浊，‘宎’深而声留，‘咬’鸣而声清。”郭象曰：“此略举众窍之声殊。”前者唱于，而随者唱喁。李颐曰："'于''喁'，声之相和也。"泠风则小和，胡卧反。李颐曰："泠泠小风也。"飘风则大和。厉风济，则众窍为虚。向秀曰："烈风。济，止也。"顾炎武曰："'厉'即'烈'字。"而独不见之调调、之刁刁乎？"向秀曰："'调调''刁刁'，皆动摇貌。"子游曰："地籁，则众窍是已；人籁，则比竹是已。敢问天籁。"姚鼐曰："丧我者，闻'众窍''比竹'，举是'天籁'。有我者闻之，只是'地籁''人籁'而已。子綦所言，皆'天籁'也。子游不悟，所谓'见指不见月'也。"子綦曰："夫吹万不同，而使其自已也。吴汝纶曰："'已'音'纪'。自，从也。已，已万窍也。"陈寿昌曰："使声由窍自出。"咸其自取，陈寿昌曰："有是窍即有是声，是声本窍之自取也。"怒者其谁邪？"钱澄之曰："天籁即在地籁中，'自已'谓各自成声，'自取'谓各因其窍。"严复曰："一气之行，物自为变，此近世学者所谓'天演'。西人亦以庄子为古之天演家。"陈寿昌曰："子綦语止此。"

大知闲闲，小知间间；陆长庚曰："闲闲，从容暇豫之意，常应常静也。"王敔曰："间间，乘隙也。"俞樾曰："释诂：'闲，覗也。''小知间间'，谓好覗察人。"大言炎炎，小言詹詹。章炳麟曰："'炎'，同'淡'。老子曰：'道之出口，淡乎其无味'也。"王敔曰："詹詹，细碎也。"其寐也魂交，其觉也形开，陆长庚曰："魄与魂交而为梦，魂与形开而应事。"与接为构，日以心斗。成玄英曰："构，合也。"缦者，窖古孝反。者，简文曰："缦，宽心也。窖，深心也。"奚侗曰："'缦'字当作'慢'。"密者。小恐惴惴，之瑞反。大恐缦缦。宣颖曰："迷漫失精。"王闿运曰："缦缦，解弛之形。恐甚不能自主也。”曹受坤曰：“前三形容其心思之精密，此二形容其神志之不宁。而后者由前引起。”其发若机栝，陆德明曰：“机，弩牙。栝，箭栝。”其司是非之谓也；王闿运曰：“司，察也。”章炳麟曰：“即今‘伺’字。”王敔曰：“捷辨伤人。”其留如诅盟，其守胜之谓也；王先谦曰：“留不发，若诅盟然。”奚侗曰：“守胜，常守其胜。”王敔曰：“坚持己见也。”其杀如秋冬，以言其日消也；林云铭曰：“神明日劳而消丧。”其溺之所为之不可使复之也；吴汝纶曰：“王伯申说‘之’犹‘于’也。此‘溺之’，当训‘溺于’。十二字为一句，五句为一事也。”其厌也如缄，以言其老洫也；成玄英曰：“厌没于欲，有类缄绳。”朱桂曜曰：“论语‘天厌之’，皇侃疏：‘厌，塞也。’”章炳麟曰：“‘洫’读‘侐’，静也。”穆按：洫，只是枯竭义。近死之心，莫使复阳也。陆德明曰：“阳，谓生也。”宣颖曰：“无复生意。”喜、怒、哀、乐，虑、叹、变、慹，之涉反。姚、佚、启、态，宣颖曰：“‘虑’多思；‘叹’多悲；‘变’多反覆；‘慹’多怖，音执。”朱桂曜曰：“启，开张。态，作态。”王闿运曰：“‘姚’，同‘佻’。佚，荡也。虑叹则变怖，姚佚则出态，魂形相颠倒也。”乐出虚，蒸成菌。方潜曰：“乐出虚，幻声也。蒸成菌，幻形也。”日夜相代乎前，而莫知其所萌。已乎，已乎！王闿运曰：“‘已’，同‘噫’。‘已乎’，犹‘嗟乎’。”旦暮得此，其所由以生乎！胡远濬曰：“自‘大知间间’以下，言心之种种名言状态，皆如幻而有，生灭变异，更历旦暮，而卒莫得所由起。今欲追变异生灭旦暮之故，其仍由心生乎！所谓‘自心还取自心’也。”非彼无我，宣颖曰：“‘彼’，即上之‘此’也。”非我无所取。成玄英曰：“若非自然，谁能生我？若无有我，谁禀自然乎？”林云铭曰：“非天机之动，则我不能自生。非我有以受之，则彼亦不能独生我也。”是亦近矣，而不知其所为使。若有真宰，而特不得其眹。除忍反。陆德明曰：“兆也。”姚鼐曰：“第求无彼无我，乃彭蒙、田骈、慎到之术，非真知道者。真知道者，必求真宰。真宰者，不见其眹，而无处不可见。‘百骸、九窍’以下，又恐人执妄心为真宰也。”严复曰：“‘彼’‘我’，对待之名；‘真宰’，则绝对者也。”可行已信，而不见其形。严复曰：“‘所萌’‘所由以生’‘所为使’，皆无形而不可见。可见者，可行已信之迹也。”有情而无形。陈寿昌曰：“情，实也。‘若有真宰’者，‘道之为物，惟恍惟惚’也。‘可行已信’者，‘其情甚真，其中有信’也。‘有情无形’者，‘迎之不见其首，随之不见其后’也。”穆按：大宗师曰：“夫道有情有信，无为无形。”百骸、九窍、六藏，李桢曰：“难经：‘五藏，心、肝、脾、肺、肾也。肾有两藏，左为肾，右为命门。’”赅而存焉，成玄英曰：“赅，备。”吾谁与为亲？汝皆说之乎？其有私焉？马其昶曰：“‘私’谓有所偏爱，不能皆说。”刘咸炘曰：“人身百节，皆神所在。神本一浑全之体，不属于一节，正如道在万物，风与众窍，实无所独私也。”如是皆有为臣妾乎？吴汝纶曰：“‘有’与‘以’同。顾氏唐韵正：‘“有”字古读若“以”。’”其臣妾不足以相治乎？其递相为君臣乎？其有真君存焉？如求得其情与不得，无益损乎其真。陆长庚曰：“此‘真’于人本无损益。迷则凡，悟则圣。”一受其成形，不亡以待尽。王闿运曰：“保其形以待尽，是待死而已。”马其昶曰：“真宰不亡，而今亦待尽。此言‘其形化，其心与之然’。”穆按：“不亡”，指成形言。刘师培曰：“‘不亡’，田子方篇作‘不化’。”与物相刃相靡，王闿运曰：“‘靡’同‘礳’。”其行尽如驰，而莫之能止，不亦悲乎！终身役役，而不见其成功，苶乃结反。卢文弨曰："字当作'苶'。"司马彪作"薾"。简文曰："疲困貌。"然疲役，而不知其所归，可不哀邪！人谓之不死，奚益！其形化，其心与之然，可不谓大哀乎？人之生也，固若是芒乎？其我独芒，而人亦有不芒者乎？陆德明曰："芒，芒昧也。"姚鼐曰："其形化而心逐之，无复真宰，是芒然无知者矣。然人生本来，岂若是芒哉！世自有觉者，然非'随其成心'之谓也。"夫随其成心而师之，谁独且无师乎？成玄英曰："凡域情滞著，执一家之偏见者，谓之成心。"曹受坤曰："成心，包括一切心知言。庚桑楚篇：'以生为本，以知为师，因以乘是非。'师成心，即以知为师也。"王闿运曰："成心，己是之见。"穆按："成心"与"成形"对文。各随其成心而师之，所以为芒，而是非横生也。奚必知代，而心自取者有之，愚者与有焉。姚鼐曰："万物相待乎前，知逐而生，是'知代'也。无端念动者，'心自取'也。二者皆妄耳。而人之言语，率出于此。此与风之吹物何异！"钱澄之曰："'知代'，谓知日夜之相代，而自取真君者。"穆按：钱说是。"知代"，即知化矣。知化者，无成心也。"心自取"，谓后心认取前心而妄执以为真我。盖愚者虽不知化，亦能自取己心，惟一成不化耳。未成乎心而有是非，是今日适越而昔至也。向秀曰："'昔'者，昨日之谓。"王敔曰："此惠子之言，而庄子用之。"是以无有为有。无有为有，虽有神禹，且不能知，吾独且奈何哉！穆按：世人皆坚执有是非，而不悟其生于各自之成心，我无如之何也。严复曰："世人之说幽冥，宗教之言上帝，大氐皆'随其成心而师之'之说也。"

夫言非吹也。宣颖曰："天籁自然，言非其比。"王闿运曰："言，人籁。吹，天籁。"言者有言，其所言者特未定也。穆按：未定，即未成也。果有言邪？其未尝有言邪？其以为异于鷇苦豆反。音，马其昶曰："广雅：'鷇，雏也。'"亦有辩乎？其无辩乎？马其昶曰："音息则语灭，人言之与鷇音等耳，何足校其是非！"道恶乎隐而有真伪？言恶乎隐而有是非？道恶乎往而不存？言恶乎存而不可？道隐于小成，章炳麟曰："'隐'读如'隐几'之'隐'，所依据也。"穆按：此即"随其成心"，人各有师也。曹受坤曰："即下文'其分也，成也'之'成'。"言隐于荣华。故有儒、墨之是非，以是其所非，而非其所是。郭象曰："儒、墨更相是非。"欲是其所非而非其所是，则莫若以明。穆按："明"，"芒"之对文。各师成心则芒，知化则明矣。则阳篇云："鸡鸣狗吠，是人之所知，虽有大知，不能以言读其所自化，又不能以意其所将为。"若明此理，则知代而化，成心泯而是非亦泯矣。物无非彼，物无非是。穆按：自我谓"彼"，自彼则为"是"。自彼则不见，自知则知之。故曰：彼出于是，是亦因彼，彼是方生之说也。章炳麟曰："'彼''是'观待而起，一方生即一方灭，一方可即一方不可，因果同时也。"穆按："方生"谓同时并起。虽然，方生方死，方死方生；方可方不可，方不可方可；因是因非，因非因是。胡远浚曰："'因'者，相因待之意。谓是非相待而生也。"是以圣人不由而照之于天，成玄英曰："天，自然也。"吴汝纶曰："由，用也。下'不用而寓诸庸'，即'照于天'之说也。"亦因是也。朱子曰："'因'者，君之纲。道家之说，此为最要。史记老子赞云：'虚无因应，变化于无穷。'虚无是体，因应是用，盖因而应之之义云尔。"马其昶曰："此即儒者因物付物之学。"王闿运曰："专'因是'以化其非也。世所积是，圣不能非。世所积非，圣可以是。愚者难悟，先务顺之。必先是之，乃可无非。”刘咸炘曰：“‘因是’，因其皆是。所破特彼我之相非耳。”穆按：上文言“因是因非”，圣人独因是而无所非，故曰“亦因是也”。是亦彼也，彼亦是也。彼亦一是非，此亦一是非。果且有彼是乎哉？果且无彼是乎哉？彼是莫得其偶，谓之道枢。郭象曰：“偶，对也。”马其昶曰：“庄子‘因是’之学，不类子莫之‘执中’。无方所，故谓之‘两行’；无对待，故谓之‘通一’。盖因是为是，我无与焉。‘彼是’者，我见所生，是彼非此，有方所而对待起，所谓‘偶’也。‘彼是莫得其偶’，即‘因是’已。此‘环中’之所以妙也。”枢始得其环中，以应无穷。钱澄之曰：“枢，天枢也。天枢居中，斗柄环指，不滞一隅，故曰‘环中’。”郭庆藩曰：“唐释湛然止观辅行传宏决引庄子古注云：‘以圆环内空体无际，故曰环中。’”朱子曰：“老子云：‘当其无，有车之用。’‘无’是毂中空处，惟其中空，故能受轴而运转不穷，亦此意。”是亦一无穷，非亦一无穷也。故曰“莫若以明”。曹受坤曰：“孔子称舜之大知，则谓‘执其两端，用其中于民’。而自谓无知，亦曰‘我叩其两端而竭焉’。惟环无端，不论由何点起，左旋右旋，皆复原位。故原位非终点，起点亦非始境，无所往而不通，亦无所往而不中。故可以随成，可以应无穷也。”

以指喻指之非指，不若以非指喻指之非指也。以马喻马之非马，不若以非马喻马之非马也。章炳麟曰：‘指’‘马’之义，乃破公孙龙说。指物篇云：‘物莫非指，而指非指。’上‘指’谓所指者，即境；下‘指’谓能指者，即识。物皆有对，故莫非境；识则无对，故识非境。庄生则云，以境喻识之非境，不若以非境喻识之非境也。盖为有对者，但是俗论。方有所见，相见同生，故物亦非境也。两皆非境，则争自绝矣。白马论云：‘马者，所以命形也。白者，所以命色也。命色者，非命形也。故曰：白马非马。’庄生则云，以马喻白马之非马，不若以非马喻白马之非马。盖马非以命形，专取现量，真马与石形如马者，等无差别。命马为马，亦且越出现量。两皆非马，则争自绝矣。”穆按：公孙龙在庄子后，此不当以公孙龙为说。“指”，百体之一；“马”，万类之一。此盖泛就“指”“马”说之。谓以我喻彼之非我，不若以彼喻我之非彼耳。陈寿昌曰：“以彼指还喻我指，则我指复为非指也。”天地，一指也；万物，一马也。吕惠卿曰：“‘天地与我并生’，而同体；‘万物与我为一’，而同类。”可乎可，不可乎不可。王叔岷曰：“此二句疑当在下文‘无物不然，无物不可’下。”道行之而成，穆按：此“隐于小成”之道。物谓之而然。恶乎然？然于然。恶乎不然？不然于不然。马其昶曰：“各有所行以成其道，各谓其物为然，而异己者为不然，皆私也；非真是所在。”物固有所然，物固有所可。胡远浚曰：“此就分殊言。”无物不然，无物不可。胡远浚曰：“此就理一言。”陆德明曰：“崔本此下更有‘可于可，而不可于不可。不可于不可，而可于可’。”故为是举莛音庭。与楹，朱亦栋曰：“莛，言其小也。汉书：‘以莛撞钟。’”厉与西施，陆德明曰：“厉，恶也。西施，吴王美女。”恢恑九委反。憰音决。怪，卢文弨曰：“‘恑’与‘诡’同。”道通为一。其分也，成也；其成也，毁也。成玄英曰：“于此为成，于彼为毁。如散毛成毡，伐木为舍等也。”王闿运曰：“独则无成。”凡物无成与毁，复通为一。惟达者知通为一，为是不用而寓诸庸。严复曰：“庸，常也，用也。常脉一分七十六至，病热者百至。百与七十六，无是非善恶可言，顾以反常而医者变色。北行者不南辙，缘木者非求鱼。南辙缘木非过也，顾以北行、求鱼则大谬。前之所非，非于反常；后之所非，非于失用。故曰‘寓诸庸’。”庸也者，用也；用也者，通也；通也者，得也。适得而几矣。章炳麟曰：“‘庸’‘用’‘通’‘得’，皆以叠韵为训。‘得’借为‘中’。古无舌上音，‘中’读如‘冬’，与‘得’双声。”穆按：中庸之书本此。王闿运曰：“主于得而不可求，适得而已。”因是已。王敔曰：“已，止也。谓因是而即止也。”已而不知其然，谓之道。宣颖曰：“‘不知其然’，未尝有心也。”穆按：已而自以为然者，仍非道。劳神明为一，而不知其同也，胡远濬曰：“‘劳神明为一’，惠子是也。”谓之朝三。何谓朝三？曰：狙七徐反。公赋芧，音序。奚侗曰：“‘芧’当作‘柔’。”崔譔曰：“狙公，养猿狙者。”司马彪曰：“芧，橡子也。朝三升，暮四升也。”成玄英曰：“赋，与也。”曰：“朝三而莫四。”众狙皆怒。曰：“然则朝四而莫三。”众狙皆悦。名实未亏，而喜怒为用，亦因是也。穆按：狙公之顺众狙，亦“因是”之义也。是以圣人和之以是非，而休乎天钧，是之谓两行。钱澄之曰：“道通为一，惟善因者，能不用一而用两。‘两’者，一之所寓也。”曹受坤曰：“淮南原道：‘钧旋毂转，周而复匝。’汉书注：‘陶家名模下圆转者为钧。’此与循环义相照应。‘两行’，即从环中左旋右转，无不同归一点也。”“钧”，陆德明释文又作“均”。成玄英曰：“天均，自然均平之理。”王先谦曰：“圣人和通是非，共休息于自然均平之地，物与我各得其所，是‘两行’也。”

古之人，其知有所至矣。成玄英曰：“至，造极之名。”恶乎至？有以为未始有物者，至矣尽矣，不可以加矣。郭象曰：“此忘天地，遗万物，外不察乎宇宙，内不觉其一身，故能旷然无累，与物俱往，而无所不应。”其次以为有物矣，而未始有封也。王闿运曰：“封，域也。彼此之界也。”其次以为有封焉，而未始有是非也。陆长庚曰："未始有物之先，即无极也。有物，即太极也。有封，即动静阴阳也。有是非，即五性感动，而善恶分，万事出也。"是非之彰也，道之所以亏也。道之所以亏，爱之所以成。吴汝纶曰："爱，隐也。障翳也。"果且有成与亏乎哉？果且无成与亏乎哉？成玄英曰："道无增减，物有亏成。是以物爱既成，谓道为损，而道实无亏也。"有成与亏，故章炳麟曰："故，此也。义见墨子天志篇。"昭氏之鼓琴也；俞樾曰："列子载郑师文学琴师襄事。'师'举其官、'昭'举其氏。"武延绪曰："疑'昭'为'师'字误。"马叙伦曰："吕氏君守篇：'郑太师文终日鼓琴瑟。'"无成与亏，故昭氏之不鼓琴也。郭象曰："声不可胜举也。故吹管操弦，虽有繁手，遗声多矣。而执籥鸣弦者，欲以彰声也。彰声而声遗，不彰声而声全。"昭文之鼓琴也，师旷之枝策也，司马彪曰："枝，柱也。策，杖也。"崔譔曰："举杖以击节。"王闿运曰："师旷瞽者，故柱杖而行。"惠子之据梧也，崔譔曰："梧，琴瑟也。"成玄英曰："检典籍，无惠子善琴之文。'据梧'者，只以梧几而据之谈说。"三子之知，几乎皆其盛者也，奚侗曰："'盛'当作'成'。"故载之末年。释德清曰："言从事以终身。"奚侗曰："载，事也。"姚永朴曰："小尔雅：'载，行也。'末年，犹云终世。"惟其好之也，以异于彼其好之也，欲以明之彼。钱澄之曰："既自以为成，有异于人矣。又欲明之于人，明己之成，所以见彼之亏也。"非所明而明之，故以坚白之昧终。郭象曰："是犹对牛鼓簧耳。彼竟不明，故己之道术，终于昧然。"而其子又以文之纶终，终身无成。郭象曰："昭文之子，终文之绪，亦卒不成。"若是而可谓成乎，虽我亦成也。若是而不可谓成乎，物与我无成也。胡远浚曰："非所明而明之，以此为成，则孰非成者！然物与我皆只能自明，不能明人。若明非所明，即不可谓成，则又无一成者矣。"马其昶曰："各私一我，皆可谓成；兼物与我，无所谓成也。"严复曰："不独人道如是，而造化尤然。日月经天，江河行地，寒暑推迁，昼夜相代，万物成毁生灭于此区区一丸之中。来无始，去无终。问彼真宰，何因为是？虽有大圣，无能答也。"是故滑古没反。疑之耀，吴汝纶曰："'滑疑'，即'滑稽'也。史记：'滑稽多智。'颜师古说：'滑，乱也。稽，疑也。'索隐引邹诞曰：'言是若非，言非若是，能乱同异也。'子云酒箴：'鸱夷滑稽'，注：'圜转纵舍，无穷之状。'皆与庄子恉意相合。"圣人之所图也。王先谦曰："谋去之。"曹受坤曰："说文：'图，计画难也。'此言圣人以为难。中庸：'吾弗能之矣'，语意相似。"为是不用而寓诸庸，此之谓以明。

今且有言于此，不知其与是类乎？其与是不类乎？类与不类，相与为类，则与彼无以异矣。王夫之曰："此欲显其纲宗，而先自破其非。"虽然，请尝言之。有始也者，有未始有始也者，有未始有夫未始有始也者。有有也者，有无也者，有未始有无也者，有未始有夫未始有无也者。俄而有无矣，而未知有无之果孰有孰无也。今我则已有谓矣，而未知吾所谓之其果有谓乎？其果无谓乎？章炳麟曰："断割一期，故'有始'。长无本剽，故'无始'。心本不生，故'未始有夫未始有始'。计色故'有'，计空故'无'。离色空，故'未始有无'。离遍计，故'未始有夫未始有无'。不觉心动，忽然念起，遂生有无之见。计色为'有'，离计孰证其有？计空为'无'，离计孰证其无？故曰：'俄而有无矣，而未知有无之果孰有孰无也。'然今之论者，现是有言。所诠之

‘有’，宁得遮拨为‘无’？而此能诠，诚合于所诠否，又无明证。故复说言‘未知吾所谓之其果有谓乎，其果无谓乎？’”天下莫大于秋豪之末，而大山为小；莫寿乎殇子，而彭祖为夭。归有光曰：“始终，数也；有无，象也。无象、无数，浩浩绵绵。”马其昶曰：“秋豪性足，殇子反真，故称久大。天地并生，故彭祖夭；万物为一，故大山小。”天地与我并生，而万物与我为一。既已为一矣，且得有言乎？既已谓之一矣，且得无言乎？一与言为二，二与一为三。章炳麟曰：“依幻有说，与万物为一。若依圆成实性，唯是一如来藏，一向无有，人与万物，何形隔器殊之有？所谓‘一’者何耶？般若经说：‘诸法一性，即是无性。诸法无性，即是一性。’是故‘一’即无见无相，何得有言？以藏识中有数识，既见为‘一’，不得无‘一’之名。呼此‘一’声，为能诠之名。对此‘一’者，为所诠之事。是‘一与言为二’。识中一种，更与能诠、所诠异分，是‘二与一为三’。本自无性，而起三数。故曰‘自无适有，以至于三’。无适者，不动之谓。一种、一事、一声，泊尔皆寂，然后为至。所因者何？因其本是一也。此说齐物之至，本自无齐。”穆按：老子云：“道生一，一生二，二生三，三生万物。”即本此。自此以往，巧历不能得，而况其凡乎！胡远浚曰：“‘凡’对‘巧历’言。”故自无适有，以至于三，而况自有适有乎！无适焉，因是已。穆按：无适，即各止于彼我之分，即“因是”也；亦即所谓“休乎天钧”也。曹受坤曰：“至是齐物论正文已完，以下不过条列，以申述前旨。”

夫道未始有封，章炳麟曰：“崔云：‘齐物七章，此连上章，而班固说在外篇。’然则此自别为一章也。”蒋锡昌曰：“谓‘班固说在外篇’者，乃言班固本此章亦在本篇，但班固验之于义，以为应在外篇也。”言未始有常，为是而有畛之忍反。也。陆德明曰：“畛，谓封域畛陌。”郭象曰：“道无封，故万物得恣其分域。”请言其畛：有左、有右，有伦、有义，崔本作“有论、有议”。曹受坤曰：“左、右，乃极端反对之两派。伦者，类也。义者，各持一义。此盖同一派中，再分类别者。”有分、有辩，有竞、有争。曹受坤曰：“大派对立，则为分、为竞；小派纷争，则为辩、为争。”此之谓八德。王夫之曰：“故老子曰：‘道失而后有德。’”六合之外，圣人存而不论；王闿运曰：“存，察也。”六合之内，圣人论而不议。春秋经世，先王之志，圣人议而不辩。郭象曰：“顺其成迹，而拟乎至当之极。”故分也者，有不分也；辩也者，有不辩也。曰：何也？圣人怀之，众人辩之，以相示也。故曰：辩也者，有不见也。钱澄之曰：“只见一边，则以所见为是，所不见为非。”夫大道不称，宣颖曰：“无可名。”大辩不言，大仁不仁，成玄英曰：“亭毒群品，泛爱无心，譬彼青春，非为仁也。”大廉不嗛，欺簟反。朱桂曜曰：“‘嗛’盖‘磏’之坏字。说文：‘磏，厉石也。’韩诗外传：‘磏乎其廉而不刿。’”马其昶曰：“‘嗛’，与‘隒’同。说文：‘隒，崖也。’谓廉者不自显崖岸。”大勇不忮。王念孙曰：“说文：‘忮，很也。’”道昭而不道，言辩而不及，仁常而不成，阙误引或本“成”作“周”。郭象曰：“有常爱，必不周。”廉清而不信，马其昶曰：“清，谓明察也。‘信’，与‘申’同。”勇忮而不成。五者园而几向方矣。王念孙曰：“‘园’与‘刓’通。”吴汝纶曰：“淮南作‘五者无弃而几向方矣’。高注：‘方，道也。’”马其昶曰：“案：‘园’谓化五者之迹，犹老子之言‘挫其锐’也。”奚侗曰“疑古本庄子‘無’作‘无’，弃字破烂，钞者作□以识，后人误合为‘园’。”故知止其所不知，至矣。成玄英曰：“知止其分，学之造极也。”章炳麟曰：“骛驰愈远，本量愈乖。

知止其所不知者，即‘不论’‘不议’之谓。”孰知不言之辩，不道之道？若有能知，此之谓天府。蒋锡昌曰：“天府，即自然之府，即至人藏道之心窍也。”注焉而不满，酌焉而不竭，而不知其所由来，郭象曰：“至理之来，自然无迹。”此之谓葆光。焦竑曰：“葆光，即知而不知之谓。”赵以夫曰：“葆光，言自晦其明也。”故昔者尧问于舜曰：“我欲伐宗、脍、胥敖，崔课曰：“‘宗’一，‘脍’二，‘胥敖’三。”洪亮吉曰：“‘郐’‘脍’，古今字。”孙诒让曰：“‘宗’，‘崇’之借字。荀子‘尧伐驩兜’，杨注：‘书曰：放驩兜于崇山。’吕氏召类：‘禹攻曹、魏、屈骜’，疑‘敖’与‘骜’字通。‘胥’，或当作‘骨’；‘骨敖’即‘屈骜’。”南面而不释然。其故何也？”舜曰：“夫三子者，犹存乎蓬艾之间，郭象曰：“物之所安，无陋也。则蓬艾，乃三子之妙处也。”若不释然，何哉？马其昶曰：“听其自存，又何歉焉？”昔者十日并出，万物皆照，马其昶曰：“‘照’与‘炤’‘灼’同字。说文：‘灼，炙也。’淮南言‘尧时十日并出，焦禾稼，杀草木’，即此所谓并炤也。”而况德之进乎日者乎！”郭嵩焘曰：“日，无心者也。德之求辩乎是非，方且以有心出之，民何所措手足乎！”郭象曰：“欲夺蓬艾之愿，而伐使从己，于至道岂弘哉！”

啮缺问乎王倪曰：俞樾曰：“广韵：‘啮，姓。’”“子知物之所同是乎？”曰：“吾恶乎知之！”“子知子之所不知邪？”曰：“吾恶乎知之！”“然则物无知邪？”曰：“吾恶乎知之！虽然，尝试言之。庸讵知吾所谓知之非不知邪？庸讵知吾所谓不知之非知邪？且吾尝试问乎女：民湿寝，则腰疾偏死，司马彪曰：“偏，枯死也。”鰌音秋。然乎哉？木处，则惴栗恂惧，猨猴然乎哉？三者孰知正处？民食刍豢，司马彪曰："牛羊曰刍，犬豕曰豢，以所食得名。"麋鹿食荐，司马彪曰："荐，美草也。"蝍且子徐反。甘带，陆德明曰："蝍且，广雅：'蜈公也。'尔雅：'蒺藜，蝍蛆。'郭璞注：'似蝗，能食蛇脑。'"司马彪曰："带，小蛇也。"鸱鸦耆鼠，四者孰知正味？蝯，猵篇面反。狙以为雌，向秀曰："猵狙以猿为雌。"麋与鹿交，鳅与鱼游。毛嫱、丽姬，司马彪曰："毛嫱，越王美姬。"陆德明曰："丽姬，晋献公之嬖。"人之所美也；鱼见之深入，鸟见之高飞，麋鹿见之决骤。崔譔曰："疾走不顾为决。"四者孰知天下之正色哉？自我观之，仁义之端，是非之涂，樊然殽乱，吾恶能知其辩！"齧缺曰："子不知利害，则至人固不知利害乎？"王倪曰："至人神矣！大泽焚，而不能热；河汉沍，户故反。而不能寒；向秀曰："沍，冻也。"疾雷破山、风阙误引或本作'飘风'。振海，而不能惊。若然者，乘云气，骑日月，而游乎四海之外。死生无变于己，而况利害之端乎！"郭嵩焘曰："能不以物为重，而天地造化自存于吾心，则外境不足以相累。庄子之自期许如此，故屡及之。"

瞿鹊子问乎长梧子曰：俞樾曰："据'吾闻诸夫子'之语，则瞿鹊子当为孔子弟子。"马其昶曰："国策有'梧下先生'。"李颐曰："居长梧下，因以为名。""吾闻诸夫子：'圣人不从事于务，郭象曰："务自来而理自应，非从而事之也。"不就利，不违害；郭象曰："任而直前。"不喜求，王敔曰："自谓未得。"不缘道，王敔曰："自谓已得。"无谓有谓，有谓无谓，胡远濬曰："此即寓言篇'终身不言，未尝不言；终身言，未尝言也’之旨。”而游乎尘垢之外。’郭象曰：“凡非真性，皆尘垢也。”夫子以为孟浪之言，向秀曰：“‘孟浪’，音‘漫澜’，无所趣舍之谓。”崔譔曰：“不精要之貌。”而我以为妙道之行也。吾子以为奚若？”长梧子曰：“是黄帝之所听荧音莹。也，司马彪曰：“听荧，疑惑也。”而丘也何足以知之！且女亦大早计，见卵而求时夜，崔譔曰：“时夜，司夜，谓鸡也。”见弹而求鸮炙。司马彪曰“鸮，小鸠，可炙。”郭象曰：“物有自然，理有至极。循而直往，则冥然自合，非所言也。故言之者孟浪，而闻之者听荧。夫不能安时处顺，而探变求化，当生而虑死，执是以辩非，皆逆计之徒也。予尝为女妄言之，女以妄听之，奚？成玄英曰：“何如？”旁日月，司马彪曰：“旁，依也。”挟宇宙，为其吻武轸反。合，司马彪曰：“吻，合也。”王闿运曰：“明并日月，量兼宇宙，与世吻合，不从事于务也。”置其滑古没反。涽，音昏。向秀曰：“滑涽，未定之谓。”以隶相尊。吴汝纶曰：“列子注：‘隶，犹群辈。’”穆按：群辈相尊，世情皆然，圣人亦不违之也。众人役役，圣人愚芚，徒奔反。司马彪曰：“浑沌不分察也。”参万岁而一成纯，郭象曰：“参糅亿载，千殊万异，道行之而成，则古今一成也。物谓之而然，则万物一然也。无物不然，无时不成；斯可谓纯也。”万物尽然，而以是相蕴。郭象曰：“蕴，积也。积然于万物，则万物尽然也。”王先谦曰：“万物无所不然，但以一是相蕴积。”穆按：此圣人所以因是而止，不复因于非是也。予恶乎知说生之非惑邪？予恶乎知恶死之非弱丧而不知归者邪？郭象曰：“少而失其故居，名为弱丧。”丽之姬，艾封人之子也。成玄英曰：“艾地之守封疆者。”晋国之始得之也，涕泣沾襟；及其至于王所，崔譔曰："六国诸侯僭称王，因谓晋献公为王也。"穆按：此证本篇之成，必在齐、魏相王后也。与王同筐床，崔譔曰："方床也。"食刍豢，而后悔其泣也。予恶乎知夫死者不悔其始之蕲生乎！郭象曰："蕲，求也。"梦饮酒者，旦而哭泣；梦哭泣者，旦而田猎。方其梦也，不知其梦也。梦之中又占其梦焉，觉而后知其梦也。且有大觉，而后知此其大梦也。章炳麟曰："觉梦之喻，非谓生梦死觉。大觉知大梦者，知生为梦，故不求长生；知生死皆梦，故亦不求寂灭。"而愚者自以为觉，窃窃然知之。司马彪曰："窃窃，犹察察也。"君乎，牧乎，固哉！刘辰翁曰："举世皆梦，人君、人牧，方窃窃然有择于此，陋矣。"丘也，与女皆梦也；予谓女梦，亦梦也。是其言也，其名为吊音的。诡。陆德明曰："吊，至也。诡，异也。"马其昶曰："'吊诡'犹'諔诡'。天下篇：'其辞虽参差，而諔诡可观。'"万世之后而一遇大圣，知其解者，是旦暮遇之也。王先谦曰："解人难得，万世一遇，犹旦暮然。"既使我与若辩矣，若胜我，我不若胜，若果是也？我果非也邪？我胜若，若不吾胜，我果是也？而果非也邪？郭象曰："'若''而'，皆'汝'也。"其或是也？其或非也邪？其俱是也？其俱非也邪？我与若不能相知也，则人固受其黮贪闇反。闇。李颐曰："黮闇，不明貌。"吾谁使正之？使同乎若者正之，既与若同矣，恶能正之！使同乎我者正之，既同乎我矣，恶能正之！使异乎我与若者正之，既异乎我与若矣，恶能正之！使同乎我与若者正之，既同乎我与若矣，恶能正之！然则我与若、与人，俱不能相知也，而待彼也邪？郭象曰："各自正耳。"何谓和之以天倪？郭象曰："天倪，自然之分也。"马叙伦曰："当从班固作'天研'。说文：'研，礳也。''天研'，犹言自然礳之。礳道回旋，终而复始，以喻是非之初无是非也。"朱桂曜曰："释文引舍人云：'研，平也。''天研'即'天平'。"曰：是不是，然不然。是若果是也，则是之异乎不是也亦无辩；然若果然也，则然之异乎不然也亦无辩。化声之相待，吕惠卿曰："此下五句，至'所以穷年也'，应移'而待彼也邪'句下。"若其不相待。和之以天倪，因之以曼衍，所以穷年也。司马彪曰："曼衍，无极也。"王雱曰："天倪，自然之妙本也。言有其本，则应变而无极；则古今之年有时穷尽，而吾之所言，无时而极也。"郭象曰："是非之辩为化声。化声之相待，俱不足以相正，故若不相待。和之以自然之分，任其无极之化，则是非之境自泯，而性命之致自穷也。"忘年、忘义，郭象曰："忘年，故玄同死生。忘义，故弥贯是非。"振于无竟，故寓诸无竟。"郭象曰："是非、死生，荡而为一。至理畅于无极，故寄之者不得有穷。"姚鼐曰："疑'何谓和之以天倪'至此，是杂篇'寓言'章末错入此处。"

罔两问景曰：郭象曰："罔两，景外之微阴也。"严复曰："凡物之非此非彼者曰'罔两'。'魑魅罔两'之'罔两'，介于人鬼物魃之间。问'影'之'罔两'，介于光影明暗之间，天文家所谓'阊虚'。室中有二灯，则所成之影皆阊虚；必两光之所不及者，乃为真影。""曩子行，今子止；曩子坐，今子起；何其无特操与？"景曰："吾有待而然者邪？吾所待又有待而然者邪？曾国藩曰："'有待'，景为形使也。'又有待'，形为气使也。"吾待蛇蚹、音付。蜩翼邪？成玄英曰："蚹，蛇蜕皮。蜩翼，即外篇所云'蜩甲'。蛇蜕故皮，蜩出新甲也。”陶鸿庆曰：“此‘待’字当作‘特’。”高亨曰：“‘待’字疑涉上文而衍。寓言篇：‘予，蜩甲也？蛇蜕也？似之而非也。’即其证。”穆按：蛇蚹、蜩翼，皆已与蛇、蜩不相关。故知相待实不相待，皆自然也。恶识所以然？恶识所以不然？”成玄英曰：“待与不待，然与不然，天机自张，莫知其宰。”

昔者庄周梦为胡蝶，栩栩况羽反。然胡蝶也。陆德明曰：“栩栩，喜貌。”自喻适志与！李颐曰：“喻，快也。”奚侗曰：“字当作‘愉’。”穆按：“自喻”，犹云“自谓”。不知周也。俄然觉，则蘧蘧然周也。李颐曰：“蘧蘧，有形貌。”王闿运曰：“蘧蘧，重貌。”严复曰“大宗师：‘蘧然觉’则‘蘧蘧’自是觉貌。”不知周之梦为胡蝶与，胡蝶之梦为周与？周与胡蝶，则必有分矣。此之谓物化。王先谦曰：“周、蝶必有分，而其入梦方觉，不知周、蝶之分也。谓周为蝶可，谓蝶为周亦可，则一而化矣。”马其昶曰：“物有分，化则一也。至人深达造化之原，绝无我相，故一切是非、利害、贵贱、生死，不入胸次；忘年、忘义，浩然与天地精神往来。”

养生主

养生主内篇之三。陈景元曰："主，真君也。"王夫之曰："形，寓也，宾也。心知寓神以驰，役也。皆吾生之有，而非生之主也。养生之主者，宾其宾，役其役，薪尽而火不丧其明。"杨时曰："逍遥篇，子思所谓'无入不自得'；养生主篇，孟子所谓'行其所无事'。"

吾生也有涯，而知也无涯。吕惠卿曰："生随形而有尽，知逐物而无穷。"以有涯随无涯，殆已；已而为知者，殆而已矣。姚鼐曰："'已而'之'已'，'此'也。穆按：老子云："知止可以不殆"，本此。为善无近名，为恶无近刑，郭象曰："忘善恶而居中，闷然与至当为一。故刑名远已，而全理在身。"胡远濬曰："大宗师云：'过而弗悔，当而不自得。'此真人之不近刑近名也。"张文虎曰："两'无'字皆转语辞；与'无乃''将无''得无'辞气相近。"刘咸炘曰："管子白心：'为善乎，无提提；为不善乎，将陷于刑。'是其证。"缘督以为经。王夫之曰："身后之中脉曰'督'，居静而不倚于左右，有位而无形质者。'缘督'者，循虚而行，以适得其中。"可以保身，可以全生，吴汝纶曰："'生'读为'性'。"可以养亲，可以尽年。

庖丁为文惠君解牛，崔譔曰："文惠君，梁惠王也。"穆按：据此称谓，似此篇较逍遥、齐物为先成。手之所触，肩之所倚，足之所履，膝之所踦，居彼反。马其昶曰："'膝之所踦'，谓屈一足之膝以案之也。说文：‘踦，一足也。’”砉音画。然嚮然，司马彪曰：“砉然，皮骨相离声。”武延绪曰：“‘向’疑‘嚮’字误。‘嚮’一作‘吻’，‘嚮’一作‘向’，形近。”奏刀騞呼获反。然，崔譔曰：“声大于‘砉’也。”张湛曰：“破声。”莫不中音。合于《桑林》之舞，乃中《经首》之会。司马彪曰：“桑林，汤乐名。经首，咸池乐章也。”奚侗曰：“‘经’疑‘狸’字误。乐记：‘左射狸首，右射驺虞。’”武延绪曰：“疑‘首’乃‘肯’字讹。”文惠君曰：“嘻！音熙。善哉！技盖至此乎？”庖丁释刀对曰：“臣之所好者，道也，进乎技矣。始臣之解牛之时，所见无非牛者。三年之后，未尝见全牛也。郭象曰：“但见其理闲。”方今之时，臣以神遇，而不以目视，官知止而神欲行。向秀曰：“专所司察而后动，谓之‘官智’。纵手放意，无心而得，谓之‘神欲’。”依乎天理，韩非曰：“理者，成物之文也。”成玄英曰：“依天然之腠理。”批大郤，陆德明曰：“字林：‘批，击也。’崔譔曰：‘郤，间也。’”导大窾，苦管反。司马彪曰：“窾，空也。”因其固然。技经肯綮音启。之未尝，俞樾曰：“‘技’，疑‘枝’之误。素问：‘治其经络。’王注引灵枢云：‘经脉为里，支脉为络。’‘支’与‘枝’通。‘枝经’，犹‘经络’也。”陆德明曰：“‘肯’，说文作‘肎’，著骨肉也。司马彪曰：‘綮’，犹结处也。”王闿运曰：“尝，试也。”穆按：“未尝”，犹“不到”。章炳麟曰：“‘技’者，小也，言未尝小经肯綮也。”而况大軱音孤。乎！崔譔曰：“槃结骨。”良庖岁更刀，割也；族庖月更刀，折也。崔譔曰：“族，众也。”俞樾曰：“‘折’谓折骨。”今臣之刀，十九年矣；所解，数千牛矣。而刀刃若新发于硎。音刑。郭象曰：

“硎，砥石也。”彼节者有间，而刀刃者无厚；以无厚入有间，恢恢乎，其于游刃，必有余地矣。是以十九年而刀刃若新发于硎。虽然，每至于族，吾见其难为，郭象曰：“交错聚结为‘族’。”怵然为戒，视为止，行为迟。动刀甚微，谍化百反。然已解，王念孙曰：“说文：‘捇，裂也。’‘谍’与‘捇’同。”奚侗曰：“‘谍’疑‘磔’之误。广雅：‘磔，开也。’”如土委地。郭象曰：“理解而无刀迹，若聚土也。”提刀而立，为之四顾，为之踌躇满志，郭象曰：“逸足容豫，自得之谓。”善刀而藏之。”郭象曰：“拭刀而弢之也。”王闿运曰：“‘善’，读若‘缮人’之‘缮’。”文惠君曰：“善哉！吾闻庖丁之言，得养生焉。”

公文轩见右师而惊曰：司马彪曰：“姓公文氏，名轩，宋人。”简文曰：“右师，官名。”“是何人也？恶乎介也？向秀曰：“介，偏刖也。”天与，其人与？”旧注：“与”，同“欤”。曰：“天也，非人也。天之生是使独也，司马彪曰：“独，一足。”人之貌有与也。郭象曰：“两足共行。”以是知其天也，非人也。”严复曰：“分明是人，乃说是天，言养生之安无奈何之命。”

泽雉十步一啄，百步一饮，陶望龄曰：“防患周慎。”阮毓崧曰：“言不易得。”不蕲畜乎樊中。郭象曰：“蕲，求也。”邵晋涵曰：“尔雅：‘樊，藩也。’”神虽王，于况反。不善也。陈寿昌曰：“雉未历樊中束缚之苦，故以泽中之饮啄为常，神气虽旺，初不自觉其善；忘适之适如此。”马其昶曰：“‘不蕲’犹言‘不期’。樊中饮啄，神虽不劳，非鸟所乐。”严复曰：“上既言安于无奈何，而不以人贼天，又养生者所当知，故以‘泽雉’继。”

老聃死，秦失本又作“佚”。吊之，三号而出。弟子曰：“非夫子之友邪？”曰：“然。”“然，则吊焉若此，可乎？”曰：“然。始也，吾以为其人也，而今非也。马其昶曰：“气还太虚，则与天合。”向吾入而吊焉，有老者哭之，如哭其子；少者哭之，如哭其母。彼胡远浚曰：“‘彼’，斥哭者。”其所以会之，必有不蕲言而言，不蕲哭而哭者。是遁天倍情，吴汝纶曰：“倍，背也。‘情’，读‘情伪’之‘情’。”穆按：“是”，亦斥哭者。忘其所受；古者谓之遁天之刑。郭象曰：“驰骛忧乐之境，虽楚戮未加，性情已困，庸非刑哉！”适来，夫子时也；适去，夫子顺也。安时而处顺，哀乐不能入也；严复曰：“‘安时处顺’，是‘依乎天理’注脚。”古者谓是帝之县音玄。解。”崔譔曰：“以生为‘县’，以死为‘解’。”穆按：老子曰：“吾所以有大患者，为吾有身；及吾无身，吾有何患！”即“县解”也。指穷于为薪，火传也，不知其尽也。钱澄之曰：“指薪为火，此薪既尽，所指穷矣；而火固在也。‘薪’谓有涯之生。”穆按：火喻大道。佛典以神形喻薪火，非庄子本旨。王夫之曰：“形成而神因附之，形敝则神舍之而去。寓于形，谓之神；不寓于形，天而已矣。”此亦通。

人间世

内篇之四。郭象曰："与人群者，不得离人。然人间变故，世世异宜，惟无心而不自用者，为能随变所适，而不荷其累。"陈于廷曰："庄子拯世，非忘世。其为书，求入世，非求出世也。"王夫之曰："此篇为涉乱世以自全之妙术，君子深有取焉。"释德清曰："真人无心游世，以实庖丁解牛之譬，以见养生主之效也。篇虽各别，而意实贯。"又曰："孔子乃用世之圣人，颜子乃圣门之高第，故借以为重，使其信然。"

颜回见仲尼，请行。曰："奚之？"曰："将之卫。"曰："奚为焉？"曰："回闻卫君，陈景元曰："盖是出公辄。"其年壮，其行独。郭象曰："不与民同欲也。"轻用其国，而不见其过；郭象曰："莫敢谏也。"轻用民死，死者以国量乎泽若蕉，释德清曰："以国比乎泽，而死者若泽中之蕉也。"奚侗曰："'国'字涉上文而衍。吕览期贤篇：'死者量于泽矣'，与此相同。"曹受坤曰："吕氏高注：'量，满也。'"章炳麟曰："蕉，说文云：'生枲也。'言死者其多如枲，犹云死人如麻耳。"民其无如矣。王先谦曰："无所归往。"回尝闻之夫子曰：'治国去之，乱国就之，医门多疾。'愿以所闻思其则，崔譔曰："则，法也。"阙误本"思其"下有"所行"二字，"则"字属下读。庶几其国有瘳乎！"仲尼曰："嘻！音熙。若殆往而刑耳！夫道不欲杂，杂则多，多则扰，扰则忧，忧而不救。奚侗曰："'而'，借为'乃'。"古之至人，先存诸已，而后存诸人。武延绪曰："'存'当为'求'字讹。"所存于己者未定，何暇至于暴人之所行！且若亦知夫德之所荡，而知之所为出乎哉？德荡乎名，知出乎争。名也者，相札也；崔譔本"札"作"轧"。成玄英曰："轧，伤也。"知也者，争之器也。二者凶器，非所以尽行也。且德厚信矼，古江反。未达人气；简文曰："矼，悫实貌。"王闿运曰："'矼'，'硁'之借字，坚也。"马叙伦曰："'矼'借为'巩'，坚固义。此言德之厚，信之固，未足以感人。"名闻不争，未达人心。而强以仁义绳墨之言术暴人之前者，姚鼐曰："'术'，同'述'。"阙误本又作"衒"。是以人恶有其美也。郭象曰："回之德信，与其不争之名，彼所未达；而强以仁义准绳之，彼将谓回欲毁人以自成也。"命之曰菑人。王闿运曰："'菑'同'剚'，人不欲受，如剚刃其身。"菑人者，人必反菑之。若殆为人菑夫！且苟为悦贤而恶不肖，恶用而求有以异？王先谦曰："下'而'，'汝'也。卫君苟好善恶恶，则朝多正人，何用汝之求有以自异？"若唯无诏，王公必将乘人而斗其捷。郭象曰："汝惟有寂然不言耳；言则王公必乘人以势，而角其捷辩。"而目将荧之，王念孙曰："说文：'瞢，惑也。'与'荧'通。"而色将平之，口将营之，郭象曰："自救解不暇。"容将形之，王先谦曰："容将益恭。"心且成之。郭象曰："且释己以从彼。"是以火救火，以水救水，名之曰益多。顺始无穷，若殆以不信厚言，必死于暴人之前矣。郭象曰："未信而谏，虽厚为害。"且昔者桀杀关龙逢，纣杀王子比干，是皆修其身以下伛纡甫反。拊音抚。人之民，崔譔曰：“‘伛拊’，犹‘呕呴’，谓养也。”武延绪曰：“‘下’字衍。”以下拂其上者也，故其君因其修以挤之。是好名者也。昔者尧攻丛枝、胥敖，朱亦栋曰：“‘胥敖’二字切音为‘苗’，即三苗也。‘丛枝’，即‘宗’也。”奚侗曰：“‘枝’疑‘快’字之误。‘快’‘脍’音近，齐物论作‘宗、脍’。”禹攻有扈，国为虚厉，李颐曰：“居宅无人曰‘虚’，死而无后为‘厉’。”身为刑戮，其用兵不止，其求实无已。是皆求名实者也。而独不闻之乎？名实者，圣人之所不能胜也，而况若乎！郭象曰：“惜名贪欲之君，虽复尧、禹，不能胜化也，故与众攻之。”虽然，若必有以也，尝以语我来！”王引之曰：“‘来’，句末语词。”颜回曰：“端而虚，勉而一，则可乎？”曰：“恶！恶可！夫以阳为充，孔扬，采色不定，马其昶曰：“外貌为阳，见礼疏。‘孔扬，采色不定’，状其貌为充盛，内无定执。”穆按：此斥言卫君也。常人之所不违。郭象曰：“莫之敢逆。”因案人之所感，以求容与其心。成玄英曰：“案，抑也。容与，犹快乐。人以箴规感动，乃因而挫抑之，以求放纵其心意。”名之曰日渐之德不成，陆长庚曰：“日渐者，以渐而进，小德也。”王先谦曰：“虽日日渐渍之以德，不能有成。”而况大德乎！将执而不化，宣颖曰：“自以为是。”外合而内不訾，方苞曰：“不訾，言貌相承，而心漫不訾省。”其庸讵可乎！”“然则我内直而外曲，成而上比。王敔曰：“以成言上比古人。”马其昶曰：“礼记注：‘成，犹奏也。’”内直者，与天为徒。与天为徒者，知天子之与己，皆天之所子，而独以己言蕲乎而人善之，蕲乎而人不善之邪？王闿运曰："蕲，祈也；犹望也。己言而人有从否，不能无望，视人重也。若知己与天子，无所贵贱，则不冀人从，不料人违，称己而言，不设机械，故无患也。"若然者，人谓之童子；是之谓与天为徒。外曲者，与人之为徒也。擎其惊反。跽其里反。曲拳，人臣之礼也。成玄英曰："擎手跽足，磬折曲躬。"人皆为之，吾敢不为邪？为人之所为者，人亦无疵焉；是之谓与人为徒。成而上比者，与古为徒。其言虽教谪之实也，古之有也，非吾有也。若然者，虽直，不为病；郭象曰："寄直于古，无以病我。"是之谓与古为徒。若是，则可乎？"仲尼曰："恶！恶可！太多政法而不谍。崔譔曰："谍，间也。"宣颖曰："言正人之法太多，而不能审觇人意。"王敔曰："谍，狎也。"俞樾曰："列御寇篇：'形谍成光'，释文：'谍，便僻也。'此'谍'义同，言有法度而不便僻。"武延绪曰："'政'疑'故'字讹。'多故'，犹言'多端'。"虽固亦无罪。虽然，止是耳矣，夫胡可以及化！犹师心者也。"颜回曰："吾无以进矣，敢问其方。"仲尼曰："斋，吾将语若！有而为之，其易邪？阙误本"有"下有"心"字。郭象曰："有其心而为之，诚未易也。"易之者，皞天不宜。"穆按：在宥篇："乱天之经，逆物之情，玄天勿成。"与此句法同。颜回曰："回之家贫，唯不饮酒、不茹荤者，数月矣。郝懿行曰："方言：'茹，食也。'"若此，则可以为斋乎？"曰："是祭祀之斋，非心斋也。"回曰："敢问心斋。"仲尼曰："若一志，刘文典曰："'若一'二字疑误倒。"王叔岷曰："'一'下疑脱'汝'字。"无听之以耳，而听之以心；无听之以心，而听之以气。成玄英曰："心有知觉，犹起攀缘；气无情虑，虚柔任物。故去彼知觉，取此虚柔，遣之又遣，渐阶玄妙。"听止于耳，俞樾曰："当作'耳止于听'，传写误倒也。此申说'无听之以耳'之义；言耳之为用，止于听而已。"心止于符。俞樾曰："此申说'无听之以心'之义；言心之用，止于符而已。'符'之言'合'。"陈祥道曰："'心止于符'，则极于心之所合而已。"气也者，虚而待物者也。唯道集虚。虚者，心斋也。"颜回曰："回之未始得使，实自回也；奚侗曰："'自'系'有'误。"郭象曰："未始使心斋，故有其身。"得使之也，未始有回也。可谓虚乎？"夫子曰："尽矣。吾语若！若能入游其樊，而无感其名；王闿运曰："名，门楣也。"胡远濬曰："谓入游卫国，无以卫君恶声横于胸中。"入则鸣，不入则止。郭象曰："譬之宫商，应而无心。"无门无毒，李桢曰："'门''毒'对文，'毒'盖'壔'之借字。说文：'壔，保也。'张行孚发疑云：'壔者，累土为台以传信，即吕览所谓'高保'。"王先谦曰："门者，可以沿为行路；毒者，可以望为标的。'无门无毒'，使人无可窥寻指目之意。"章炳麟曰："'毒'当以声借为'窦''窬'等字。"一宅而寓于不得已，释德清曰："'一宅'者，安心于一，了无二念。"马叙伦曰："'宅''寓'义重，'一'为'而'字坏文，本当作'而宅于不得已'。"则几矣。绝迹易，无行地难。为人使，易以伪；为天使，难以伪。闻以有翼飞者矣，未闻以无翼飞者也；闻以有知知者矣，未闻以无知知者也。马其昶曰："不行而绝迹，此出世法。行而不践地，则入世而不为世撄者。盖人间世不能不为人使，易以伪，故难也。惟能飞不以翼，知不以知，则人而天矣，虚故也。"穆按："伪"即"为"也。为人使易以为，是以有翼飞也。为天使难以为，是以无翼飞也。瞻彼阕苦穴反。者，虚室生白，司马彪曰："阕，空也。'室'喻心。心能空虚，则纯白独生也。"崔课曰："白者，日光所照。"穆按："者"，"堵"之借字。"阕堵"，即"虚室"也。吉祥止止。郭象曰："吉祥之所集者，至虚至静也。"俞樾曰："淮南俶真作'止也'。"奚侗曰："下'止'字当作'之'。"夫且不止，是之谓坐驰。马其昶曰："淮南：'是谓坐驰陆沉。'注：'言坐行神化，疾于驰传。'"林云铭曰："如系马而止，身坐于此，心逐于彼，愈见为天使之难以伪也。"夫徇耳目内通，而外于心知，李颐曰："徇，使也。"林云铭曰："'徇'与'循'同，率也。率其聪明而通于内，屏其心知而外之，虚之至也。"鬼神将来舍，而况人乎！成玄英曰："虚怀任物，鬼神将冥附而舍止。人伦归依，固其宜矣。"是万物之化也，禹、舜之所纽也，成玄英曰："纽，纲纽也。"伏戏、几蘧之所行终，向秀曰："几蘧，古帝王。"王敔曰："行终，行之终身也。"而况散焉者乎！宣颖曰："散，众人。"

叶公子高将使于齐，陆德明曰："沈诸梁，字子高，楚大夫，为叶县尹，僭称公。"问于仲尼曰："王使诸梁也甚重，齐之待使者，盖将甚敬而不急。宣颖曰："貌敬而缓于应事。"匹夫犹未可动也，而况诸侯乎！吾甚栗之。子尝语诸梁也，曰：'凡事若小若大，寡不道以欢成。刘辰翁曰："未有不依道而能使美满成就无后悔者。"事若不成，则必有人道之患；事若成，则必有阴阳之患。郭象曰："人患虽去，然喜惧战于胸中，固已结冰炭于五藏矣。"若成若不成，而无后患者，唯有德者能之。'吾食也，执粗而不臧；宣颖曰："甘守粗粝，不求精善。"爨，无欲清之人。郭象曰："对火而不思凉，明其所馔俭薄也。"今吾朝受命而夕饮冰，我其内热与？王先谦曰："忧灼之故。"吾未至乎事之情，宣颖曰："未到行事实处。"而既有阴阳之患矣；事若不成，必有人道之患。是两也，为人臣者，不足以任之，子其有以语我来！"仲尼曰："天下有大戒二：成玄英曰："戒，法也。"其一，命也；其一，义也。子之爱亲，命也，不可解于心；臣之事君，义也，无适而非君也，无所逃于天地之间。是之谓大戒。是以夫事其亲者，不择地而安之，孝之至也；夫事其君者，不择事而安之，忠之盛也；自事其心者，哀乐不易施似豉反。乎前，崔譔曰："施，移也。"王念孙曰："晏子：'君臣易施。'"知其不可奈何而安之若命，德之至也。刘咸炘曰："庄言'命'与孟言'性'同。孟子就一人以观，故重言'性'；庄周就宇宙以观，故重言'命'。"为人臣、子者，固有所不得已。行事之情，而忘其身，吴汝纶曰："吕览：'入山行木'，注：'行，察也。'"何暇至于悦生而恶死！夫子其行，可矣。唐顺之曰："知命不可逃，则无阴阳之患；知传言有法，则无人道之患。"丘请复以所闻：凡交近，则必相靡以信；王敔曰："'靡'，同'縻'，维系也。"远，则必忠之以言。言，必或传之。夫传两喜两怒之言，天下之难者也。夫两喜必多溢美之言，两怒必多溢恶之言。凡溢之类妄；妄，则其信之也莫；成玄英曰："莫，致疑貌。"奚侗曰："论语邢疏：'莫，薄也。'犹言信之不笃。"陶鸿庆曰："'莫'，'慔'之借字。淮南高注：'莫，勉也。'勉强信不坚。"莫，则传言者殃。故法言曰：'传其常情，无传其溢言，则几乎全。’且以巧斗力者，始乎阳，常卒乎阴，大音泰。至则多奇巧；王先谦曰：“斗力属阳，求胜则终于阴谋。欲胜之至，则奇谲百出矣。”以礼饮酒者，始乎治，常卒乎乱，大至则多奇乐。凡事亦然。始乎谅，常卒乎鄙；俞樾曰：“‘谅’与‘鄙’文不相对，‘谅’盖‘诸’之误。‘诸’读为‘都’。淮南诠言训：‘故始于都者，常大于鄙’，即本庄子；‘大’乃‘卒’字之误。”其作始也简，其将毕也必巨。言者，风波也；行者，实丧也。郭嵩焘曰：“‘实丧’，犹言‘得失’。”夫风波易以动，实丧易以危。故忿设无由，马其昶曰：“言忿起无端。”巧言偏辞。郭象曰：“忿怒之作，常由巧言过实，偏辞失当。”王叔岷曰：“崔譔本‘偏’作‘谝’。说文：‘谝，便巧言也。’”兽死不择音，王敔曰：“‘音’，通‘荫’。”气息茀音佛。然，王引之曰：“‘茀’，为‘艴’之借字。”于是并生心厉。王先谦曰：“欲噬人也。”克核太至，则必有不肖之心应之，而不知其然也。苟为不知其然也，孰知其所终！故法言曰：‘无迁令，郭象曰：“传彼实也。”无劝成。’郭象曰：“任其自成。”过度，益也。俞樾曰：“‘益’，读为‘溢’。即上文‘溢美’‘溢恶’。”迁令、劝成，殆事。美成在久，郭象曰：“任其时化。”恶成不及改，可不慎与！且夫乘物以游心，托不得已以养中，至矣。何作为报也！郭象曰：“任齐所报，何必为齐作意于其间！”莫若为致命。此其难者。”王先谦曰：“但致君命，不以己与。”

颜阖将傅卫灵公太子，陆德明曰：“颜阖，鲁贤人。”司马彪曰：“太子，蒯聩也。”而问于蘧伯玉曰：“有人于此，其德天杀。刘辰翁曰："如言天生刻薄人。"陆长庚曰："天薄其赋，使之无德。"马其昶曰："犹诗云'天降慆德'。"与之为无方，则危吾国；李颐曰："方，道也。"与之为有方，则危吾身。其知适足以知人之过，而不知其所以过。若然者，吾奈之何？"蘧伯玉曰："善哉，问乎！戒之，慎之，正女身哉！晁迥曰："人间世提出'戒、慎、正身'，而世反以放达宗庄，何也？"形莫若就，心莫若和。虽然，之二者有患。就不欲入，郭象曰："就者，形顺；入者，遂与同。"和不欲出。郭象曰："和者，义济；出者，自显伐。"形就而入，且为颠为灭，为崩为蹶。心和而出，且为声为名，武延绪曰："'名'，疑'色'字讹。"为妖为孽。彼且为婴儿，焦竑曰："无知也。"亦与之为婴儿；彼且为无町徒顶反。畦，音携。焦竑曰："町畦，犹疆界，言无收拾。"亦与之为无町畦；彼且为无崖，焦竑曰："崖，犹崖岸，言无容止。"亦与之为无崖。达之，入于无疵。吕惠卿曰："因其性之有所有而通之，孟子于齐王是也。"汝不知夫螳蜋乎？怒其臂以当车辙，不知其不胜任也；是其才之美者也。戒之，慎之！积伐而美者以犯之，几矣。成玄英曰："几，危也。"汝不知夫养虎者乎？不敢以生物与之，为其杀之之怒也；不敢以全物与之，为其决之之怒也。宣颖曰："皆恐触动其性。"时其饥饱，达其怒心。虎之与人异类，而媚养己者，顺也；故其杀者，逆也。夫爱马者，以筐盛矢，以蜄市轸反。盛溺。陆德明曰："蜄，蛤类。"适有蚉音文。虻孟庚反。仆缘，宣颖曰："仆，附也。蚉虻附缘马身。"而拊之不时，郭象曰："虽救其患，而掩马之不意。"则缺衔、毁首碎胸。王先谦曰："马惊至此。"意有所至，而爱有所亡，宣颖曰："怒心忽至，忘人爱己。"林云铭曰："一时意所偶疏，平日之爱尽弃。"可不慎邪！"

匠石之齐，至乎曲辕，崔譔曰："曲辕，道名。"见栎社树。其大蔽牛，絜之百围；宣颖曰："絜，量度。"其高，临山十仞而后有枝；其可以为舟者，旁十数。俞樾曰："'旁'，读为'方'；'且'也。"观者如市，匠伯不顾，武延绪曰："'伯'乃'石'字讹，当从崔本。"遂行不辍。弟子厌观之，旧注："饱观。"走及匠石，曰："自吾执斧斤以随夫子，未尝见材如此其美也。先生不肯视，行不辍，何邪？"曰："已矣，勿言之矣，散木也！郭象曰："不在可用之数曰散木。可用之木为文木。"以为舟，则沉；以为棺椁，则速腐；以为器，则速毁；以为门户，则液樠；亡言反。李桢曰："广韵：'樠，松心'液樠，谓脂出如松心也。"章炳麟曰："'樠'借为'槾'。古无'漫'字，以'槾'为之。"以为柱，则蠹。是不材之木也，无所可用，故能若是之寿。"匠石归，栎社见梦曰："女将恶乎比予哉？若将比予于文木邪？夫柤侧加反。奚侗曰："'柤'借为'樝'。说文：'樝，果似梨而酢。'"梨橘柚果蓏力果反。之属，实熟则剥，则辱。本或叠'剥'字。章炳麟曰："释名：'辱，衄也。言折衄。'"大枝折，小枝泄，俞樾曰："'泄'，'抴'之假字，谓牵引也。"此以其能苦其生者也。故不终其天年，而中道夭，自掊击于世俗者也。物莫不若是。且予求无所可用久矣，几死，乃今得之，为予大用。使予也而有用，且得有此大也邪？且也，若与予也皆物也，奈何哉，其相物也！穆按：物，类别义。同属一物不能相类别，犹言不能相评骘。此句起下文。而几死之散人，又乌知散木！”郭象曰：“以戏匠石。”匠石觉而诊其梦。王念孙曰：“‘诊’，读为‘畛’。尔雅：‘畛，告也。’”弟子曰：“趣取无用，穆按：“趣取”，犹言“旨求”。则为社，何邪？”郭象曰：“犹嫌其以为社自荣。”曰：“密！若无言！姚鼐曰：“田子方篇：‘默！女无言！’‘密’‘默’字通。达生篇：‘公密而不应。’”彼亦直寄焉，以为不知已者诟厉也。宣颖曰：“特托于社，使不知已者从而诟病，并无用为用之义都自晦也。”严复曰：“此即所谓木雁之间。”不为社者，且几有翦乎！王念孙曰：“‘几’，读为‘岂’。”且也，彼其所保与众异，马叙伦曰：“‘保’，借为‘宝’。”而以义誉之，不亦远乎！”吴汝纶曰：“‘义’与‘仪’同。广雅疏证，‘仪’‘貌’同义。誉，称也。”穆按：“以义誉之”，犹云以常理论耳。

南伯子綦游乎商之丘，李颐曰：“‘南伯’，即‘南郭’。”武延绪曰：“‘伯’疑读‘陌’。”司马彪曰：“商之丘，今梁国睢阳县。”穆按：此证庄子时宋不都睢阳，否则不云“商之丘”。见大木焉，有异。结驷千乘，隐将阙误本作“将隐”。芘甫至反。其所藾。音赖。崔譔曰：“隐，伤于热也。”向秀曰：“藾，荫也；可以隐芘千乘也。”子綦曰：“此何木也哉？此必有异材夫！”仰而视其细枝，则拳曲而不可以为栋梁；俯而视其大根，则轴解而不可以为棺椁；吴汝纶曰：“‘轴’，‘甹’之借字。广雅：‘甹，空也。’”严复曰：“‘轴解’者，木横截时，见其由心而裂至于外也。”咶食纸反。其叶，则口烂而为伤；嗅之，则使人狂酲音呈。李颐曰：“狂如酲也。病酒曰‘酲’。”三日而不已。子綦曰：“此果不材之木也，以至于此其大也。嗟乎！神人以此不材！王先谦曰："由木悟人。"宋有荆氏者，宜楸、柏、桑。崔譔曰："荆氏之地，宜此三木。"其拱把而上者，求狙猴之杙以职反。者斩之；李颐曰："欲以栖戏狙猴也。"三围四围，求高名之丽者斩之；姚范曰："'名'，读为'甍'。"郭庆藩曰："名，大也。"吴汝纶曰："'丽'，与'欐'同。"七围八围，贵人富商之家，求樿音膳。傍者斩之。司马彪曰："棺之全一边者，谓之樿傍。"朱桂曜曰："'樿'，释文本亦作'擅'。从'单''亶'声字多通。说文：'擅，专也。'木大者以一木板为棺之一边，故谓之樿傍。"故未终其天年，而中道夭于斧斤，此材之患也。"故解之以牛之白颡者，罗勉道曰："解祠，见郊祀志。"穆按：汉郊祀志："古天子常以春解祠"，言解罪求福也。吴汝纶曰："淮南：'禹之为水，以身解于阳盱之河。'"与豚之亢鼻者，崔譔曰："亢，仰也。"与人有痔直里反。病者，不可以适河。成玄英曰："古者将人沉河以祭，西门豹为邺令，方断之。"穆按：庄子在西门豹后，盖此风不止于邺。此皆巫祝以知之矣，奚侗曰："'以'，读为'已'。"所以为不祥也。穆按：巫祝谓其不祥而不用。此乃神人之所以为大祥也。

支离疏者，司马彪曰："'支离'，形体不全貌。'疏'，其名。"颐隐于齐，罗勉道曰："'齐'与'脐'同。"肩高于顶，会古外反。撮指天，崔譔曰："会撮，项椎也。"李桢曰："难经：'骨会大杼。'注：'大杼，穴名，在项后第一椎。'"司马彪曰："会撮，髻也。古者髻在项中，脊曲头低，故髻指天也。"奚侗曰："'会'借作'髻'，'髻'之异文；义取会聚。单言曰'髻'，复言则曰'髻撮'。"五管在上，李颐曰："管，腧也。五脏之腧，皆在上也。"两髀音陛。为胁。司马彪曰："脊曲髀竖，故与胁并。"挫针治繲，音线。一作"𦈢"，今从崔。足以糊口；崔譔曰："挫，案也。"王闿运曰："'繲'，'线'或文，缝衣工也。"鼓筴播精，足以食十人。司马彪曰："小箕曰筴。"王应麟曰："文选注作'播糈'。"翁元圻曰："楚辞：'怀椒糈而要之。'"上征武士，则支离攘臂于其间；郭象曰："恃其无用，故不自窜匿。"上有大役，则支离以有常疾，不受功；宣颖曰："不任功作。"上与病者粟，则受三钟与十束薪。司马彪曰："六斛四斗曰钟。"夫支离其形者，犹足以养其身，终其天年，又况支离其德者乎！王闿运曰："言此者，以明不与人接，则以无用为贵。颜回谏诤之法、叶公交际之准、颜阖教化之道，三者，与人接之道尽矣。然不得已则有此；若幸无事，莫若自全而无见材。栎社之树有托，处富贵之善者；商丘之木支离，处贫贱之善者也。"

孔子适楚，楚狂接舆游其门，曰："凤兮凤兮，何如德之衰也！俞樾曰："'如'，读为'而'，即'尔'也。"来世不可待，往世不可追也。郭象曰："趣当尽临时之宜耳。"天下有道，圣人成焉；天下无道，圣人生焉。苏舆曰："庄引数语，见所遇非时。苟生当有道，固乐用世，不仅自全其生矣。"方今之时，仅免刑焉。福轻乎羽，莫之知载；祸重乎地，莫之知避。郭象曰："福者，即向所谓全耳，非假物也。举其自举，载其自载，天下之至轻也。然知以无涯伤性，心以欲恶荡真。弃夫自举之至轻，而取夫载彼之至重，此世之常患也。"已乎已乎，临人以德！殆乎殆乎，画地而趋！马其昶曰："择地而蹈。"迷阳迷阳，无伤吾行！王应麟曰："胡明仲云：'荆楚有草，丛生修条，其肤多刺，野人呼为迷阳。'"罗勉道曰："迷阳，蕨也。蕨生蒙密，能迷阳明之路，故曰'迷阳'。托兴言之。"吾行郤去逆反。曲，阙误作"郤曲郤曲"。王闿运曰："刺木也。"陆德明曰："'郤'，字书作'迟'。广雅云：'迟，曲也。'"无伤吾足！"山木，自寇也；武延绪曰："'寇''煎'不成韵，疑当为'朊'，即'髡'字。集韵：'朊，斫木枝也。'"膏火，自煎也。司马彪曰："木为斧柄，还自伐；膏起火，还自消。"桂可食，故伐之；漆可用，故割之。人皆知有用之用，而莫知无用之用也。释德清曰："初以孔子为善于涉世之圣，故托言以发其端；终篇以楚狂讥孔子，意谓虽圣而不知止，真见处世之难。"严复曰："庄生人间世之论，固美矣。然人之生世，有其应尽之天职，杀身成仁，舍生取义，亦所谓'不可解于心''无所逃于天地之间'者。且生之为事，亦有待而后贵耳。使其禽视兽息，徒曰'支离其德'，亦何取焉！"

德充符

内篇之五。郭象曰："德充于内，应物于外；外内玄合，信若符命，而遗其形骸也。"王先谦曰："德充于内，自有形外之符验也。"

鲁有兀者王骀，音台。李颐曰："刖足曰兀。"从之游者，与仲尼相若。郭象曰："弟子多少敌孔子。"常季问于仲尼曰：陆德明曰："常季，或云孔子弟子。""王骀，兀者也；从之游者，与夫子中分鲁。立不教，坐不议，王闿运曰："'立'则弟子，'坐'者友游。"虚而往，实而归。固有不言之教，无形而心成者邪？是何人也？"仲尼曰："夫子，圣人也。丘也，直后而未往耳。王引之曰："直，特也。"丘将以为师，而况不若丘者乎？奚假鲁国！吴汝纶曰："尔雅：'假，已也。已，止也。'"丘将引天下而与从之。"常季曰："彼，兀者也，而王先生，其与庸亦远矣。宣颖曰："与庸人相远。"若然者，其用心也，独若之何？"仲尼曰："死生亦大矣，而不得与之变；虽天地覆坠，亦将不与之遗。马其昶曰："遗，亡也。"吴汝纶曰："'遗'疑当依淮南作'抮'。精神篇又云：'千变万抮'，是'抮'有'变'义。"审乎无假，王念孙曰："淮南作'无瑕'。"刘咸炘曰："淮南'瑕'，乃'假'之误。"穆按：庄子又云："假乎异物，托于同体。""无假"，则其非假之异物者，是我之真也。而不与物迁，命物之化，而守其宗也。"穆按："迁"即"物之化"，"宗"即我之"无假"。两语互倒而相足。奚侗曰："周语：'命，信也。'信物之化，即顺其自然。"常季曰："何谓也？"仲尼曰："自其异者视之，肝胆楚越也；自其同者视之，万物皆一也。陈澧曰："庄子言'万物皆一'，托为孔子语。又云：'知天子之与己，皆天之所子'，托为颜子语。横渠西铭即此意。"夫若然者，且不知耳目之所宜，而游心乎德之和；穆按：耳宜声，目宜色。"游心于德之和"，则声色俱泯，而混然同一矣。物视其所一，而不见其所丧，视丧其足，犹遗土也。"王闿运曰："万物一体，故足如土。"常季曰："彼为己，以其知得其心，以其心得其常心。方潜曰："以知得心，明心也；以其心得其常心，见性也。"物何为最之哉？"司马彪曰："最，聚也。"屈大均曰："心从知而得，知之外，无所谓心也。常心从心而得，心之外，无所谓常心也。知即心，心即常心。大抵圣愚之分，在知不知。知即有物皆心，不知即有心皆物。庄生之齐物，亦齐之于吾心尔。知心之外无物，物斯齐矣。"穆按：常季之意，殆如阳明之倡良知，人人皆可反己自得，则不必聚于王骀之门也。仲尼曰："人莫鉴于流水，而鉴于止水。唯止，能止众止。杨文会曰："就俗谛言之，一家仁，一国兴仁；一家让，一国兴让。就真谛言之，一人发真归元，十方虚空，尽皆消殒。"受命于地，唯松柏独也，在冬夏青青；受命于天，唯舜独也正。陆长庚曰："'正'，如'各正性命'之'正'。"幸能正生，以正众生。郭象曰："若物皆青全，则无贵于松柏；人各自正，则无羡于大圣而趋之。"夫保始之征，陆长庚曰："'正生'，即‘正性’也；‘正性’，即‘守宗’也；‘守宗’，即‘保始’也。”王先谦曰：“保守本始之性命，于何征验？”不惧之实。穆按：自此以下，至“未尝死者乎”，分偏全两层，指陈保始之征也。勇士一人，雄入于九军。将求名而能自要者，而犹若是，而况官天地，府万物，郭象曰：“冥然无不体也。”直寓六骸，象耳目，章炳麟曰：“‘官’‘府’同物，则‘寓’‘象’亦同物。郊祀志：‘木寓龙，木寓车’，即今‘偶像’字。”穆按：六骸耳目，假于异物，皆非真我。守宗者，以偶象视之也。一知之所知，杨文会曰：“证无分别心，而有分别用。”而心未尝死者乎！宣颖曰：“得其常心，不以死生变。”章炳麟曰：“大乘发心，惟在断所知障。此既断已，何有生灭与非生灭之殊！”严复曰：“心未尝死，即所谓‘得其常心’，即老子所谓‘知常’，即佛所谓‘妙明’，即耶稣所云‘灵魂不死’。”彼且择日而登假，姚范曰：“‘假’，当读‘遐’，与周穆王‘登遐’同。”宣颖曰：“曲礼：‘天王登假。’此借言遗世独立。”王叔岷曰：“‘假’‘遐’，并‘霞’之借字。楚辞远游：‘载营魄而登霞。’”人则从是也。吴汝纶曰：“‘是’，犹‘之’也。”彼且何肯以物为事乎！”

申徒嘉，兀者也，李颐曰：“申徒，氏；嘉，名。”而与郑子产同师于伯昏无人。陆德明曰：“杂篇作‘瞀人’。”子产谓申徒嘉曰：“我先出，则子止；子先出，则我止。”郭象曰：“羞与刖者并行。”其明日，又与合堂同席而坐。子产谓申徒嘉曰：“我先出，则子止；子先出，则我止。今我将出，子可以止乎？其未邪？且子见执政而不违，王先谦曰：“执政，子产自称。违，避也。”子齐执政乎？”申徒嘉曰：“先生之门，固有执政焉如此哉？子而说子之执政而后人者也！胡远濬曰：

"'而'，犹'乃'也。'也'，读为'邪'。"郭象曰："笑其矜说在位，欲处物先。"闻之曰：'鉴明则尘垢不止，止则不明也。久与贤人处，则无过。'今子之所取大者，先生也，唐顺之曰："取大，犹言尊信。"而犹出言若是，不亦过乎！"子产曰："子既若是矣，犹与尧争善，计子之德，不足以自反邪？"申徒嘉曰："自状其过，以不当亡者众；不状其过，以不当存者寡。陆长庚曰："自状己过，以为吾足不当亡者众矣；不自陈己过，而谓吾足不当存者，几何人哉！"马其昶曰："人情多自状其获谴，谓足不当亡；少有不自白诉，谓其足不当存者；由不知命也。"知不可奈何而安之若命，唯有德者能之。游于羿之彀音遘。中，郭象曰："弓矢所及为彀中。"中央者，中地也；然而不中者，命也。褚伯秀曰："游羿彀中，莫非中地；其不中，幸免耳。人处世苟得免患，亦幸也。"人以其全足笑吾不全足者，众矣。我怫然而怒，而适先生之所，则废然而反。郭象曰："见至人之知命遗形，故废向者之怒而复常。"不知先生之洗我以善邪？奚侗曰："'洗'，借为'先'。周礼注：'先，犹导也。'"吾与夫子游，十九年矣，而未尝知吾兀者也。郭象曰："忘形故也。"今子与我游于形骸之内，而子索我于形骸之外，郭象曰："形骸外矣，其德内也。"穆按：易称"形而上""形而下"。不亦过乎！"子产蹴子六反。然改容更貌，曰："子无乃称！"章炳麟曰："'乃''然'双声。'然'者，'如此'也。"王闿运曰："'乃'读为'仍'。"严复曰："王骀使人忘其兀，申徒嘉使人忘己兀，至叔山无趾不但自忘其兀，而转以不兀者为天刑，其吊诡微妙有如是。"

鲁有兀者叔山无趾，踵见仲尼。李颐曰："叔山，氏。"崔譔曰："无趾，故踵行。"仲尼曰："子不谨前，既犯患若是矣。虽今来，何及矣！"无趾曰："吾唯不知务而轻用吾身，吾是以无足。今吾来也，犹有尊足者存，吾是以务全之也。夫天无不覆，地无不载，吾以夫子为天地，安知夫子之犹若是也！"孔子曰："丘则陋矣。夫子胡不入乎？请讲以所闻！"无趾出。孔子曰："弟子勉之！夫无趾，兀者也，犹务学以复补前行之恶，而况全德之人乎！"无趾语老聃曰："孔丘之于至人，其未邪？彼何宾宾以学子为？俞樾曰："'宾宾'，犹'频频'。汉书注：'"频"字或作"宾"。'"彼且蕲以諔诡幻怪之名闻，不知至人之以是为己桎梏邪？"老聃曰："胡不直使彼以死生为一条，以可不可为一贯者，解其桎梏，其可乎？"无趾曰："天刑之，安可解？"穆按：此章浅薄不类。

鲁哀公问于仲尼曰："卫有恶人焉，曰哀骀它。徒何反。郭象曰："恶，丑也。"李颐曰："哀骀，丑貌；它，其名。"俞樾曰："哀骀，姓；汉有哀章。"丈夫与之处者，思而不能去也。妇人见之，请于父母曰'与人为妻，陶鸿庆曰："'人为'二字误倒。"宁为夫子妾'者，十数而未止也。未尝有闻其唱者也，常和人而已矣。无君人之位以济乎人之死，无聚禄以望人之腹。武延绪曰："周礼'稍聚''甸聚'；'聚''禄'平列。"焦竑曰："'望'如'月望'，满足也。"又以恶骇天下，和而不唱，知不出乎四域，陆长庚曰："不见有远略。"王敔曰："名不远出。"且而雌雄合乎前。褚伯秀曰："雌雄，丈夫、妇人也。言归之者众也。"是必有异乎人者也。寡人召而观之，果以恶骇天下。与寡人处，不至以月数，而寡人有意乎其为人也；不至乎期年，而寡人信之。国无宰，而寡人传国焉。郭象曰："委之以国政。"闷然而后应，泛而若辞。陆德明曰："泛，不系也。"奚侗曰："当作'泛若而辞'。田子方篇：'泛然而辞。''泛''泛'通。"寡人丑乎，卒授之国。崔譔曰："丑，愧也。"马其昶曰："'丑乎'合下读，言以授国为耻。"无几何也，去寡人而行，寡人恤焉，若有亡也，朱桂曜曰："徐无鬼：'若恤若失。'"若无与乐是国也。是何人者也？"仲尼曰："丘也，尝使于楚矣，适见㹠徒门反，又作"豚"。子食于其死母者，郭象曰："食乳也。"少焉，眴若，司马彪曰："眴若，惊貌。"皆弃之而走。俞樾曰："始就其母，少焉觉其死，皆惊走也。"不见己焉尔，不得类焉尔。穆按：死者与己不类，则惊为异物。所爱其母者，非爱其形也，爱使其形者也。穆按：喻它之使其形者美，故形恶不为累。战而死者，其人之葬也，不以翣所甲反。资；王闿运曰："周人饰墙置翣，所以掩形弥深者也。战死则暴骨原野，无为护掩之。"奚侗曰："'翣'借作'铗'，为武士所用。"李颐曰："资，送也。"刖者之屦，无为爱之；皆无其本矣。为天子之诸御，不爪翦，不穿耳；取妻者止于外，不得复使。崔譔曰；"不复入直也。"马其昶曰："'不爪翦，不穿耳'，疑古女子在室之容。今新妇始翦面发，是其遗意。此言女御；娶妻者不使，言男御。盖天子诸御，必男女之未婚娶者，体纯全也。"形全犹足以为尔，而况全德之人乎！今哀骀它未言而信，无功而亲，使人授己国，唯恐其不受也，是必才全而德不形者也。”陆长庚曰：“‘才’即孟子所谓‘降才’之‘才’，自其赋于天者言；‘德’指其成于己者言。”严复曰：“说文：‘才，艸木之初。’盖言其最初所蕴蓄之能力，今西人所谓‘储能’也。”又曰：“此篇扼要在‘才全德不形’一语，犹逍遥游之‘无待’、齐物论之‘和以天倪’、养生主之‘依乎天理’、人间世之‘乘物游心’。”哀公曰：“何谓才全？”仲尼曰：“死生存亡，穷达贫富，贤与不肖，毁誉、饥渴、寒暑，是事之变，命之行也；日夜相代乎前，而知不能规乎其始者也。马叙伦曰：“‘规’为‘窥’省。”马其昶曰：“命行事变，知者不能预图。”故不足以滑和，成玄英曰：“滑，乱也。”不可入于灵府。郭象曰：“灵府者，精神之宅也。”马其昶曰：“灵府，即灵台。”王安石曰：“庄生之书，通性命之分，而不以死生祸福累其心，此其近圣人也。”使之和豫通而不失于兑，姚鼐曰：“刘辰翁言，‘兑’即老子‘塞其兑’之‘兑’。正是要义，如医家脱证。‘日夜无郤’，正谓此也。”段玉裁曰：“古假‘阅’为‘穴’，‘兑’即‘阅’之省。”王叔岷曰：“淮南精神训，‘兑’作‘充’，高注：‘充，实也。’‘实’与‘通’对文，与老子‘大盈若冲’义近。”使日夜无郤，去逆反。而与物为春，李颐曰：“郤，间也。”奚侗曰：“庄书‘郤’‘隙’通用。”章炳麟曰：“说文：‘春，推也。’‘与物为春’，与物相推移也。”穆按：春有生意；当连下句看。是接而生时于心者也。马其昶曰：“‘接而生时’，‘纯亦不已’也。‘时’，即谓春。”宣颖曰：“吾心之春，无有间断。”是之谓才全。”“何谓德不形？”曰：“平者，水停之盛也。郭象曰：“天下之平，莫盛于停水。”其可以为法也，内保之而外不荡也。严复曰：“法，准也。”焦竑曰：“平则内保，停则外不荡。”德者，成和之修也。武延绪曰："疑作'和修之成也'。'成'，'盛'之坏字。"王闿运曰："修，外饰也。心先和豫，人见为德耳。"德不形者，物不能离也。"宣颖曰："不形者，内保之而外不荡；饮和者必亲德，犹取平者必法水也。"哀公异日以告闵子，曰："始也，吾以南面而君天下，执民之纪而忧其死，吾自以为至通矣。今吾闻至人之言，恐吾无其实，轻用吾身，而亡吾国。吾与孔丘，非君臣也，德友而已矣。"严复曰："'德'，假作'直'。"

闉音因。跂音企。支离无脤音唇。说卫灵公，崔譔曰："'闉跂'，偃者；'支离'，伛者；'脤''唇'同。"灵公说之；而视全人，其脰音豆。肩肩。陆德明曰："脰，颈也。"罗勉道曰："'肩'，同'顅'。周礼注：'顅，长脰貌。'"郭象曰："偏情一往，则丑者更好，而好者更丑也。"瓮㼜乌莽反。大瘿一领反。说齐桓公，李颐曰："瓮㼜，大瘿貌。"陆德明曰："说文：'瘿，瘤也。'"桓公说之；而视全人，其脰肩肩。故德有所长，而形有所忘。人不忘其所忘，而忘其所不忘，此谓诚忘。宣颖曰："形宜忘，德不宜忘。"故圣人有所游，而知为孽，司马彪曰："智慧生妖孽。"宣颖曰："智巧乃枝孽。"王闿运曰："'孽'读'蘖'。"约为胶，宣颖曰："约束乃胶漆，非自然而合。"德为接，穆按：德意向人，如中断使复续。工为商。吕惠卿曰："以工为商，非所以为器也。"穆按：此云以工巧求售。王敔曰："四者，圣人视之如此。"圣人不谋，恶用知？不斲，恶用胶？无丧，恶用德？不货，恶用商？严复曰："'不谋'，'接时生心'也；'不斲'，'审乎无假'也；'无丧'，'视所一'；'不货'，'不益生'。"四者，天鬻音育。也。林云铭曰："四者，不谋、不斲、无丧、不货。”陆德明曰：“鬻，养也。”天鬻也者，天食也。既受食于天，又恶用人？有人之形，无人之情。有人之形，故群于人；无人之情，故是非不得于身。眇亡小反。乎小哉！所以属于人也。謷五羔反。乎大哉！独成其天。王念孙曰：“广雅：‘敖，大也。’‘敖’与‘謷’通。”严复曰：“此天演论所谓‘吾为弱草，贵能通灵’。”

惠子谓庄子曰：“人故无情乎？”庄子曰：“然。”惠子曰：“人而无情，何以谓之人？”庄子曰：“道与之貌，天与之形，钱澄之曰：“‘一阴一阳之谓道’；‘天’与‘道’，所以为气者之号名也。”恶得不谓之人？”惠子曰：“既谓之人，恶得无情？”庄子曰：“是非吾所谓情也。吾所谓无情者，言人之不以好恶内伤其身，常因自然而不益生也。”穆按：老子曰：“益生曰祥。”惠子曰：“不益生，何以有其身？”穆按：此荀卿所以讥庄子，谓其“知有天而不知人”也。庄子曰：“道与之貌，天与之形，无以好恶内伤其身。今子，外乎子之神，劳乎子之精，倚树而吟，据槁梧而瞑。音眠。天选子之形，姚鼐曰：“‘选’与‘撰’同，具也。”子以坚白鸣！”

大宗师

内篇之六。宣颖曰："张子云：'乾称父，坤称母，民吾同胞，物吾与也'，可以知大宗矣。老子云：'人法地，地法天，天法道，道法自然'，可以知大师矣。"释德清曰："内七篇次第相因。大宗师，总上六义。必若此，乃可为万世所宗师。内圣之学，此为极则。"

知天之所为，知人之所为者，至矣。林云铭曰："天与人相待而成。天固自然矣，又必以人为合之，而后人事尽，而天理见；故曰'至'。"释德清曰："知天人合德，乃知之至也。"知天之所为者，天而生也；郭象曰："天者，自然之谓也。"知人之所为者，以其知之所知，以养其知之所不知，郭象曰："所知不以无涯自困，则一体之中，知与不知，暗相与会而俱全，斯'以其所知养所不知'也。"陆长庚曰："以其可知者尽之己，其不可知者付之天。"终其天年，而不中道夭者，是知之盛也。虽然，有患。郭象曰："虽知盛，未若遗知任天之无患也。"夫知有所待而后当，其所待者，特未定也。成玄英曰："知必对境，非境不当。境既生灭不定，知亦待夺无常。惟当境知两忘，然后无患。"庸讵知吾所谓天之非人乎？所谓人之非天乎？王雱曰："犹有患者，知天人之二，不知其一也。达观者知天人大同，浑然无别，则所谓‘同出而异名’之‘玄’矣。”且有真人而后有真知。何谓真人？王筠曰：“吕览、淮南所说‘真人’，皆仙人也。渔父篇：‘真者，精诚之至也。’荀子劝学：‘真积力久’，杨注：‘真，诚也。’说文：‘禛，以真受福也。’致祭之真，非精诚而何！此乃古训。”王闿运曰：“刻意篇专释真人。”古之真人，不逆寡，刘辰翁曰：“逆，恶也。逆寡，犹嫌少。”王先谦曰：“虽寡少，不逆忤。”不雄成，洪颐煊曰：“‘雄’即‘勇’之借字。”王先谦曰：“不以成功自雄。”不謩没乎反。士。褚伯秀曰：“‘士’同‘事’，不豫谋也。”若然者，过而弗悔，当而不自得也。成玄英曰：“天时已过，曾无悔吝之心；分命偶当，不以自得为美。”若然者，登高不栗，入水不濡，入火不热。是知之能登假于道也，若此。王闿运曰：“养生主言以知为殆，非真知也。登假，终也。道之始终在知。”古之真人，其寝不梦，其觉无忧，其食不甘，成玄英曰：“不耽滋味。”其息深深。真人之息以踵，成玄英曰：“踵，足根。”宣颖曰：“呼吸通于涌泉。”王闿运曰：“踵者，不可脉候之地，而息通焉；喻深藏也。”众人之息以喉。屈服者，其嗌言若哇。获娲反。简文曰：“呕也。”宣颖曰：“‘嗌’，声之入；‘言’，声之出。喉间吞吐，如欲哇也。”其耆欲深者，其天机浅。陈寿昌曰：“妄念憧扰，则真息不调。”曹受坤曰：“说文：‘主发动谓之机’；‘天机’，是发动出于自然之义。”程颢云：“庄子此言最善。人于天理昏者，止是为耆欲所乱。”古之真人，不知说生，不知恶死；其出不䜣，其入不距；吴澄曰：“老子云：‘出生入死。’”章炳麟曰：“‘䜣’，借为‘忻’。”翛音萧。然而往，翛然而来而已矣。不忘其所始，不求其所终；穆按：“忘”疑“志”字之讹。成玄英曰：“始，生也。终，死也。生死都遣，曾无滞著。”武延绪曰：“‘忘’疑‘忌’讹。则阳篇：‘未生不可忌。’”受而喜之，忘而复之。马叙伦曰：“‘忘’，当作‘亡’。”成玄英曰：“复反未生也。”马其昶曰：“‘受而喜’者，鼠肝虫臂，无往不可也。‘忘而复’者，‘安时处顺，哀乐不入’也。”是之谓不以心捐道，“捐”，一作“揹”。吴汝纶曰：“郭作‘捐’者是也。”章炳麟曰：“说文：‘捐，手箸匈也。’引伸为匈有所箸。‘不以心捐道’者，不以心箸道也。”王叔岷曰：“史记贾谊传索隐引作‘损’，与‘助’相对而言。”朱桂曜曰：“犹言不以心害道也。”不以人助天。是之谓真人。李贽曰：“此言真人一任其生死，而不以人助天也。‘乐通物’以下，皆助天之事。”若然者，其心志，王敔曰：“志，专一也。”焦竑曰：“‘志’字，赵氏正为‘忘’字。”其容寂，其颡頯；去轨反。郭象曰：“大朴之貌。”王念孙曰：“广雅：‘頯，厚也。’”凄然似秋，煖音煊。然似春，喜怒通四时，与物有宜，而莫知其极。郭象曰：“圣人之在天下，煖然若阳春之自和，故蒙泽者不谢；凄乎若秋霜之自降，故凋落者不怨。”故圣人之用兵也，亡国而不失人心；崔譔曰：“亡敌国而得其人心。”按：孟子曰：“以生道杀人，虽死不怨。”与此意略似。利泽施乎万世，不为爱人。王先谦曰：“由仁义行，非行仁义。”故乐通物，非圣人也；有亲，非仁也；天时，非贤也；王闿运曰：“‘天’当作‘先’。”马叙伦曰：“郭注：‘时天者，未若忘时而自合之贤也。’是郭本作‘时天’。”利害不通，非君子也；王先谦曰：“利害不观其通，故有趋避。”行名失己，非士也；武延绪曰：“‘行’疑为‘循’。”穆按：“行名”，犹云“行仁义”。亡身不真，非役人也。郭象曰：“自失其性，受役多矣，安能役人！”若狐不偕、务光、伯夷、叔齐、箕子、胥余、纪他、申徒狄，成玄英曰："狐不偕，不受尧让，沉河死。"朱亦栋曰："释文：尸子曰：'箕子、胥余，漆身为厉，被发佯狂'，与秦策'箕子、接舆，漆身为厉，被发为狂，无益于殷、楚'语同。是胥余即接舆也。"王闿运曰："申徒，楚官，因以为氏。"马叙伦曰："史记邹阳传索隐引韦昭曰：'申徒狄，六国时人。'御览引墨子：'申徒狄谓周公曰。''周公'乃东西周之君。"是役人之役，适人之适，而不自适其适者也。王闿运曰："外篇骈拇专明此意。"古之真人，其状义，而不朋；俞樾曰："'义'，读为'峨'。天道篇：'而状义然'，与此同。'朋'，读为'崩'。易'朋来'，汉志作'崩'。"若不足，而不承。宣颖曰："卑以自牧，而非居人下。"曹受坤曰："说文：'承，受也。'"与音豫。乎，其觚音孤。而不坚也；崔譔曰："觚，棱也。"姚鼐曰："当作'坚而不觚'，以韵求之亦是。"刘师培曰："'坚'本作'固'。隋讳'坚'改'固'，唐人复'固'为'坚'，其有故文作'固'者，亦或例易为'坚'。"王先谦曰："谓固执。"李桢曰："'与'当是'趣'之借字。说文：'趣，安行也。'"张乎，其虚而不华也。邴邴音丙。乎，其似喜乎！简文曰："邴邴，明貌。"崔乎，其不得已乎！向秀曰："崔乎，动貌。"滀敕六反。乎进，我色也；司马彪曰："滀，色愤起貌。"方以智曰："滀，渊停义。"与乎止，我德也。高骏烈曰："'与'，读'容与'之'与'。"陈祥道曰："'邴乎其似喜'，畅然自适也。'崔乎不得已'，迫而后应也。'滀乎进我色'，啬精于内，发神于外也。'与乎止我德'，利用于外，不荡于内也。"陆长庚曰："色则日见其进，容色充粹也；德则日见其止，止于至善，止其所而不迁也。"厉乎，其似世乎！"厉"，崔譔作"广"。俞樾曰："'世'乃'泰'之借字。"郭庆藩曰："'厉''广'古通借。'泰'字作

‘大’。‘世’‘大’古亦通借。”謷乎，其未可制也。成玄英曰：“謷然高远。”连乎，其似好闭也；崔譔曰：“连，蹇连也。”高亨曰：“连，徐迟也。易：‘往蹇来连’，疏：‘迟久之意。’诗：‘执讯连连’，传：‘徐也。’”姚鼐曰：“‘闭’，当作‘闲’。”悗亡本反。乎，忘其言也。成玄英曰：“悗，无心貌。”胡远濬曰：“‘闲’‘言’为韵。‘似好闲’，谓如不出诸口；‘忘其言’，谓不自知其言。即寓言篇‘终身言，未尝言；终身不言，未尝不言’之意。”以刑为体，方潜曰：“‘以刑为体’，言克己也。”以礼为翼，以知为时，以德为循。以刑为体者，绰乎其杀也；王闿运曰：“杀减之乃宽绰也。”陆长庚曰：“老子云：‘为道日损。’”章炳麟曰：“‘绰’，借为‘焯’；‘杀’，借为‘察’；犹言明乎其察也。”以礼为翼者，所以行于世也；以知为时者，不得已于事也；以德为循者，言其与有足者至于丘也，钱澄之曰：“时至而事起，本无知也。循其固然，未尝以为德也。”而人真以为勤行者也。马其昶曰：“有足者皆可至丘，循也；非勉也。”释德清曰：“老子云：‘用之不勤。’”故其好之也一，其弗好之也一。成玄英曰：“既忘怀于美恶，亦遣荡于爱憎。”王雱曰：“真人无心，其好恶所以一也。”其一也一，其不一也一。郭象曰：“真人同天人，均彼我，不以其一，异乎不一。”其一与天为徒，其不一与人为徒。马其昶曰：“‘一’者，统体一极也；‘不一’者，物物一极也。”天与人不相胜也，是之谓真人。郭象曰：“真人同天人，齐万致。”成玄英曰：“虽天无彼我，人有是非，确然论之，咸归空寂。若使天胜人劣，岂谓齐乎！”

死生，命也；其有夜旦之常，天也。吴汝纶曰：“‘有’，读为‘犹’。”人之有所不得与，宣颖曰：“非人所得参与。”皆物之情也。陆长庚曰：“死生大数，皆物之实理。”彼特以天为父，陶鸿庆曰：“‘天’‘父’二字传写互易。”而身犹爱之，而况其卓乎！郭象曰：“‘卓’者，独化之谓也。”人特以有君为愈乎己，陈寿昌曰：“愈，胜也。”而身犹死之，而况其真乎！泉涸，王懋竑曰：“‘泉涸’以下七十字，疑为错简；与上下文不甚相贯。‘大块’六句，又见后‘子祀’章，其为错简重出无疑。”鱼相与处于陆，相呴况于反。以湿，相濡音儒。以沫，音末。不如相忘于江湖。王闿运曰：“天运篇引此为老聃语。”与其誉尧而非桀也，不如两忘而化其道。穆按：此欲人两忘生死耳；似非错简。夫大块载我以形，劳我以生，佚我以老，息我以死。故善吾生者，乃所以善吾死也。程子曰：“死之道，即生是也。”夫藏舟于壑，藏山于泽，武延绪曰：“‘山’读为‘汕’。郭璞曰：‘撩罟。’”谓之固矣。然而夜半有力者负之而走，昧者不知也。宣颖曰：“造化默运。”奚侗曰：“淮南俶真训‘昧’作‘寐’。”藏小大有宜，犹有所遁。江遹曰：“大化之密移，求之于身，百年之役，颜色智态，无日不异，奈何其不自悟邪！”若夫藏天下于天下，而不得所遁，是恒物之大情也。郭象曰：“不知与化为体，而思藏之使不化，则虽至深至固，各得其所宜，而无以禁其日变也。无所藏而都任之，则与物无不冥，与化无不一，索所遁不得矣。”特犯人之形，而犹喜之。姚鼐曰：“‘犯人’之‘犯’，与后‘子祀’章‘犯’字，皆如‘笵金合土’之‘笵’。”吴汝纶曰：“‘特犯’，淮南俶真训作‘一范’，盖对下‘万化’为辞。‘特’‘一’义同。”曹受坤曰：“‘范’即‘犯’之借字。淮南高注：‘范，犹遇也，遭也。’本文郭注：‘一遇人之形’，又曰：‘人乃万化之一遇’；是郭与高同。”穆按：训“遇”较惬。若人之形者，万化而未始有极也，其为乐可胜计邪！王懋竑曰：“以上三句二十九字，与上下文不协，亦疑错简。”马叙伦曰：“当在‘夫造化者必以为不祥之人’下。”穆按：不得所遁为一义；为乐无穷为二义；直贯下句，亦非错简。故圣人将游于物之所不得遁而皆存。善夭善老、善始善终，人犹效之，马其昶曰：“诗传：‘夭，少也。’”又况万物之所系，而一化之所待乎！穆按：“万物所系”“一化所待”，指下“道”字。夫道，有情有信，穆按：老子云：“恍兮惚兮，其中有物；窈兮冥兮，其中有精；其精甚真，其中有信”，本此。奚侗曰：“‘情’借为‘精’。”曹受坤曰：“此又见齐物论，不烦改字。”无为无形，可传而不可受，王应麟曰：“屈子言：‘道可受兮，不可传。’庄子所谓‘传’，传以心也；屈子所谓‘受’，受以心也。”郭象曰：“古今传而宅之，莫能受而有之。”可得而不可见；成玄英曰：“方寸独悟，离于形色。”自本自根，未有天地，自古以固存；成玄英曰：“老子云：‘有物混成，先天地生。’”神鬼神帝，王先谦曰：“下文堪坏、冯夷等，鬼也；狶韦、伏羲等，帝也。其神，皆道神之。”生天生地；成玄英曰：“老子云：‘天得一以清，地得一以宁。’”在太极之先而不为高，穆按：本文疑当作“在太极之上”，郭象注即可证。“先”字由后人据易大传妄改。在六极之下而不为深；王闿运曰：“六极，坤也。”穆按：此称必出“易有太极”之后。先天地生而不为久，长丁丈反。于上古而不为老。狶褚伊反。李颐曰：“音豕。”韦氏得之，以挈天地；司马彪曰：“狶韦，上古帝王名。”方以智曰：“‘狶韦’即‘豕韦’。夏封于豕韦。”成玄英曰：“‘挈’，又作‘契’。言能混同万物，符合二仪。”伏戏得之，以袭气母；司马彪曰：“袭，入也。”成玄英曰：“袭，合也。气母，元气之母。”陆长庚曰：“老子云‘守母’‘食母。’”维斗得之，终古不忒；李颐曰：“北斗所以为天之纲维。”日月得之，终古不息；堪坏扶眉反。得之，以袭昆仑。司马彪曰：“堪坏，神名。”淮南作“钦负”。冯夷得之，以游大川；司马彪曰：“冯夷，是为河伯。”肩吾得之，以处大山；司马彪曰：“肩吾，山神。”王闿运曰：“肩吾与孙叔敖同时。”黄帝得之，以登云天；陆长庚曰：“即今传鼎湖上升事。”穆按：事详史记封禅书，乃晚周神仙家言。颛顼得之，以处玄宫；李颐曰：“玄宫，北方宫也。月令：‘其帝颛顼，其神玄冥。’”穆按：此晚周阴阳家言。禺音虞。强得之，立乎北极；司马彪曰：“山海经：‘北海之渚有神，名禺强。’”西王母得之，坐乎少广，成玄英曰：“西王母，太阴精也。少广，西极山名。”莫知其始，莫知其终；彭祖得之，上及有虞、下及五伯；傅说得之，以相武丁，奄有天下，乘东维，骑箕尾，而比于列星。成玄英曰：“傅说，星精也。傅说一星在箕尾上。”穆按：此章言伏羲、黄帝、颛顼云云，似颇晚出。崔本“列星”下，尚有“其生无父母，死登假，三年而形遁，此言神之无能名者也”，凡二十二字。盖郭象疑而删之，而不知其全章皆可疑也。严复曰：“自‘夫道’以下数百言，是庄文最无内心处，不必深究。”

南伯子葵李颐曰：“‘葵’当为‘綦’，声之误。”问乎女偊音禹。曰：“子之年长矣，而色若孺子，何也？”曰：“吾闻道矣。”南伯子葵曰：“道，可得学邪？”曰：“恶！恶可！子非其人也。夫卜梁倚，有圣人之才，而无圣人之道；李颐曰："卜梁，姓；倚，名。"曹耀湘曰："卜梁倚，盖墨子后。"我有圣人之道，而无圣人之才。吾欲以教之，庶几其果为圣人乎！不然，以圣人之道，告圣人之才，亦易矣。吾犹守而告之，参日而后能外天下；已外天下矣，吾又守之，七日而后能外物；郭象曰："物者，朝夕所需，切己难忘。"已外物矣，吾又守之，九日而后能外生；已外生矣，而后能朝彻；郭象曰："豁然无滞。"成玄英曰："如朝阳初启。"武延绪曰："'朝'当读为'周'。'周彻'，犹洞彻也。"朝彻，而后能见独；王先谦曰："见一而已。"穆按：无空间相。见独，而后能无古今；成玄英曰："任造物之日新，随变化而俱往。"穆按：无时间相。吕惠卿曰："'见独'者，'彼是莫得其偶'；'无古今'者，'通万岁而一成纯'。"无古今，而后能入于不死不生。章炳麟曰："外天下至于外生，则生空观成矣。朝彻见独至于无古今，则前后际断，法空观成矣。凡二乘皆有生空观，无法空观。大乘有法空观者，非至远行地，犹未能证无生。卜梁倚既成法空观，又入于不死不生，此其在远行地哉！"杀生者不死，生生者不生。憨山曰："生者，有形之累也。若形骸已外，则一性独存，故曰'杀生者不死'。能造化群生，而一真湛然，故曰'生生者不生'。"其为物，无不将也，无不迎也；成玄英曰："将，送也。道之为物，迎无穷之生，送无量之死。"无不毁也，无不成也。其名为撄宁。崔譔曰："撄，有所系著也。"陆长庚曰："撄，拂乱也。撄宁，言世棼扰扰之中而成大定。此即不坏世相，而成实相；如来所云'上乘义谛'也。"杨文会曰"撄者，烦扰也；宁者，沉静也。两门相反，适以相成；所谓'八万尘劳，即解脱相'也。"曹受坤曰："在宥'撄人心'，司马注：'撄，引也。'孟子'物交物，则引之而已。'此文'撄宁'，即谓外物虽来牵引，而依然不失其大宁也。”撄宁也者，撄而后成者也。”南伯子葵曰：“子独恶乎闻之？”曰：“闻诸副墨之子，李颐曰：“可以副贰玄墨也。”副墨之子闻诸洛诵之孙，李颐曰：“诵，通也。苞洛无所不通。”归有光曰：“副墨，书册。洛诵，记诵也。”王闿运曰：“周末墨未通行。”洛诵之孙闻之瞻明，瞻明闻之聂许，陆长庚曰：“瞻明，视也。”马其昶曰：“说文：‘聂，附耳私小语。’广雅：‘许，听也。’”王闿运曰：“‘瞻明’，孟子所云‘见而知’；‘聂许’，孟子云‘闻知’也。”聂许闻之需役，需役闻之于音乌。讴，陆长庚曰：“需役，行也。于讴，歌也。”于讴闻之玄冥，玄冥闻之参寥，郭象曰：“虽玄冥犹未极，而又推寄于参寥，亦‘玄之又玄’也。”参寥闻之疑始。”宣颖曰：“似有始而未尝有始也。”陈寿昌曰：“大道之传，由外而内；究其本始，实吾性天所自有。”

子祀、子舆、子犁、子来四人相与语，崔譔曰：“‘子祀’，淮南作‘子永’。”曰：“孰能以无为首，以生为脊，以死为尻？苦羔反。陈寿昌曰：“脊骨尽处为尻。”王敔曰：“首、脊、尻，一体也。”孰知死生存亡之一体者，吾与之友矣。”四人相视而笑，莫逆于心，遂相与为友。俄而子舆有病，子祀往问之，曰：“伟哉！夫造物者，将以予为此拘拘也！司马彪曰：“拘拘，体拘挛也。”奚侗曰：“‘也’，淮南精神训作‘邪’。”曲偻发背，上有五管，颐隐于齐，肩高于顶，句古侯反。赘指天。”李颐曰：“句赘，项椎也；其形似赘。”奚侗曰：“‘句赘’，淮南精神训作‘独营’；高诱注读曰‘括撮’。盖以括为髻。”武延绪曰：“‘句’疑‘昏’字讹，‘髻’之借字。‘赘’，古通‘撮’。‘昏赘’即‘会撮’，见人间世。”

阴阳之气有沴，音丽。郭象曰：“沴，陵乱也。”奚侗曰：“汉书五行志：‘气相伤谓之沴。’”王闿运曰：“‘有’，‘又’也。”其心闲而无事，跰步田反。𨇤悉田反。而鉴于井，奚侗曰：“‘跰𨇤’与‘蹁跹’同，音变则为‘蹩躠’。”王闿运曰：“跰𨇤，盘跚；通用字。”曰：“嗟乎！夫造物者，又将以予为此拘拘也！”子祀曰：“女恶之乎？”曰：“亡，王引之曰：“‘亡’，与‘无’同，否也。”予何恶！浸假王叔岷曰：“‘浸’御览引作‘侵’，当从之。说文：‘侵，渐进也。’”而化予之左臂以为鸡，奚侗曰：“‘鸡’当为‘卵’。齐物论：‘见卵而求时夜’，可证。”予因以求时夜；浸假而化予之右臂以为弹，予因以求鸮炙；浸假而化予之尻以为轮，以神为马，予因而乘之，岂更驾哉！郭象曰：“无往不因，无因不可。”且夫得者，时也；失者，顺也。安时而处顺，哀乐不能入也。此古之所谓县解也。曹受坤曰：“此五句，又见养生主。”而不能自解者，物有结之。且夫物不胜天，久矣，吾又何恶焉？”俄而子来有病，喘喘川转反。然将死，其妻子环而泣之。子犁往问之，曰：“叱！避！无怛丁达反。化！”郭象曰：“将化而化，无为怛之也。”倚其户，与之语，曰：“伟哉，造化！又将奚以汝为？将奚以汝适？以汝为鼠肝乎？以汝为虫臂乎？”林云铭曰：“鼠无肝，虫无臂。”子来曰：“父母于子，宣颖曰：“此倒装句。”东西南北，唯命之从。阴阳于人，不翅于父母。旧注：“‘翅’，与‘啻’通。”彼近吾死，而我不听，宣颖曰：“近，迫也。”我则悍矣，彼何罪焉！夫大块载我以形，劳我以生，佚我以老，息我以死。故善吾生者，乃所以善吾死也。今大冶铸金，金踊跃曰‘我且必为镆音莫。铘’，似嗟反。陆德明曰：“镆铘，剑名。”大冶必以为不祥之金。今一犯人之形，而曰‘人耳人耳’，夫造化者必以为不祥之人。今一以天地为大炉，以造化为大冶，恶乎往而不可哉！”成然寐，蘧然觉。奚侗曰：“‘成’，释文本作‘戍’。说文：‘戍，威也。威，灭也。’‘寐’状若火之熄灭。”武延绪曰：“‘成’，释文一本作‘俄’。”

子桑户、孟子反、子琴张三人相与友，马其昶曰：“楚辞‘桑扈’，洪注谓‘桑户’。”马叙伦曰：“论语有‘孟子反’，孟子：‘如琴张、曾晳、牧皮者，孔子之所谓狂矣’；疑‘孟子反’即‘牧皮’。‘孟’‘牧’音近；‘皮’‘反’形似。”曰：“孰能相与于无相与，相为于无相为？成玄英曰：“如百体各有司存，更相御用。无心于相与，无意于相为，而相济之功成矣。”孰能登天游雾，挠挑无极，李颐曰：“挠挑，犹宛转也。”相忘以生，陈寿昌曰：“不悦生。”无所终穷？”陈寿昌曰：“不知死。”三人相视而笑，莫逆于心，遂相与友。莫然崔譔曰：“莫然，定也。”奚侗曰：“广雅：‘莫，漠也。’莫然，谓冢漠无言。”有间，而子桑户死，未葬。孔子闻之，使子贡往待事焉。或编曲，李颐曰：“曲，蚕薄。”王闿运曰：“编曲，以藁葬也。”或鼓琴，相和而歌曰：“嗟来，王引之曰：“犹‘嗟乎’。”桑户乎！嗟来，桑户乎！而已反其真，而我犹为人猗！”崔譔曰：“猗，辞也。”子贡趋而进，曰：“敢问临尸而歌，礼乎？”二人相视而笑，曰：“是恶知礼意！”宣颖曰：“礼者，天理之节文。礼以意言，则刊落节文，独任天理矣。”子贡反，以告孔子，曰：“彼何人者邪？修行无有，而外其形骸，临尸而歌，颜色不变，无以命之。崔课曰："命，名也。"彼何人者邪？"孔子曰："彼，游方之外者也；成玄英曰："方，区域也。"奚侗曰："论语：'且知方也。'郑注：'方，礼法也。'"而丘，游方之内者也。外内不相及，而丘使女往吊之，丘则陋矣。彼方且与造物者为人，王引之曰："人者，偶也。中庸郑注：'人，读如"相人偶"之"人"。'"而游乎天地之一气。彼以生为附赘县疣，音尤。以死为决疣胡乱反。溃痈。音雍。夫若然者，又恶知死生先后之所在！假于异物，王世贞曰："假于异物，便是圆觉'地水火风'之论。"托于同体。忘其肝胆，遗其耳目，宣颖曰："外身也。"反覆终始，不可端倪。曹受坤曰："'端''倪'，皆始义。莫知其始，即如环无端也。"芒然彷徨乎尘垢之外，逍遥乎无为之业。俞樾曰："达生篇'无为'作'无事'。无事之业，谓无事之始。广雅：'业，始也。'"彼又恶能愦愦然为世俗之礼，以观众人之耳目哉！"成玄英曰："愦愦，犹烦乱也。"陆德明曰："观，示也。"子贡曰："然则夫子何方之依？"王闿运曰："言方外可游，何自拘于方内也？"曰："丘，天之戮民也。马其昶曰："尔雅：'戮，病也。'戮民，犹言劳人。孔子欲为世法，故云。"穆按：德充符：'天刑之，安可解'，与此同义。虽然，吾与汝共之。"子贡曰："敢问其方。"孔子曰："鱼相造乎水，人相造乎道。相造乎水者，穿池而养给；相造乎道者，无事而生定。俞樾曰："'定'，疑'足'字之误。"马其昶曰："'生'读为'性'。"故曰：鱼相忘乎江湖，人相忘乎道术。"子贡曰："敢问畸人。"司马彪曰："畸，不耦也。"曰："畸人者，畸于人而侔于天。故曰：天之小人，人之君子；人之君子，天之小人也。”王先谦曰：“疑当作‘天之君子，人之小人也’；故成玄英曰：‘子反、琴张，不偶于俗，乃曰畸人，实天之君子。’”严复曰：“鱼不能去水，人不能离道，则方内外皆可相忘，何必求为畸人之侔于天而畸于人乎！庄子盖知孔子之深。”

颜回问仲尼曰：“孟孙才，其母死，李颐曰：“孟孙，三桓后。才，其名也。”哭泣无涕，中心不戚，居丧不哀。无是三者，以善丧盖鲁国。李桢曰：“以善处丧名盖鲁国也。”固有无其实而得其名者乎？回一怪之。”王引之曰：“‘一’，语助，犹‘甚’也。”陆长庚曰：“一，常也。”仲尼曰：“夫孟孙氏尽之矣，进于知矣。郭象曰：“尽死生之理，非知之匹也。”唯简之而不得，夫已有所简矣。姚鼐曰：“常人束于生死之情，谓哀痛简之不得，而不知已于性命之真有所简矣。”孟孙氏不知所以生，不知所以死；不知就先，不知就后。若化为物，以待其所不知之化已乎！郭象曰：“不违化也。”马其昶曰：“郭训‘若’为‘顺’。”且方将化，恶知不化哉？方将不化，恶知已化哉？郭象曰：“已化而生，焉知未生之时哉！未化而死，焉知已死之后哉！故无所避就，而与化俱往也。”吾特与汝其梦未始觉者邪！且彼有骇形，而无损心；马叙伦曰：“‘骇形’，淮南精神训作‘戒形’。高注：“戒”，或作“革”。’”有旦宅，而无情死。马其昶曰：“‘旦’，同‘但’。淮南：‘媒但者，非学谩也。’注云：‘但，犹诈也。’‘旦’‘但’，皆‘诞’之借字。‘旦宅’与‘情死’对文。情者，诚也，实也。形为假宅，故有骇动；心非实死，故无损累。”章炳麟曰：“‘旦’即‘嬗’‘禅’等字之借。”

穆按：“旦”疑“且”字形讹。“且宅”，暂居也；犹言蘧庐。孟孙氏特觉人哭亦哭，陈寿昌曰：“特觉人之居丧皆哭，则己亦哭耳。”苏舆曰：“‘特觉’句绝。言我汝皆梦，而孟孙独觉。”是自其所以乃。章炳麟曰：“‘乃’‘然’双声；‘然’，如此也。”王叔岷曰：“‘乃’，成疏本作‘宜’。”马叙伦曰：“宜，所安也。”且也相与吾之耳矣，奚侗曰：“‘吾’，借为‘寤’。”庸讵知吾所谓吾之乎？曹受坤曰：“依奚说，‘吾’之下应夺‘非梦’二字。”郭象曰：“死生变化，吾皆吾之。既皆是吾，吾何失哉！未始失吾，吾何忧哉！靡所不吾，故玄同外内，弥贯古今，与化日新，岂知吾之所在也！”穆按：庄意特谓人皆自名曰吾，而岂知吾之真！而郭象乃深言之。且汝梦为鸟而厉乎天，梦为鱼而没于渊。不识今之言者，其觉者乎？其梦者乎？郭象曰：“言无往而不自得也。”造适不及笑，献笑不及排，陈寿昌曰：“造，至也。排，安排。人造适意之境，不待笑而已适。既动发笑之容，不及排而已笑。适、笑，只在当境之须臾。入梦者不及觉，亦犹是也。”安排而去化，乃入于寥天一。”宣颖曰：“由此观之，凡事皆非己所及排，冥冥中有排之者。今但当安于所排，而忘去死化之悲，乃入于空虚之天之至一者耳。”

意而子见许由，李颐曰：“意而子，贤士也。”许由曰：“尧何以资汝？”郭象曰：“资者，给济之谓。”意而子曰：“尧谓我：‘汝必躬服仁义，而明言是非。’”许由曰：“而奚来为轵？崔譔曰：“轵，辞也。”王闿运曰：“同‘只’。”夫尧既已黥汝以仁义，而劓汝以是非矣；汝将何以游夫遥荡恣睢转徙之涂乎？”王叔之曰：“遥荡，纵散也。恣睢，自得貌。”王念孙曰：“‘遥荡’与‘媱愓’同。方言：‘媱、愓，游也。’广雅：‘戏也。’‘媱’之言

‘逍遥’；‘愓’之言‘放荡’也。”王闿运曰：“马蹄篇释此意。”意而子曰：“虽然，吾愿游于其藩。”崔譔曰：“藩，域也。”许由曰：“不然。夫盲者无以与乎眉目颜色之好，瞽者无以与乎青黄黼黻之观。”意而子曰：“夫无庄之失其美，据梁之失其力，司马彪曰：“无庄、据梁，皆人名。”黄帝之亡其知，皆在炉捶之间耳。李颐曰：“锤，鸱头颇口句铁，以吹火也。”章炳麟曰：“知北游：‘大马之捶钩者。’释文：‘江东、三魏之间人，皆谓‘锻’为‘捶’。”郭象曰：“天下之物，未必皆自成也；三人亦皆闻道而后亡其所务。”庸讵知夫造物者之不息我黥，而补我劓，王闿运曰：“息，肉复生，读若‘息壤’。”使我乘成以随先生邪？”宣颖曰：“乘，犹载也。黥劓则体不备，息之补之，复完成矣。”许由曰：“噫！未可知也。我为汝言其大略。吾师乎！吾师乎！䪠子兮反。万物而不为义。司马彪曰：“䪠，碎也。”罗勉道曰：“䪠，酿也。”陶光曰：“‘䪠’读为‘济’。‘䪠’或体作‘齑’，与‘济’皆从‘齐’声。尔雅：‘济，成也。’”武延绪曰：‘天道篇‘义’作‘戾’。”穆按：“戾”不可从，语详天道篇。泽及万世而不为仁，长于上古而不为老，覆载天地、刻雕众形而不为巧。王闿运曰：“天道篇引此语，云：‘此之谓天乐’。”此所游已。”

颜回曰：“回益矣。”仲尼曰：“何谓也？”曰：“回忘仁义矣。”胡远濬曰：“仁义就及物言，此谓忘物。”曰：“可矣，犹未也。”它日，复见，曰：“回益矣。”曰：“何谓也？”曰：“回忘礼乐矣。”胡远濬曰：“礼乐，就吾体言，此谓忘我。”王叔岷曰：“淮南道应，‘仁义’与‘礼乐’互错，当从之。”曰：“可矣，犹未也。”它日，复见，曰：“回益矣。”曰：“何谓也？”曰：“回坐忘矣。”司马彪曰：“坐而自忘其身。”曾国藩曰：“无故而忘，曰坐忘。”仲尼蹴然曰：“何谓坐忘？”颜回曰：“堕枝体，黜聪明，离形去知，同于大通，奚侗曰：“‘大’，淮南道应训作‘化’。”此谓坐忘。”仲尼曰：“同则无好也，化则无常也。宣颖曰：“无私心，无滞理。”阮毓崧曰：“‘同’字横说，‘化’字竖说。”而果其贤乎！丘也，请从而后也。”

子舆与子桑友，而霖雨十日。子舆曰：“子桑殆病矣！”裹饭而往食之。至子桑之门，则若歌若哭，鼓琴，曰：“父邪！母邪！天乎！人乎！”有不任其声，而趋七住反。举其诗焉。崔譔曰：“不任其声，惫也。趋举其诗，无音曲也。”王敔曰：“不能歌，且口诵之。”子舆入，曰：“子之歌诗，何故若是？”曰：“吾思夫使我至此极者，而弗得也。父母岂欲吾贫哉？天无私覆，地无私载，天地岂私贫我哉？求其为之者而不得也。然而至此极者，命也夫！”

应帝王

内篇之七。郭象曰："无心而任乎自化者，应为帝王也。"王夫之曰："'应'者，物适至而我应之也。不自任以帝王，而独全其天以命物之化，而使自治，则天下莫能出吾宗。非私智小材，辨是非、治乱、利害、吉凶者之所可测也。"释德清曰："庄子之学，以内圣外王为体用。大宗师乃得道之人，推其绪余，则无为而化，绝无有意而作为也。"钱澄之曰："逍遥游始，应帝王终；谓之'应'者，时至则然也。"又云："应而不藏，此其所以'游'，所以'逍遥'与！"

啮缺问于王倪，四问而四不知。向秀曰："事在齐物论中。"陈景元曰："四问：一'同是'，二'所不知'，三'物无知'，四'利害'。"穆按：据是，知此篇之成，在齐物论之后。啮缺因跃而大喜，行以告蒲衣子。崔譔曰："蒲衣，即被衣，王倪之师。"穆按：被衣见知北游篇。蒲衣子曰："而乃今知之乎？有虞氏不及泰氏。司马彪曰："泰氏，上古帝王。"王懋竑曰："史记：'古有泰皇'，即泰氏。"有虞氏其犹藏仁以要人；亦得人矣，而未始出于非人。唐顺之曰："言舜犹有意，非出于天道。"王闿运曰："胠箧篇释此意，在宥篇证之。"泰氏其卧徐徐，其觉于于；司马彪曰："徐徐，安稳貌。于于，无所知貌。"郭嵩焘曰："说文：'于，於也，象气之舒。'"一以己为马，一以己为牛；李威曰："呼我为马，应之曰马；呼我为牛，应之曰牛。此非玩世不恭也；心无我相，已解脱形骸之外也。"其知情信，马其昶曰："情，实也。"其德甚真，而未始入于非人。"唐顺之曰："泰氏之于天道，不期而合。"

肩吾见狂接舆。狂接舆曰："日中始何以语女？"崔譔曰："中始，贤人也。"俞樾曰："'日'，犹云'日者'。左氏传云：'日卫不睦'。"肩吾曰："告我君人者，以己出经式义度，王念孙曰："'义'，读为'仪'。经、式、仪、度，皆谓法度。"人孰敢不听而化诸！"王闿运曰："天地篇将闾葂告季彻语同。"接舆曰："是欺德也。郭象曰："以己制物，则物失其真。"钱澄之曰："是非自然之德。"其于治天下也，犹涉海凿河，王先谦曰："涉海而凿为河。"而使蚉负山也。夫圣人之治也，治外乎？王先谦曰："用法，是治外也。"正而后行，郭象曰："各正性命之分也。"释德清曰："老子云：'清静为天下正。'"确乎能其事者而已矣。宣颖曰："不强人以性之所难为。"焦竑曰："确乎尽其性命之能事而已，我无为而民自正也。"且鸟高飞以避矰则能反。弋之害，鼷音兮。鼠深穴乎神丘之下，以避熏凿之患，邵晋涵曰："汉书所谓'社鼷不灌，屋鼠不熏'也。"朱桂曜曰："'神'通'申'，重也。重丘亦犹层丘。"而曾二虫之无知！"焦竑曰："鸟鼠避患，曾不待教；况民之有知，岂必作为经式义度，以拂乱其常性哉！"

天根游于殷阳，崔譔曰："地名。"至蓼水之上，适遭无名人而问焉。曰："请问为天下。"无名人曰："去！汝鄙人也，何问之不豫也！简文曰："豫，悦也。"朱桂曜曰："问以治天下，非彼所心悦也。”俞樾曰：“尔雅：‘豫，厌也。’言不惮烦。”予方将与造物者为人，厌，则又乘夫莽眇之鸟，陆德明曰：“莽眇，轻虚之状。”王闿运曰：“莽眇，眇茫也。”王先谦曰：“谓清虚之气若鸟然。”以出六极之外，而游无何有之乡，以处圹埌音浪。之野。崔譔曰：“圹埌，犹旷荡。”武延绪曰：“读若‘旷阆’。”汝又何帠音艺。以治天下感予之心为？”“帠”，崔本作“为”。钱澄之曰：“古文‘为’字作‘[illegible]’，以此而讹。”王闿运曰：“古‘为’字从二爪相对，下从‘糸’，象之足也。”孙诒让曰：“‘帠’疑当为‘叚’。‘何叚’，犹言‘何藉’也。作‘为’，于文复赘。”又复问。无名人曰：“汝游心于淡，合气于漠，顺物自然，而无容私焉，而天下治矣。”

阳子居成玄英曰：“姓杨，名朱，字子居。”姚鼐曰：“即杨朱。”见老聃，曰：“有人于此，向疾强梁，简文曰：“如向应声之疾。”朱桂曜曰：“文选羽猎赋：‘蠁曶如神’，注：‘蠁曶，疾也。’蜀都赋：‘翕响挥霍’，注：‘奄忽之间也。’又‘向’与‘趋’同义，广雅：‘趋，疾也。’是向亦疾也。简文说迂曲。”武延绪曰：“‘梁’与‘良’通。墨子公孟篇：‘身体强良，思虑徇通。’据此，下句‘物’乃‘徇’字讹。”物彻疏明，章炳麟曰：“四字平列，‘物’为‘易’之误。‘易’借为‘圛’，诗齐风笺：‘圛，明也。’”胡远濬曰：“‘物’，当为‘聪’之坏字。”学道不倦。如是者，可比明王乎？”王闿运曰：“天地篇夫子语老聃语大同。”老聃曰：“是于圣人也，胥易技系，劳形怵心者也。陆长庚曰：“胥徒更番直事，工技居肆省功。”郭庆藩曰：“易，治也。胥易，谓胥徒供役治事。技系，若王制‘凡执技以事上者，不贰事，不移官’，谓为技所系也。”孙诒让曰：“‘胥’为‘谞’之借字。说文：‘谞，知也。’胥易，谓知识惑易。”王叔岷曰：“‘技’本或作‘枝’。枝谓枝体。‘劳形’承‘枝系’言，‘怵心’承‘胥易’言。”且也，虎豹之文来田，李颐曰：“田，猎也。”猿狙之便、执斄之狗来藉。崔譔曰：“藉，系也。”武延绪曰：“‘藉’与‘籍’通。淮南缪称：‘猿狖之捷来措’，‘措’即‘籍’借字，高注：‘刺也。’”孙诒让曰：“‘斄’‘犁’‘狸’‘留’，并一声之转。”郭象曰：“此皆以文章技能系累其身。”如是者，可比明王乎？”阳子居蹴然曰：“敢问明王之治。”老聃曰：“明王之治，功盖天下，而似不自己，化贷万物，而民弗恃；陆长庚曰：“与老子‘生而不有，为而不恃，功成而弗居’之意同。”有莫举名，使物自喜；立乎不测，而游于无有者也。”

郑有神巫曰季咸，知人之死生存亡、祸福寿夭，期以岁月旬日，若神。郑人见之，皆弃而走。郭象曰：“不憙自闻死日也。”列子见之而心醉，向秀曰：“迷惑于其道也。”归，以告壶子，司马彪曰：“壶子，名林，郑人，列子师。”曰：“始吾以夫子之道为至矣，则又有至焉者矣。”壶子曰：“吾与汝既其文，未既其实，武延绪曰：“‘既’疑‘翫’字讹。列子黄帝篇觞深节：‘吾与若玩其文。’”李颐曰：“既，尽也。”释德清曰：“文，外面皮毛耳。”王闿运曰：“文章可得而闻，性与天道不可得闻也。”而固得道与？众雌而无雄，而又奚卵焉！罗勉道曰：“参同契云：‘牝鸡不独卵。’”方潜曰：“无雄则无种。”郭象曰：“言列子之未怀道。”穆按：言列子尽文而未尽其实也。而以道与世亢，必信，按：列子“亢”作“抗”。夫故使人得而相汝。马其昶曰：“挟其道以与世亢，而必求其伸，人则有以窥其微矣；有我相故也。王旦曰：‘古者帝王之治天下，必有不测之用，使人不可得而相。’”尝试与来，以予示之。”明日，列子与之见壶子。出而谓列子曰：“嘻！子之先生死矣！弗活矣！不以旬数矣！吾见怪焉，见湿灰焉。”宣颖曰：“言无气焰。”列子入，泣涕沾襟，以告壶子。壶子曰：“乡吾示之以地文，崔譔曰：“文，犹理也。”向秀曰：“块然若土也。”罗勉道曰：“地文者，山川草木。”王闿运曰：“如地之文，万物资生，而实无文也。”萌乎不震不止。“止”一作“正”，今从崔本。成玄英曰：“震，动也。”马其昶曰：“贾子：‘萌之为言盲也。’汉书‘民萌’，注：‘无知之貌。’”是殆见吾杜德机也。郭象曰：“德机不发曰杜。”尝又与来。”明日，又与之见壶子。出而谓列子曰：“幸矣，子之先生遇我也！有瘳矣，全然有生矣！苏轼曰：“‘全然’，列子作‘灰然’，是也。”陶光曰：“‘灰’字句；承上‘见湿灰焉’而言。”武延绪曰：“‘有’读‘又’。”吾见其杜权矣。”郭象曰：“权，机也。”罗勉道曰：“闭藏之中却有权变。”向秀曰：“季咸见其尸居而坐忘，即谓之将死；睹其神动而天随，因谓之有生。”列子入，以告壶子。壶子曰：“乡吾示之以天壤，王敔曰：“天气入于壤中。”名实不入，而机发于踵。陆长庚曰：“真人之息以踵。”释德清曰：“从至深静地而发起照用也。”是殆见吾善者机也。宣颖曰：“诸无所有，而一阳之复，根于黄泉。‘善’者，动之初也。易曰：‘继之者善。’”尝又与来。”明日，又与之见壶子。出而谓列子曰：“子之先生不齐，陆德明曰：“侧皆反。本又作‘斋’，下同。”吾无得而相焉。试齐，且复相之。”列子入，以告壶子。壶子曰：“吾乡示之以太冲莫胜。章炳麟曰："列子黄帝篇作'莫朕'，古音'无'如'莫'。"王叔岷曰："'胜'与'朕'通。淮南兵略：'凡物有朕，惟道无朕。'文子作'胜'。"陆长庚曰："莫胜，言无偏胜。"穆按："太冲"，至虚至和，无所偏倚；无偏胜即无朕，义可通。是殆见吾衡气机也。宣颖曰："衡，平也。"向秀曰："无往不平，混然一之。"鲵桓之潘一作"审"，今从崔。为渊，崔譔曰："潘，回流所钟之域也。"朱桂曜曰："'潘'与'波'通。"奚侗曰："'潘'当作'审'，为'瀋''沈'之假字，言深渊也。"司马彪曰："鲵桓，二鱼名。"陶光曰："列子作'鲵旋之潘为渊'，'旋''桓'古音相近。庚桑楚：'寻常之沟，巨鱼无所还其体，而鲵鳅为之制。'"止水之潘为渊，流水之潘为渊。释德清曰："鲵桓处深泥，喻至静，即初止。止水澄清，万象斯鉴，即'天壤'之观。流水虽动，而水性湛然，即'太冲莫胜'，止观不二也。"陈寿昌曰："鲵桓之水非静非动，喻'衡气机'；止水静，喻'杜德机'；流水动，喻'善者机'。三者不同，其渊深莫测一也。"渊有九名，此处三焉。陆德明曰："淮南子：'有九旋之渊。'"成玄英曰："九渊名，见列子。"尝又与来。"明日，又与之见壶子。立未定，自失音逸。而走。壶子曰："追之！"列子追之，不及。反，以报壶子，曰："已灭矣，已失矣，吾弗及已！"马其昶曰："在己之天全，则人之知巧自消。"壶子曰："乡吾示之以未始出吾宗。王夫之曰："'未始出吾宗'，则得环中以应无穷，不蕲治天下，而天下莫能遁也。各相安于其天，而恩怨杀生，不以一曲之知，行其私智，此则大小无不可游，物论无不可齐，德无不充，生无不可养，死无不可忘，人间世无不可入；此浑然至一之宗也。于以应帝王也何有！"穆按："出"，表出义。吾与之虚而委蛇，成玄英曰："随顺貌。"不知其谁何。向秀曰："泛然无所系。"因以为弟靡，马其昶曰："'弟'，列子作'茅'。孙志祖曰：'埤雅："茅靡，言其转徙无定。一作'弟靡'。""弟"，读如"稊"；"稊"，茅之始生也。'"王闿运曰："'弟'，'颓'借字。"因以为波随，王念孙曰："'流'，崔作'随'，是也。'蛇''何''靡''随'为韵。'蛇'，古音徒禾反；'靡'，古音摩；'随'，古音徒河反。"闻一多曰："'波随'当为'陂堕'，即'陂陁'，与'委蛇''颓靡'义皆相近。"故逃也。"然后列子自以为未始学而归，三年不出，为其妻爨，食音嗣。豕如食人。郭象曰："忘贵贱也。"于事无与亲，郭象曰："唯所遇耳。"雕琢复朴，块然独以其形立。成玄英曰："槁木之形，块然无偶。"纷而封戎，"戎"，一作"哉"，今从崔本。马其昶曰："列子亦作'封戎'。诗毛传：'封，大也。'尔雅：'戎，大也。'楚辞注：'纷，盛貌。'"陶光曰："'封戎'，犹诗'狐裘蒙戎'。"李桢曰："'人''亲'为韵，'朴''立'为韵，'戎''终'为韵。"一以是终。宣颖曰："帝王之道，在虚己无为，不可使天下得相其端以开机智。"马其昶曰："淮南言：'人主之意欲见于外，则为人臣之所制；故老子曰："塞其兑，闭其门，终身不勤。"'"

无为名尸，成玄英曰："尸，主也。"无为谋府；无为事任，郭象曰："付物使各自任。"无为知主。郭象曰："无心，则物各自主其知也。"体尽无穷，郭象曰："因天下之自为，故驰万物而无穷也。"而游无朕；郭象曰："任物，故无迹。"尽其所受乎天，而无见得，吕惠卿曰："所谓'常因自然而不益。'"亦虚而已。郭象曰："不虚，则不能任群实。"刘大櫆曰："'虚'乃庄子宗旨，所谓'无心''无为''无用'者是也。"至人之用心若镜，不将不迎，应而不藏，故能胜物而不伤。陆长庚曰："'胜'字平读，任万感而不伤本体。"

王闿运曰："藏则有得，有得必有失，则伤矣。"薛瑄曰："程子所谓'形容道体'之言，此类是也。"

南海之帝为儵，音叔。北海之帝为忽，中央之帝为浑沌。简文曰："儵、忽，取神速为名；浑沌，以合和为貌。神速譬有为，合和譬无为。"儵与忽时相与遇于浑沌之地，浑沌待之甚善。儵与忽谋报浑沌之德，曰："人皆有七窍，以视听食息，此独无有，尝试凿之。"日凿一窍，七日而浑沌死。郭象曰："为者败之。"严复曰："内七篇秩序井然，不可棼乱。学道者以'拘虚''囿时''束教'为厉禁，故开宗明义，首戒学者必游心于至大之域。逍遥游云者，犹佛言'无所住'也；必得此而后闻道之基以立。次则当知物论之本齐，美恶是非之无定；曰'寓庸'、曰'以明'、曰'因是'、曰'寓诸无竟'、曰'物化'，喻人可谓至矣。再进则语学者以事道之要，曰养生主。养生主者，非养生也，其主旨曰'依乎天理'；是故有变境而无生灭，薪穷火传，不知其尽。然而人间不可弃，有'无所逃于天地之间'者，又不可不讲，故命曰人间世；一命一义，而'寓诸不得已'；故庄非出世之学。由是群己之道交得，则有德充之符。处则为大宗师，周易'见龙之在田'也；达则为应帝王，九五'飞龙之在天'也；而道之能事尽矣。"

外篇

焦竑曰："内篇命题，各有深意；外、杂则但取篇首字名之，而大义亦存焉。"王夫之曰："外篇非庄子之书，盖为庄子之学者，欲引伸之，而见之弗逮，求肖而不能也。"又曰："外篇但为老子作训诂，其可与内篇相发明者，十之二三；乃学庄者杂辑以成书。其间若骈拇、马蹄、胠箧、天道、缮性、至乐诸篇，尤为悁劣。"

骈拇

外篇之一。吴澄曰："庄生书，瑰玮参差，不以觭见之。唯骈拇、胠箧、马蹄、缮性、刻意五篇，自为一体。其果庄氏之书乎？抑周、秦间文士所为乎？未可知也。"苏舆曰："骈拇下四篇，于申老外别无精义；盖学庄者缘老为之。且文气直衍，无所发明；亦不类内篇汪洋俶诡。王夫之、姚鼐皆疑外篇不出庄子，最为有见。"

骈拇枝指，出乎性哉！而侈于德。陆德明曰："骈，广雅云：'并也。'枝指，三苍云：'手有六指也。'"宣颖曰："性，生也。人所同得曰德。"附赘县疣，出乎形哉！而侈于性。多方乎仁义而用之者，马其昶曰："'方''旁'古通用。'多方'二字平列，故下文曰'多方骈枝'，又曰'多骈旁枝'。"列于五藏哉！而非道德之正也。吕惠卿曰："其气为五行，其德为五常，其形为五藏。"穆按：

以仁、义、礼、智、信为五常，分列五藏，以配五行，其说甚后起，非先秦所有。是故，骈于足者，连无用之肉也；枝于手者，树无用之指也；多方焦竑曰："此二字疑衍。"骈枝于五藏之情者，淫僻于仁义之行，而多方阙误："张君房本无'方'字。"于聪明之用也。是故骈于明者，乱五色，淫文章，青黄黼黻之煌煌非乎？而离朱是已。俞樾曰："'而''如'古通用。"司马彪曰："'离朱'，孟子作'离娄'。"多于聪者，乱五声，淫六律，金石丝竹黄钟大吕之声非乎？而师旷是已。陆德明曰："师旷，晋大夫。"枝于仁者，擢德塞性，以收名声，王念孙曰："'塞'，当为'搴'。'擢''搴'，皆拔取之义。淮南作'攓'。"使天下簧鼓以奉不及之法非乎？而曾、史是已。陆德明曰："簧，谓笙簧也。曾参行仁，史鳝行义。"骈于辩者，累瓦结绳，窜句游心于坚白同异之间。而敝跬丘婢反。誉无用之言非乎？而杨、墨是已。陆德明曰："'瓦'，一云当作'丸'。"高骏烈曰："累丸结绳，喻辩之骈枝也。"司马彪曰："窜句，谓穿凿文句。敝，罢也。"向秀曰："跬，近也。"郭嵩焘曰："跬誉，犹咫言；谓邀一时之近誉也。"孙诒让曰："郭本'跬'当作'薛'。马蹄篇云：'蹩躠为仁。'"严复曰："敝跬即屃赑，用力貌。"故此皆多骈旁枝之道，陶鸿庆曰："疑本作'多旁骈枝'，'旁'读为'方'。"非天下之至正也。彼正正者，宣颖曰："上'正'字乃'至'字之误。"不失其性命之情。故合者不为骈，而枝者不为跂；奚侗曰："当作'跂者不为枝'。说文：'跂，足多指也。'此假以言手。"长者不为有余，短者不为不足。是故凫胫本又作"踁"。虽短，续之则忧；鹤胫虽长，断之则悲。故性长非所断，性短非所续，无所去忧也。宣颖曰："率其本然，自无忧，何待去？"马其昶曰："'去''弃'通。去忧，藏忧也。汉书：'主皆藏去以为荣'，师古曰：'去，亦藏也。'"意仁义其非人情乎！彼仁人何其多忧也？且夫骈于拇者，决之则泣；枝于手者，龁音纥。之则啼。二者或有余于数，或不足于数，其于忧，一也。今世之仁人，蒿目而忧世之患；宣颖曰："愁视则睫蒙如蒿。"章炳麟曰："'蒿'，借为'眊'。说文：'眊，目少精也。'忧劳者多秏损，故令目眊。"不仁之人，决性命之情，而饕吐刀反。富贵。故意仁义其非人情乎！自三代以下者，天下何其嚣嚣也？且夫待钩绳规矩而正者，是削其性也；待绳约胶漆而固者，是侵其德也；屈折礼乐，呴况于反。俞仁义，以慰天下之心者，成玄英曰："呴俞，犹妪抚。"吴汝纶曰："慰，郁也。见外物篇释文。"此失其常然也。天下有常然。常然者，曲者不以钩，直者不以绳，圆者不以规，方者不以矩，附离不以胶漆，王敔曰："'离''丽'通。"约束不以纆音墨。索。陆长庚曰："纆，索之两股者。"故天下诱然皆生，而不知其所以生；宣颖曰："诱然，若有导以生者。"马其昶曰："'诱'与'裦'通。尔雅：'诱，进也。'汉书：'裦然为举首'，注：'裦，进也。'王念孙云：'裦然，出众之貌。'此'诱然'与淮南'诱然与日月争光'，其训正同。"同焉皆得，而不知其所以得。故古今不二，不可亏也。穆按：不二，即常然也。则仁义又奚连连如胶漆纆索，而游乎道德之间为哉？使天下惑也！夫小惑易方，大惑易性。何以知其然邪？自虞氏招仁义以挠天下也，俞樾曰："国语韦注：'招，举也。'音翅。"天下莫不奔命于仁义，是非以仁义易其性与？司马光曰："大抵庄子之所言'仁义'，其字义本与孟子不同。"故尝试论之，自三代以下者，天下莫不以物易其性矣。小人则以身殉利，士则以身殉名，大夫则以身殉家，圣人则以身殉天下。故此数子者，苏舆曰："数子，犹言此数等人。"事业不同，名声异号，其于伤性，以身为殉，一也。臧与榖二人，张揖曰："婿婢之子谓之臧。"崔撰本作"榖"，曰："孺子曰榖。"相与牧羊，而俱亡其羊。问臧奚事？则挟筴字又作"策"。读书；王先谦曰："左传：'绕朝赠策'；策，驱羊鞭也。"问榖奚事？则博塞悉代反。以游。陆德明曰："塞，博之类也。"王敔曰："'塞''簺'通；古簺用五木。"二人者，事业不同，其于亡羊，均也。伯夷死名于首阳之下，盗跖死利于东陵之上。李颐曰："东陵，谓泰山。"二人者，所死不同，其于残生伤性，均也。奚必伯夷之是，而盗跖之非乎！天下尽殉也。彼其所殉仁义也，则俗谓之君子；其所殉货财也，则俗谓之小人。其殉一也，则有君子焉，有小人焉。若其残生损性，则盗跖亦伯夷已，又恶取君子、小人于其间哉！且夫属其性乎仁义者，郭象曰："以此系彼为'属'。属性于仁，殉仁者耳，故不善也。"虽通如曾、史，非吾所谓臧也；成玄英曰："臧，善也。"王夫之曰："诋诃曾、史、伯夷，以是其所是，非其所非，矜气以固其封畛，非庄子之言。"属其性于五味，虽通如俞兒，司马彪曰："俞兒，古之善识味人。"陆长庚曰："见淮南子。"武延绪曰："'五味'当作'五藏'，'俞兒'当作'杨墨'。音义：'"虽通如杨、墨"，一本无此句'，是其证。'五藏'即篇首‘五藏之情’。”非吾所谓臧也；属其性乎五声，虽通如师旷，非吾所谓聪也；属其性乎五色，虽通如离朱，非吾所谓明也。吾所谓臧，非仁义之谓也，臧于其德而已矣；吾所谓臧者，非所谓仁义之谓也，任其性命之情而已矣；吾所谓聪者，非谓其闻彼也，自闻而已矣；吾所谓明者，非谓其见彼也，自见而已矣。夫不自见而见彼，不自得而得彼者，是得人之得，而不自得其得者也，适人之适，而不自适其适者也。郭象曰："此舍己效人者，虽效之若人，而已已亡矣。"阮毓崧曰："二语又见大宗师。"夫适人之适，而不自适其适，虽盗跖与伯夷，是同为淫僻也。余愧乎道德，是以上不敢为仁义之操，而下不敢为淫僻之行也。苏舆曰："篇首云‘淫僻于仁义之行’，此复以‘淫僻’‘仁义’平列，踳驳显然。且云‘余愧乎道德’，庄子焉肯为此谦辞乎！"

马蹄

外篇之二。王夫之曰："引老子'无为自正'之说而长言之。"苏舆曰："老子云：'无为自化，清静自正。'通篇皆申此旨；而终始以马作喻，亦庄子内篇所未有也。"

马，蹄可以践霜雪，毛可以御风寒，龁草饮水，翘足本作"尾"。而陆。司马彪曰："陆，跳也。"此马之真性也。虽有义台路寝，无所用之。奚侗曰："'义'借为'峨'。广雅：'峨，高也。'"章炳麟曰："'义'借为'巍'。说文：'巍，高也。'巍台者，周礼有'象巍'，郑司农云：'阙也。'巍阙有观台，故曰巍台。"及至伯乐，曰："我善治马。"烧之，剔之，刻之，雒之，司马彪曰："烧，谓烧铁以烁之。剔，谓翦其毛。刻，谓削其甲。雒，谓羁络其头也。"王念孙曰："'雒'，读为'铬'。说文：'铬，鬄也。'通作'落'。吴子治兵篇：'刻剔毛发，谨落四下。'"郭嵩焘曰："'雒'，同'烙'，谓印烙。"穆按：王、郭之训，与"烧之""剔之"义重，仍以司马说为当。阙误引江南古藏本，及御览八九六引，并作"络"，是其证。连之以羁馽，丁邑反。陆德明曰："羁，勒也。馽，绊也。"编之以皂才老反。栈，陆德明曰："皂，枥也。编木作棂，似床，曰'栈'，以御湿。"马之死者，十二三矣；饥之，渴之，驰之，骤之，整之，齐之，前有橛其月反。饰之患，司马彪曰：“橛，衔也。饰，排衔也；谓加饰于马镳。”而后有鞭筴之威，而马之死者，已过半矣。陶者曰：“我善治埴，时力反。司马彪曰：“埴土可以为陶器。尚书传：‘土黏曰埴。’”圆者中规，方者中矩。”匠人曰：“我善治木，曲者中钩，直者应绳。”夫埴、木之性，岂欲中规矩钩绳哉？然且世世称之曰：“伯乐善治马，而陶、匠善治埴、木。”此亦治天下者之过也。吾意善治天下者，不然。彼民有常性，织而衣，耕而食，是谓同德；一而不党，命曰天放。宣颖曰：“任天自在。”故至德之世，其行填填，其视颠颠。崔譔曰：“填填，重迟也。颠颠，专一也。”当是时也，山无蹊隧，崔譔曰：“隧，道也。”泽无舟梁；陆长庚曰：“即老子所谓‘民至老死不相往来’。”万物群生，连属其乡；王叔之曰：“既无国异家殊，故其乡连属。”禽兽成群，草木遂长。是故禽兽可系羁而游，乌鹊之巢，可攀援而窥。郭象曰：“与物无害，故物驯也。”夫至德之世，同与禽兽居，族与万物并，恶乎知君子小人哉！同乎无知，其德不离；同乎无欲，穆按：老子曰：“常使民无知无欲。”是谓素朴。素朴而民性得矣。及至圣人，蹩步结反。躠悉结反。为仁，踶直氏反。跂丘氏反。为义，而天下始疑矣；李颐曰：“‘蹩躠’‘踶跂’，皆用心为仁义之貌。”穆按：“蹩躠”犹言“盘散”，跛行貌。踶躗、践蹋，必先举足，“跂”亦企举义，乃急行貌。澶徒旦反。漫为乐，摘辟为礼，而天下始分矣。崔譔曰：“澶漫，淫衍也。”郭嵩焘曰：“‘摘辟’，当作‘摘擗’。楚词王注：‘擗，析也。’摘者，摘取；擗者，分析。谓烦碎也。故纯朴不残，孰为牺尊！白玉不毁，孰为珪璋！道德不废，安取仁义！阮毓崧曰："老子云：'大道废，有仁义'。"性情不离，安用礼乐！五色不乱，孰为文采！五声不乱，孰应六律！夫残朴以为器，工匠之罪也；毁道德以为仁义，圣人之过也。焦竑曰："糠秕、瓦砾，道无不载，独弃绝仁义、礼乐，明乎非蒙庄之意矣。彼其自言有之：'远而不可不居者，义也；节而不可不积者，礼也。'学者知其一说，不知其又有一说也。"夫马，陆居，则食草饮水；喜，则交颈相靡；怒，则分背相踶。大计反。李颐曰："靡，摩也。踶，蹋也。"马知已此矣。马其昶曰："已，止也。"夫加之以衡扼，宣颖曰："'扼'，同'轭'。横木驾马领曰衡轭。"齐之以月题，司马彪曰："月题，马额上当颅如月形者也。"而马知介倪、闉音因。扼、鸷曼、诡衔、窃辔。孙诒让曰："'倪'也、'扼'也、'曼'也、'衔'也、'辔'也，皆车马被具之物；而马介之、闉之、鸷之、诡之、窃之也。'倪'，借为'輗'；说文：'大车耑持衡者也。''曼'，即周礼'巾车'之'幦'，车覆笭也。'曼'从'冒'得声，'冒''幦'一声之转。"于省吾曰："'介'应读作'遏'，'闉'犹'塞'也。'遏''闉'同训。遏輗、闉轭，皆不安于御事。"陆德明曰："诡衔，吐出衔也。窃辔，啮辔也。"故马之知而能至盗者，伯乐之罪也。夫赫胥氏之时，司马彪曰："赫胥氏，上古帝王。"民居不知所为，行不知所之，含哺而熙，鼓腹而游，民能已此矣。及至圣人，屈折礼乐，以匡天下之形；县跂仁义，章炳麟曰："'跂'，借为'庋'。释天：'祭山曰庋县。'郭璞曰：'或庋或县，置之于山。'"以慰天下之心。而民乃始踶跂好知，穆按：胠箧篇："延颈举踵"，踶跂即举踵义。争归于利，不可止也。此亦圣人之过也。严复曰："此篇持义，极似法之卢梭。卢梭民约诸书，以初民为最乐。顾以事实言，乃最苦，故其说尽破。"

胠箧

外篇之三。陆长庚曰："篇中屡用'故曰'，可见段段议论，皆道德经之疏义。"王夫之曰："引老子'圣人不死，大盗不止'之说，而凿凿言之。盖惩战国之纷纭，而为愤激之言，亦学庄者已甚之成心也。"

将为胠起居反。箧探囊发匮之盗而为守备，司马彪曰："从旁开为胠。"马其昶曰："楚辞注：'匮，匣也。'"则必摄缄縢，李颐曰："摄，结也。"陆德明曰："广雅云：'缄、縢，皆绳也。'"固扃鐍，古穴反。李颐曰："扃，关也。鐍，纽也。"此世俗之所谓知也。然而巨盗至，则负匮揭箧担囊而趋，唯恐缄縢扃鐍之不固也。然则乡之所谓知者，不乃为大盗积者也？顾炎武曰："'也'与'邪'通。"故尝试论之，世俗所谓知者，有不为大盗积者乎？所谓圣者，有不为大盗守者乎？何以知其然邪？昔者，齐国邻邑相望，鸡狗之音相闻，罔罟之所布，耒耨之所刺，方二千余里。阖四竟之内，所以立宗庙社稷，治邑屋州闾乡曲者，曷尝不法圣人哉！然而田成子一旦杀齐君而盗其国。陆德明曰："齐君，简公也。哀公十四年，陈恒杀之舒州。"所盗者，岂独其国邪？并与其圣知之法而盗之。故田成子有乎盗贼之名，而身处尧、舜之安。小国不敢非，大国不敢诛，十二世有齐国。穆按：史记自成子至王建之灭，仅十世。据竹书纪年，中脱悼子、侯剡两世。此亦本篇晚出之确证。姚鼐曰："此盖有慨于始皇。"则是不乃窃齐国，并与其圣知之法，以守其盗贼之身乎？尝试论之，世俗之所谓至知者，有不为大盗积者乎？所谓至圣者，有不为大盗守者乎？何以知其然邪？昔者，龙逢斩，比干剖，苌弘胣，敕纸反。崔譔曰："胣，裂也。淮南子云：'苌弘铍裂而死。'"子胥靡，崔譔曰："烂之于江中。"武延绪曰："方言：'靡，灭也。''灭'一训'没'。"故四子之贤，而身不免乎戮。郭象曰："言暴乱之君，戮贤人而莫之敢亢者，皆圣法之由也。向无圣法，则桀、纣焉得守斯位而放其毒！"故跖之徒问于跖曰："盗亦有道乎？"跖曰："何适而无有道邪？夫妄意室中之藏，圣也；王引之曰："意者，度也。"入先，勇也；出后，义也；知可否，知也；分均，仁也。五者不备，而能成大盗者，天下未之有也。"由是观之，善人不得圣人之道不立，跖不得圣人之道不行。天下之善人少而不善人多，则圣人之利天下也少，而害天下也多。故曰："唇竭则齿寒，王念孙曰："'竭'，与'揭'通。说文：'揭，高举也。'"俞樾曰："说文'豕'下云：'竭其尾。''唇竭'，谓反举其唇以向上。"鲁酒薄而邯郸围。陆德明曰："楚宣王朝诸侯，鲁恭公后至而酒薄。宣王怒，攻鲁。梁惠王常欲击赵，而畏楚救。楚以鲁为事，故梁得围邯郸。言事相由也。许慎注淮南云：'楚之主酒吏求酒于赵，赵不与。吏怒，乃以赵厚酒易鲁薄酒，奏之。楚王以赵酒薄，故围邯郸也。'"圣人生而大盗起。"掊击圣人，纵舍盗贼，而天下始治矣。夫川竭而谷虚，丘夷而渊实，圣人已死，则大盗不起，天下平而无故矣。圣人不死，大盗不止。虽重圣人而治天下，则是重利盗跖也。为之斗斛以量之，向秀曰："自此以下，皆所以明苟非其人，虽法无益。"则并与斗斛而窃之；为之权衡以称之，则并与权衡而窃之；为之符玺以信之，则并与符玺而窃之；为之仁义以矫之，则并与仁义而窃之。何以知其然邪？彼窃钩者诛，陆德明曰："钩，谓带也。"窃国者为诸侯。诸侯之门，而仁义存焉。王引之曰："'存焉'当作'焉存'。'焉'，'于是'也。古书如此句法甚多。"则是非窃仁义圣知邪？故逐于大盗，揭诸侯，窃仁义，并斗斛、权衡、符玺之利者，虽有轩冕之赏弗能劝，斧钺之威弗能禁。此重利盗跖，而使不可禁者，是乃圣人之过也。故曰："鱼不可脱于渊，国之利器，不可以示人。"语见老子。彼圣人者，天下之利器也，褚伯秀曰："'圣人'当作'圣知'。"非所以明天下也。王叔岷曰："据郭注、成疏，'明'下疑脱'示'字。"故绝圣弃知，大盗乃止；老子曰："绝圣弃知，民利百倍。"擿持赤反。玉毁珠，小盗不起；陆德明曰："'擿'，义与'掷'字同。"老子曰："不贵难得之货，使民不为盗。"焚符破玺，而民朴鄙；掊斗折衡，而民不争；殚残天下之圣法，而民始可与论议。擢乱六律，铄诗灼反。绝竽瑟，崔譔曰："铄绝，烧断之也。"塞瞽旷之耳，而天下始人含其聪矣；灭文章，散五采，胶离朱之目，而天下始人含其明矣；毁绝钩绳，而弃规矩，武延绪曰："'而'，疑当作'面'，与'偭'通，背也。"攦力结反。工倕之指，崔譔曰："攦，撕之也。"孙诒让曰：

“‘攦’与‘历’通。‘撕’与‘槲’同。说文：‘枥槲，柙指也。’”段玉裁曰：‘柙指如今之拶指。”而天下始人有其巧矣。故曰：“大巧若拙。”削曾、史之行，钳巨炎反。杨、墨之口，攘弃仁义，而天下之德始玄同矣。陆长庚曰：“‘玄同’二字出老子。”彼人含其明，则天下不铄矣；人含其聪，则天下不累矣；人含其知，则天下不惑矣；人含其德，则天下不僻矣。彼曾、史、杨、墨、师旷、工倕、离朱者，皆外立其德，而以爚音药。乱天下者也，成玄英曰：“言数子皆标名于外，炫耀群生。”法之所无用也。子独不知至德之世乎？昔者，容成氏、大庭氏、伯皇氏、中央氏、栗陆氏、骊畜氏、轩辕氏、赫胥氏、尊卢氏、祝融氏、伏戏氏、神农氏，司马彪曰：“此十二氏，皆古帝王。”当是时也，民结绳而用之，甘其食，美其服，乐其俗，安其居，邻国相望，鸡狗之音相闻，民至老死而不相往来。“结绳”以下至此，语见老子。若此之时，则至治已。今遂至使民延颈举踵曰：“某所有贤者”，赢粮而趣之，崔譔曰：“赢，裹也。”则内弃其亲，而外去其主之事，足迹接乎诸侯之境，车轨结乎千里之外，则是上好知之过也。上诚好知而无道，则天下大乱矣。何以知其然邪？夫弓弩毕弋机变之知多，则鸟乱于上矣；马其昶曰：“淮南‘止田猎毕弋’，注云：‘毕，掩网也。’”奚侗曰：“‘变’非器用，当是‘羉’字。尔雅释器：‘彘罟谓之羉。’此假掩兽之具以言掩鸟。”武延绪曰：“‘变’疑读‘辟’，与‘罼’同。”钩饵网罟罾笱音钩。之知多，则鱼乱于水矣；成玄英曰：“罟、罾，皆网也。笱，曲梁也；亦筌也。”削格罗落罝子斜反。罘音浮。之知多，则兽乱于泽矣；郭嵩焘曰："左思赋：'峭格周施'，'峭''削'义通。汉书：'为中周虎落'，颜注：'谓遮落之。'削格、罗落，皆所以遮要禽兽。"章炳麟曰："'削'借为'箾'。"陆德明曰："尔雅：'兔罟谓之罝，罬谓之罦。罦，覆车也。'"知诈渐毒颉滑坚白解垢同异之变多，则俗惑于辩矣。王引之曰："知，谓智故也。渐，诈欺。"李颐曰："颉滑，滑稽也。"武延绪曰："玉篇：'猾，黠也。'淮南俶真：'孰肯解构人间之事'；后汉隗嚣传：'勿用傍人解构之言。'"马其昶曰："'解诟'，即'吃诟'。集韵：'吃诟，力诤也。'"故天下每每大乱，李颐曰："每每，犹昏昏也。"奚侗曰："'每每''频频'谊近。"罪在于好知。故天下皆知求其所不知，而莫知求其所已知者；皆知非其所不善，而莫知非其所已善者。是以大乱。故上悖日月之明，下烁失约反。山川之精，中堕四时之施；惴本亦作"蝙"。耎耳转反。之虫，肖翘之物，崔譔曰："蠉蝙，动虫也。肖翘，植物也。"奚侗曰："'惴'，当作'喘'。'耎'，当作'蝡'。谓喘息蠕动之虫。'肖'，借作'梢'。'翘'，借作'乔'；尔雅：'小枝上缭为乔。'"莫不失其性。甚矣夫，好知之乱天下也！自三代以下者是已。舍夫种种之机，奚侗曰："'机'，当依各本作'民'。"而悦夫役役之佞；成玄英曰："种种，淳朴。役役，轻黠也。"释夫恬淡无为，而悦夫啍啍他昆反。之意。郭象曰："啍啍，以己诲人也。"姚鼐曰："荀子云：'口啍，诞也。'"啍啍已乱天下矣。严复曰："庄周、卢梭所谓至德之世，世间固无此物。世运之降，如岷、峨之水，已滔滔而为荆、扬之江；乃欲逆而挽之，使之在山，虽有神禹，且不能至。亦疏之瀹之，使之归海，无为泛滥之患而已。此言治者所不可不知。"

在宥

在宥外篇之四。王夫之曰："此篇言有条理，意亦与内篇相近，而间杂老子之说；滞而不圆，犹未得乎象外之旨，亦非庄子之书也。"姚鼐曰："马蹄、胠箧及在宥之首二章，皆申老子之说，然非庄子之文。"

闻在宥天下，不闻治天下也。马其昶曰："说文：'在，存也。'"吴汝纶曰："'宥'与'囿'同。"吕惠卿曰："'在'者，存之而不亡，任自然而不益。'宥'者，放之而不纵，如囿之宥物。"方以智曰："'在'如持载，围中之范；'宥'如覆帱，范中之围。"苏舆曰："存诸心而不露是善非恶之迹，以使民相安于浑沌，正胠箧篇'含'字之旨。"在之也者，恐天下之淫其性也；宥之也者，恐天下之迁其德也。天下不淫其性，不迁其德，有治天下者哉！昔尧之治天下也，使天下欣欣焉人乐其性，是不恬也；桀之治天下也，使天下瘁瘁焉人苦其性，是不愉也。夫不恬、不愉，非德也。非德也而可长久者，天下无之。人大喜邪，毗于阳。大怒邪，毗于阴。俞樾曰："'毗'，读'毗刘'之'毗'。言伤阴阳之和也。淮南原道篇：'人大怒破阴，大喜坠阳。'"阴阳并毗，四时不至，寒暑之和不成，其反伤人之形乎！使人喜怒失位，居处无常，思虑不自得，中道不成章，郭象曰："人在天地之中，最能以灵知喜怒扰乱群生，而振荡阴阳也。"于是乎天下始乔诘卓鸷，而后有盗跖、曾、史之行。崔譔曰："乔诘，意不平也。卓鸷，行不平也。"于省吾曰："'乔诘'，即'狡黠'。"故举天下以赏其善者不足，举天下以罚其恶者不给，故天下之大，不足以赏罚。自三代以下者，匈匈焉，奚侗曰："荀子杨倞注：'匈匈，喧哗之声。'字当作'訩'。"终以赏罚为事，彼何暇安其性命之情哉！而且说明邪，是淫于色也；说聪邪，是淫于声也；说仁邪，是乱于德也；说义邪，是悖于理邪；说礼邪，是相于技也；郭象曰："相，助也。"王夫之曰："与之偕而自失曰相。"说乐邪，是相于淫也；说圣邪，是相于艺也；说知邪，是相于疵也。胡远浚曰："见得则曰'技'曰'艺'，见失则曰'淫'曰'疵'，其致一也。"天下将安其性命之情，之八者，存，可也；亡，可也。天下将不安其性命之情，之八者，乃始脔力转反。奚侗曰："'脔'借为'挛'。"卷怆囊而乱天下也。司马彪曰："脔卷，不申舒之状。""怆囊"，崔譔作"戕囊"，曰："'戕囊'，犹'抢攘'。"而天下乃始尊之惜之，甚矣，天下之惑也！岂直过也而去之邪！宣颖曰："岂但过时便任其去乎！"乃齐戒以言之，跪坐以进之，鼓歌以儛之，宣颖曰："乃奕世欣奉，不能已如此。"吾若是何哉！故君子不得已而临莅天下，莫若无为。无为也，而后安其性命之情。严复曰："法兰西革命之先，自然党人挈士尼（号欧洲孔子），及顾尔耐辈学说，正复如是；不独卢梭之殚残法制，还复本初，以遂其自由平等之性者，与漆园合也。"故贵以身于为天下，则可以托天下；爱以身于为天下，则可以寄天下。语见老子。马其昶曰：“‘以’‘已’同。尔雅：‘已，此也。’谓贵其身甚于贵天下，爱其身甚于爱天下也。”陶鸿庆曰：“‘故’下当有‘曰’字。胠箧引老子凡两见，知北游篇凡三见，本篇一见，皆冠以‘故曰’字。”故君子苟能无解其五藏，陆德明曰：“解，散也。”穆按：骈拇云：“多方乎仁义而用之者，列于五藏哉！而非道德之正也。”无擢其聪明；穆按：骈拇云：“擢德塞性。”尸居而龙见，马其昶曰：“尸居，犹斋居。”渊默而雷声，神动而天随，从容无为，而万物炊累焉。司马彪曰：“炊累，犹动升也。”向秀曰：“如埃尘之自动。”罗勉道曰：“万物皆囿吾生育之中，如炊气积累而熟。”吾又何暇治天下哉！

崔瞿问于老聃曰：“不治天下，安臧人心？”王先谦曰：“言人心无由善。”老聃曰：“汝慎无撄人心。崔譔曰：“撄，羁落也。”人心排下而进上，宣颖曰：“排抑则降下，稍进则亢上。”郭象曰：“言其易摇荡也。”上下囚杀，宣颖曰：“上下之间，系之若囚，伤之若杀。”苏舆曰：“其亢上也如杀，其排下也如囚。杀则骄，囚则偾。”淖昌约反。约柔乎刚强。郭象曰：“能淖约，则刚强者柔矣。”廉刿居卫反。雕琢，陆德明曰：“广雅：‘刿，利也。’”老子曰：“廉而不刿。”其热焦火，其寒凝冰。其疾俯仰之间，而再抚四海之外。朱子曰：“心之变化如此，止是人自不求；才思便在，更不移步。”其居也，渊而静；武延绪曰：“当作‘静而渊’，‘天’‘渊’为韵。”宣颖曰：“言其深伏。”其动也，县而天。宣颖曰：“言其飞浮。”偾骄而不可系者，林希逸曰：“‘偾’‘愤’同。”其唯人心乎！昔者，黄帝始以仁义撄人之心，尧、舜于是乎股无胈，畔末反。李颐曰："胈，白肉也。"胫无毛，以养天下之形；愁其五藏，以为仁义；矜其血气，郭庆藩曰："释言：'矜，苦也。'"以规法度。然犹有不胜也。尧于是放驩兜于崇山，投三苗于三峗，流共工于幽都，此不胜天下也夫！施以智反。及三王，而天下大骇矣。崔譔曰："施，延也。"严复曰："'骇'通'絯'，乱也。"下有桀、跖，上有曾、史，而儒、墨毕起。于是乎喜怒相疑，愚知相欺，善否相非，诞信相讥，而天下衰矣；大德不同，而性命烂漫矣；成玄英曰："烂漫，散乱。"天下好知，而百姓求竭矣。章炳麟曰："'求竭'即'胶葛'；今作'纠葛'，双声语。上'烂漫'，叠韵语也。"于是乎釿音斤。锯音据。制焉，绳墨杀焉，马其昶曰："尔雅：'杀，克也'。"吴汝纶曰："'杀'，当为'设'。"椎凿决焉。天下脊脊大乱，罪在撄人心。陆德明曰："脊脊，相践藉也。"王先谦曰："与'藉藉'同。"故贤者伏处大山嵁岩之下，俞樾曰："'嵁'，读为'湛'。山言其大，岩言其深。"而万乘之君，忧栗乎庙堂之上。今世殊死者，相枕也；陆德明曰："广雅：'殊，断也。'"桁户刚反。杨者，相推也；崔譔曰："械夹颈及胫者，皆曰桁杨。"刑戮者，相望也；而儒墨乃始离跂攘臂乎桎梏之间。王念孙曰："'离跂'，叠韵字，自异于众之意。"意！甚矣哉！其无愧而不知耻也，旧注："'意'，同'噫'。"甚矣！吾未知圣知之不为桁杨椄音接。槢音习。也，司马彪曰："椄槢，械楔。"仁义之不为桎梏凿枘人锐反。也，成玄英曰："凿，孔也。以物纳孔中曰枘。械不楔不牢，梏无孔无用。"郭象曰："桁杨以椄槢为管，桎梏以凿枘为用。"焉知曾、史之不为桀、跖嚆许交反。

矢也！向秀曰："嚆矢，矢之鸣者。"陆长庚曰："嚆矢，今之响箭，行劫者之先声也。"郭象曰："言曾、史为桀、跖之利用也。"故曰：'绝圣弃知，而天下大治。'"

黄帝立为天子十九年，令行天下，闻广成子在于空同之上，故往见之，曰："我闻吾子达于至道，敢问至道之精。吾欲取天地之精，以佐五谷，以养民人；吾又欲官阴阳，以遂群生，为之奈何？"广成子曰："而所欲问者，物之质也；而所欲官者，物之残也。郭象曰："问至道之精，可谓质也；不任其自尔，而欲官之，故残也。"陆长庚曰："质者，犹云未散之'朴'；残者，犹云朴散之'器'。"自而治天下，云气不待族而雨，司马彪曰："族，聚也。未聚而雨，言泽少。"草木不待黄而落，司马彪曰："言杀气多也。尔雅：'落，死也。'"日月之光，益以荒矣。章炳麟曰："'荒'，借为'㬍'。说文：'㬍，日无色也。'古音'㬍'如'滂'，'荒'如'芒'，故得相借。"奚侗曰："'荒'，借作'芒'。"而佞人之心翦翦者，又奚足以语至道！"郭象曰："翦翦，善辩也。"朱骏声曰："'翦'，借为'諓'。"黄帝退，捐天下，筑特室，席白茅，闲居三月，复往邀之。广成子南首而卧，黄帝顺下风，膝行而进，再拜稽首而问曰："闻吾子达于至道，敢问治身，奈何而可以长久？"马其昶曰："此即大学'壹是皆以修身为本'之意；非谓不治天下也。"严复曰："此乃杨朱为我三摩地正法眼藏。"广成子蹶然而起，曰："善哉，问乎！来！吾语女至道。至道之精，窈窈冥冥；穆按：老子曰："窈兮冥兮，其中有精。"苏轼曰："所以致一也。"至道之极，昏昏默默。苏轼曰："所以全真也。"无视无听，抱神以静，苏轼曰："无为也。"陆长庚曰："老子曰：'载营魄，抱一。'"形将自正。胡远浚曰："正，定也。"必静必清，无劳女形，无摇女精，陆长庚曰："劳则不静，摇则不清。"苏轼曰："无欲也。"乃可以长生。目无所见，耳无所闻，心无所知，苏轼曰："无思也。"女神将守形，形乃长生。慎女内，闭女外，多知为败。宣颖曰："内外交引，病在于知，故总言之。"我为女遂于大明之上矣，奚侗曰："易大壮：'不能遂。'虞注：'遂，进也。'"至彼至阳之原也；为女入于窈冥之门矣，至彼至阴之原也。高秋月曰："言动静返乎阴阳之极。"天地有官，阴阳有藏，慎守女身，物将自壮。姚鼐曰："天地有官，不必为历象以明之。物将自壮，不必为医药以救之。"我守其一，以处其和，故我修身千二百岁矣，吾形未尝衰。"穆按：此晚世神仙家言，庄子初未有之。黄帝再拜稽首曰："广成子之谓天矣！"广成子曰："来！余语女。彼其物无穷，而人皆以为终；彼其物无测，而人皆以为极。得吾道者，上为皇而下为王；陆长庚曰："上德行无为之道，下德行有为之事。"失吾道者，上见光而下为土。王敔曰："死则昭明升上，形魄降下。"姚鼐曰："皇、王，乃天地上下惟吾独尊之意。不见光、不见土，即空四大之意。"今夫百昌，皆生于土而反于土，司马彪曰："百昌，犹百物也。"姚永朴曰："古微书引书考灵曜云：'审地理者昌。昌者，地之财也。'司马注本此。"马其昶曰："百物皆成土壤，惟有道者常存也。"穆按：老子曰："万物芸芸，各归其根。"此处"土"，即以喻"道"。故余将去女，入无穷之门，以游无极之野。吾与日月参光，吾与天地为常。当我，缗武巾反。乎！远我，昏乎！人其尽死，而我独存乎！”司马彪曰：“‘缗’‘昏’，并无心之谓。”郭象曰：“物之去来，皆不觉也。以死生为一体，则无往而非存。”苏轼曰：“长生，物之固然，非我独能。我能守一而处和，故不见其分、成与毁耳。夫可见言去取者，人也；不可见言去取者，是真我也。‘人其尽死，而我独存’，此之谓也。”

云将东游，过扶摇之枝，而适遭鸿蒙。李颐曰：“云将，云主帅。扶摇，神木也。”司马彪曰：“鸿蒙，自然元气也。”鸿蒙方将拊音甫。成玄英曰：“拍也。”髀音陛。雀跃而游。云将见之，倘然止，贽然立，胡鸣玉曰：“‘倘’，音‘敞’，忽止貌。今作‘傥’，误。”李颐曰：“贽然，不动貌。”奚侗曰：“‘贽’，假作‘槷’。冬官疏：‘柱也。’”曰：“叟何人邪？叟何为此？”鸿蒙拊髀雀跃不辍，对云将曰：“游。”云将曰：“朕愿有问也。”鸿蒙仰而视云将曰：“吁！”云将曰：“天气不和，地气郁结，六气不调，四时不节。今我愿合六气之精，以育群生，为之奈何？”鸿蒙拊髀雀跃掉头曰：“吾弗知，吾弗知。”云将不得问。又三年，东游，过有宋之野，而适遭鸿蒙。云将大喜，行趋而进曰：“天忘朕邪？天忘朕邪？”王先谦曰：“尊之曰天，如黄帝之称广成子。”再拜稽首，愿闻于鸿蒙。鸿蒙曰：“浮游不知所求，猖狂不知所往；游者鞅掌，以观无妄。马其昶曰：“鞅掌，纷扰也；犹‘秧穰’。”朕又何知！”云将曰：“朕也自以为猖狂，而民随予所往；朕也不得已于民，今则民之放也。郭象曰：“为民所放效。”吴汝纶曰：“放，依也。”愿闻一言。”

鸿蒙曰："乱天之经，逆物之情，玄天弗成；解兽之群，而鸟皆夜鸣；灾及草木，祸及止虫。孙诒让曰："'止'，崔本作'正'，'正'与'贞'通。墨子、淮南并有'贞虫'之文。字又作'征'，墨子言'蜚鸟征虫'。谓能行之虫也。"吴汝纶曰："郝懿行尔雅义疏云：'止'，即'豸'之声。"严复曰："左传：'庶有豸乎？''豸'，'止'也。上文言草木，不当独对征行之虫。"意，本又作"噫"。治人之过也！"云将曰："然则吾奈何？"鸿蒙曰："意，毒哉！马其昶曰："广雅：'毒，痛也。'"仙仙乎，归矣！"马其昶曰："仙仙，犹翩翩。文句类'偘偘乎耕而不顾'。"云将曰："吾遇天难，愿闻一言。"鸿蒙曰："意！心养。王先谦曰："唯心当养。"汝徒处无为，而物自化。老子曰："我无为而民自化。"堕尔形体，吐尔聪明；王引之曰："'吐'当为'咄'，与'黜'同；见徐无鬼释文。汉书外戚传'吐'字，汉纪讹'咄'。"俞樾曰："'吐'借为'杜'。"刘文典曰："'吐'疑'绌'字之坏。淮南览冥训：'隳肢体，绌聪明。'"伦与物忘，章炳麟曰："'伦'借为'仑'。说文：'仑，思也。'"穆按："伦与物忘"，即与物忘伦；即"大同乎涬溟"也。大同乎涬音幸。溟；司马彪曰："涬溟，自然气也。"郭象曰："与物无际。"解心释神，莫然无魂。万物云云，旧注："同'芸'。"各复其根。老子曰："夫物芸芸，各归其根。"各复其根而不知，浑浑沌沌，终身不离。若彼知之，乃是离之。无问其名，无窥其情，物故自生。成玄英曰："任于独化，物得生理也。"云将曰："天降朕以德，示朕以默，躬身求之，乃今也得。"再拜稽首，起辞而行。穆按：此节辞义皆浅俗。

世俗之人，武内义雄曰："下二章，郭象引他杂篇附入。"皆喜人之同乎己，而恶人之异于己也。同于己而欲之，异于己而不欲者，以出乎众为心也。夫以出乎众为心者，曷常出乎众哉！郭象曰："众皆以出众为心，故所以为众人也。"因众以宁所闻，不如众技众矣。王先谦曰："并无独见，但因闻众论，遂执一而安之，则反不如能集众技者之信为众矣。"而欲为人之国者，此揽乎三王之利，而不见其患者也。宣颖曰："然且欲以己见治人之国者，此徒以圣知仁义为利，而不见其害也。"此以人之国侥幸也，几何侥幸而不丧人之国乎！其存人之国也，无万分之一；而丧人之国也，一不成而万有余丧矣。穆按：一不成，即无一有成。悲夫，有土者之不知也！夫有土者，有大物也。有大物者，不可以物；马其昶曰："此言有天下者，必超乎天下。"物而不物，故能物物。苏舆曰："言有土者，自以为若有物存，则为物所物矣。惟物而不物，故能以一身物万物。"明乎物物者之非物也，岂独治天下百姓而已哉！出入六合，游乎九州，独往独来，是谓独有。独有之人，是之谓至贵。郭象曰："夫与众玄同，非求贵于众，而众人不能不贵，斯至贵也。若乃信其偏见，而以独异为心，则虽同于一致，故是俗中之一物耳，非独有者也。未能独有，而欲饕窃轩冕，冒取非分，众岂归之也哉！"

大人之教，若形之于影，声之于向。本又作"响"。有问而应之，尽其所怀，为天下配。郭象曰："问者为主，应故为配。"处乎无向，郭象曰："寂以待物。"行乎无方。郭象曰："随物转化。"挈汝适复之挠挠，以游无端；吴汝纶曰："方言：'适，往也。’适复，往复也。尔雅：‘契，绝也。’淮南高注：‘揳，塞也。’‘挈’，与‘契’‘揳’并同。”出入无旁，郭象曰：“玄同无表。”林云铭曰：“独往独来，无依傍也。”与日无始；郭象曰：“与日新俱，故无始也。”颂论形躯，合乎大同，吕惠卿曰：“颂论，言也；形躯，形也。”章炳麟曰：“‘颂’，说文：‘皃也。’‘论’，借为‘类’。广雅：‘类，象也。’”大同而无己。无己，恶乎得有有！郭象曰：“天下之难无者己；己无，则群有不足复有。”睹有者，昔之君子；睹无者，天地之友。

贱而不可不任者，物也；卑而不可不因者，民也；匿而不可不为者，事也；成玄英曰：“匿，藏也。”马其昶曰：“‘匿’，同‘昵’，近也。”粗而不可不陈者，法也；远而不可不居者，义也；亲而不可不广者，仁也；节而不可不积者，礼也；中而不可不高者，德也；穆按：论语曰：“中庸之为德也。”一而不可不易者，道也；穆按：易，变化也。管子形势篇：“道之所言者一，而用之者异。”神而不可不为者，天也。故圣人观于天而不助，成于德而不累，郭象曰：“自然与高会也。”出于道而不谋，会于仁而不恃，成玄英曰：“老子云：‘为而不恃。’”薄于义而不积，马其昶曰：“楚辞注：‘薄，止也。’”应于礼而不讳，俞樾曰：“‘讳’读为‘违’。”接于事而不辞，齐于法而不乱，胡远濬曰：“乱，治也。”恃于民而不轻，因于物而不去。物者，莫足为也，而不可不为。不明于天者，不纯于德；不通于道者，无自而可；不明于道者，悲夫！何谓道？有天道，有人道。无为而尊者，天道也；有为而累者，人道也。主者，天道也；臣者，人道也。天道之与人道也，相去远矣，不可不察也。宣颖曰：“此段意肤文杂，与本篇义不甚切，不似庄子之笔。”王先谦曰：“郭象有注，则晋世传本已然。”

天地

外篇之五。王夫之曰："此篇畅言无为之旨，有与应帝王篇相发明者。"陆方壶曰："此篇头绪各别，不可串为一章。"

天地虽大，其化均也；万物虽多，其治一也；人卒虽众，其主君也。穆按：此句承前两句，辞不类而义浅，益出马蹄、胠箧下矣。君原于德，而成于天。故曰："玄古之君天下，无为也，天德而已矣。"以道观言，而天下之君正；郭嵩焘曰："言者，名也。正其君之名，而天下听命焉。"穆按："君"或"名"字之讹。以道观分，而君臣之义明；以道观能，而天下之官治；以道泛观，而万物之应备。故通于天地者，德也；行于万物者，道也；王叔岷曰："陈碧虚阙误作'故通于天者，道也；顺于地者，德也；行于万物者，义也。'当从之。"上治人者，事也；能有所艺者，技也。技兼于事，宣颖曰："兼，犹统也。"事兼于义，义兼于德，德兼于道，道兼于天。故曰："古之畜天下者，无欲而天下足，无为而万物化，渊静而百姓定。"老子曰："我无欲而民自朴，我无为而民自化，我好静而民自正。"《记》曰："通于一而万事毕，陆德明曰："记，书名也。"无心得而鬼神服。"穆按：得无心也。

夫子曰：司马彪曰："夫子，庄子也。一云：老子也。"宣颖曰："孔子也。下言'夫子问于老聃'，可知。"穆按：此与上节，皆出晚世小儒之手。"夫道，覆载万物者也，王叔岷曰："据成疏，疑此文本作'覆载天地，化生万物者也'。"洋洋乎，大哉！君子不可以不刳心焉。成玄英曰："刳，去也，洒也。"陆长庚曰："刳心，去其知识之私。"穆按：广雅："夸，大也。"又吕览高注："夸，虚也。"今欲虚其心使大，故曰"刳心"。君子非大其心，不足以容道。下文"韬乎其事心之大也"可证。无为为之之谓天，无为言之之谓德，胡远濬曰："易传：'默而成之，不言而信，存乎德行。'"爱人利物之谓仁，不同同之之谓大，行不崖异之谓宽，有万不同之谓富。故执德之谓纪，德成之谓立，循于道之谓备，不以物挫志之谓完。君子明于此十者，则韬乎其事心之大也，姚永概曰："'韬'同'滔'。淮南注：'滔，大貌。'"俞樾曰："礼郑注：'事，犹立也。'"奚侗曰："吕览论人篇：'事心乎自然之涂'，高注：'事，治也。'"陈祥道曰："执大象。"沛乎其为万物逝也。王敔曰："逝，归往也。"陈祥道曰："天下往。"若然者，藏金于山，藏珠于渊，不利货财，不近贵富；不乐寿，不哀夭；不荣通，不丑穷；不拘一世之利，以为己私分，马其昶曰："荀子注：'"拘"，读为"钩"。'钩，规也，取也。"不以王天下为己处显，显则明。吴汝纶曰："'显显则明'为句。'则'犹'而'也。"穆按：仍当以"为己处显"为句；即犹云"有天下而不与"也。天地篇："自为处危"，句法略相似。下"显则明"三字，疑或人旁注，残入正文。范无隐曰："三字当连下文为句。乃若所显，在明万物一府，死生同状耳。"万物一府，死生同状。"

夫子曰："夫道，渊乎其居也，漻良由反。乎其清也。王念孙曰："说文：'漻，清深也。'"金石不得，无以鸣。郭象曰："声由寂彰。"故金石有声，不考不鸣。成玄英曰："考，击也。"郭象曰："以喻体道者，物感而后应也。"万物孰能定之！郭象曰："应感无方。"穆按：老子曰："虚而不屈，动而愈出。"夫王德之人，素逝而耻通于事，王先谦曰："抱朴以往，羞通于庶务。"苏舆曰："素逝，即山木篇'晏然体逝'之意。'通于事'，与'通于神'对文，'耻'字疑误。"穆按："耻"疑"心"字误。"素逝而心通于事"，即下文"时骋而要其宿"也。"立之本原而知通于神"，即下文"至无而供其求"也。立之本原，而知通于神，故其德广。其心之出，有物采之。郭象曰："非先物而唱。"故形非道不生，生非德不明。老子曰："道生之，德畜之。"吴汝纶曰："'生非德不明'，与下'穷生'字，皆读为'性'。"存形穷生，立德明道，非王德者邪！荡荡乎！忽然出，勃然动，郭象曰："'忽''勃'，皆无心而应之貌。"而万物从之乎！此谓王德之人。视乎冥冥，听乎无声。宣颖曰："道不在形声。"冥冥之中，独见晓焉；无声之中，独闻和焉。宣颖曰："道又不在寂灭。"故深之又深，而能物焉；神之又神，而能精焉。按：老子曰："恍兮惚兮，其中有物；窈兮冥兮，其中有精。"故其与万物接也，至无而供其求，陆长庚曰："虚而不屈，动而愈出。"时骋而要其宿。陆长庚曰："逝曰远，远曰反。"大小长短修远。"姚鼐曰："此下有缺文。"吴汝纶曰："六字当为郭氏注文。郭注：'大小长短修远，皆恣而任之，会其所极而已。'盖释'时骋而要其宿'之义。今注文无上六字，夺入正文也。又据淮南原道作‘大小修短，各有其具’云云，则姚谓缺文者是也。”

黄帝游乎赤水之北，登乎昆仑之丘而南望，还归，遗其玄珠。司马彪曰：“玄珠，道真也。”使知索之而不得，使离朱索之而不得，使吃口懈反。诟索之而不得也。成玄英曰：“绝虑不可以心求；非色不可以目取；离言不可以辩索。吃诟，言辩也。”刘文典曰；“‘吃诟’，疑即贾谊治安策之‘謑诟’。‘謑’即‘謑’字。荀子非十二子篇：‘无廉耻而忍謑訽’，谓詈辱也。亦即本书天下篇之‘謑髁’。”乃使象罔，象罔得之。吕惠卿曰：“‘象’则非无，‘罔’则非有。不皦不昧，此玄珠之所以得也。”黄帝曰：“异哉！象罔乃可以得之乎？”

尧之师曰许由，许由之师曰齧缺，齧缺之师曰王倪，王倪之师曰被衣。尧问于许由曰：“齧缺可以配天乎？郭象曰：“谓为天子。”吾藉王倪以要之。”许由曰：“殆哉，圾五急反。乎天下！郭象曰：“圾，危也。”齧缺之为人也，聪明睿知，给数以敏，其性过人，而又乃以人受天。宣颖曰：“非纯乎天者。”彼审乎禁过，而不知过之所由生。郭象曰：“过生于聪知，又役知以禁之，其过弥甚矣。”与之配天乎？彼且乘人而无天，方且本身而异形，褚伯秀曰：“肝胆楚越。”王先谦曰：“显分人己。”方且尊知而火驰，孙诒让曰：“‘火’乃‘𣎵’之误。说文：‘𣎵，分也。’‘𣎵驰’，犹‘舛驰’。”方且为绪使，马其昶曰：“尔雅：‘绪，事也。’荀子注：‘使，役也。’”方且为物絯，公才反。陆德明曰：“广雅：‘絯，束也。’”方且四顾而物应，陆长庚曰：“非静而应者也。”方且应众宜，王先谦曰：“事事求合。”方且与物化而未始有恒。

宣颖曰："屡为物变而不能定。"夫何足以配天乎？虽然，有族有祖，可以为众父，而不可以为众父父。宣颖曰："众父父者，乃族之祖也，万化之大宗也。齧缺亦可为众人之父，但不能为众父之父耳。"治乱之率也，王先谦曰："率，主也。用智理物，治之主，亦乱之主。"马其昶曰："'治'字断句。尔雅：'率，自也。'天运篇：'名曰治之，而乱莫甚焉。'"北面之祸也，南面之贼也。

尧观乎华。司马彪曰："华，地名"。华封人曰："嘻，圣人！请祝圣人，使圣人寿。"尧曰："辞。""使圣人富。"尧曰："辞。""使圣人多男子。"尧曰："辞。"封人曰："寿、富、多男子，人之所欲也。女独不欲，何邪？"尧曰："多男子，则多惧；富，则多事；寿，则多辱。是三者，非所以养德也，故辞。"封人曰："始也，我以女为圣人邪；今然，君子也。穆按："然"犹"如此"。天生万民，必授之职。多男子而授之职，则何惧之有！富而使人分之，则何事之有！夫圣人鹑居而鷇口豆反。食，鸟行而无彰。马其昶曰："艺文类聚引作'无迹'，是也。'食''迹'为韵。"陆长庚曰："鹑无常居，鷇仰母哺，鸟行虚空，过而无迹，皆无心自然之意。"天下有道，则与物皆昌；天下无道，则修德就闲。千岁厌世，去而上仙；姚鼐曰："'上仙'是秦以后人语。"乘彼白云，至于帝乡。吴汝纶曰："'白云''帝乡'，亦非雅词，周、秦人无此。"三患莫至，身常无殃，成玄英曰："三患，前富、寿、多男子也。"则何辱之有！"封人去之，尧随之，曰："请问。"封人曰："退已！"林云铭曰："此段义无着落而词近，疑非庄叟真笔。"

尧治天下，伯成子高立为诸侯。俞樾曰："广韵：'伯成，复姓。'列子称'伯成子不以一毫利物，舍国而隐耕。'"尧授舜，舜授禹，伯成子高辞为诸侯而耕。禹往见之，则耕在野。禹趋就下风，立而问焉，曰："昔尧治天下，吾子立为诸侯。尧授舜、舜授予，而吾子辞为诸侯而耕。敢问其故，何也？"子高曰："昔尧治天下，不赏而民劝，不罚而民畏。今子赏罚，而民且不仁，德自此衰，刑自此立，后世之乱，自此始矣。夫子阖本亦作"盍"。行邪？无落吾事！"陆德明曰："落，犹废也。"于省吾曰："'落''格'古通，谓无阻吾事也。"奚侗曰："'落'义近'留'。"俋俋乎，耕而不顾。林云铭曰："浅率直遂，何以为庄子！"

泰初有无，司马彪曰："句。"无有无名；老子曰："无名，天地之始。"一之所起，有一而未形。物得以生，谓之德；未形者有分，且然无间，谓之命；刘概曰："'且'，非久安意。'无间'，始卒若环，无端可指。"穆按："方""且"同训。齐物论："方生方死，方死方生"，即"且然无间"也。留动而生物，王敔曰："留而动，动而留，一动一静也。"宣颖曰："动即造化之流行。少留于此，即生一物。"朱骏声曰："'留'，借为'流'。"物成生理，谓之形；形体保神，各有仪则，谓之性。宣颖曰："形载神而保合之，视听言动，各有当然之则，乃所谓性也。"朱子曰："'各有仪则之谓性'，比之诸家差善。"性修反德，德至同于初。同乃虚，虚乃大。合喙丁豆反。鸣，郭象曰："无心于言而自言者，合于喙鸣。"刘咸炘曰："喙鸣，犹齐物之举众窍。"喙鸣合，与天地为合。郭象曰："天地亦无心而自动。”吕惠卿曰：“天地之间，其犹橐籥。”马其昶曰：“喙鸣，谓声息也；犹史记之‘喙息’。合喙鸣，万物一体也。”其合缗缗，若愚若昏，陆长庚曰：“老子所谓‘众人昭昭，我独若昏；众人察察，我独若闷。’”是谓玄德，同乎大顺。马其昶曰：“庄子论性命之原，证之系辞及周子图说，皆合。故程子曰：‘庄周形容道体之言，亦有善者。’朱子亦谓：‘庄子见道体。’”穆按：易系出庄子后，宋儒又本易系，故多有袭之庄书者。惟此节与易系先后殊难定。

夫子问于老聃曰：陆德明曰：“夫子，仲尼也。”“有人治道若相放，于省吾曰：“‘放’，释文作‘方’。尧典：‘方命圮族’。孟子：‘方命虐民’，赵注：‘方，犹逆也。’下文‘可不可，然不然’，正相逆义。”穆按：辩者以不可为可，不然为然，其治道若与众相方；天下篇所谓“以反人为实”也。可不可，然不然。辩者有言曰：‘离坚白，若县寓。’严复曰：“坚白本附物质而后见，今为抽象之辨，离其所附以为言，若孤悬空中，故曰‘县寓’。”高亨曰：“县，殊也，异也。‘寓’，说文：‘籀文“宇”。’今谓空间。坚白相盈，而非相外。名家离坚白，故曰‘若异宇’。”若是则可谓圣人乎？”老聃曰：“是胥易技系，陆长庚曰：“胥、技，皆庶人在官者，易谓更番值事，系谓居肆计功。”劳形怵心者也。执留之狗成思，蝯狙之便自山林来。吴汝纶曰：“此与应帝王篇阳子居章略同。‘成思’，当为‘来田’之讹。‘成’‘来’草书形近。‘自山林来’，亦宜为‘来藉’之讹。淮南缪称、说林，皆有此语。”丘，予告若，而所不能闻，与而所不能言。凡有首有趾、无心无耳者众，马其昶曰：“物之有质有气而无知者也。”有形者与无形无状而皆存者尽无。郭象曰：“有形者善变，不能与无形无状者并存。”其动止也，其死生也，武延绪曰：“当作‘其生死也’；‘止’‘死’‘起’为韵。”其废起也，此又非其所以也。严复曰：“于动而知其止，于生而知其死，于废而知其起，此可谓能可不可、然不然矣。然而不足，又非其所以。必言所以，其惟忘己乎！此犹佛经言法尚应舍，无住生心之义。”穆按：此言“动止”“死生”“废起”，由道不由辩。“非其所以”，谓一切不由如辩者之言而然也。有治在人，穆按：治，犹事也。此谓“动止”“死生”“废起”，所治在人，不在天；在物，不在道。忘乎物，忘乎天，其名为忘己。忘己之人，是之谓入于天。”

将闾葂音免。见季彻曰：俞樾曰：“广韵‘闾’字注引艺文志：‘古有将闾子，名菟，好学箸书。”陆德明曰：“季彻，盖季氏之族。”“鲁君陆德明曰：“鲁君，或云定公。”谓葂也曰：‘请受教。’辞不获命，既已告矣，未知中否，请尝荐之。旧注：“荐，陈也。”吾谓鲁君曰：‘必服恭俭，拔出公忠之属，而无阿私，民孰敢不辑！’”陆德明曰：“尔雅：‘辑，和也。’”季彻局局然笑曰：陆德明曰：“局局，大笑之貌。”“若夫子之言，于帝王之德，犹螳螂之怒臂以当车轶，音辙。则必不胜任矣。且若是，则其自为处危，其观台多物，穆按：物，犹名色也。左传：“遂登观台，以望而书云物。”此借以喻鲁君之多树恭俭公忠为表的也。将往投迹者众。”马其昶曰：“民争趋附，真伪杂投，反足以生其贼心，非所以成教易俗也。”将闾葂覤覤许逆反。然惊曰：“宣颖曰：“‘覤’同‘虩’。”葂也汒若于夫子之所言矣。虽然，愿先生之言其风也。”俞樾曰：“‘风’读为‘凡’，犹云言其大凡也。”

奚侗曰："'风'与'方'通。"季彻曰："大圣之治天下也，摇荡民心，宣颖曰："摇荡，犹言鼓舞。"曹受坤曰："'摇'，与'遥'同。'摇荡'，即大宗师之'遥荡'，谓纵散也；犹今言解放。"使之成教易俗，举灭其贼心，成玄英曰："举，皆也。"而皆进其独志，若性之自为，而民不知其所由然。若然者，岂兄尧、舜之教民，溟涬然弟之哉？孙诒让曰："'兄'即今'况'字，谓比况也。'弟'乃'夷'之误；夷，平等之义。"曹受坤曰："'弟'借为'薙'。周礼'薙氏'，郑注：'"薙"，读如"小儿鬀发"之"鬀"。'说文：'鬀，剔发也。'盖喻尧、舜以仁义削人之性。"马其昶曰："论衡云：'溟涬蒙澒，气未分之貌也。'凡言'溟涬''涬溟''混冥'，皆取浑沌之义。"欲同乎德而心居矣。"马其昶曰："吕览'无有居心'，注：'居，安也。'"穆按：论语："从心所欲不逾矩"，是欲同于德而心安矣。

子贡南游于楚，反于晋，过汉阴，见一丈人方将为圃畦，凿隧而入井，抱瓮而出灌，搰搰苦骨反。然用力甚多，而见功寡。王念孙曰："'搰''㔸'同义。埤苍云：'㔸，力作也。'"子贡曰："有械于此，一日浸百畦，用力甚寡而见功多，夫子不欲乎？"为圃者卬音仰。而视之，曰："奈何？"曰："凿木为机，后重前轻，挈水若抽，数如泆音逸。汤，李颐曰："疾速如汤沸溢也。"其名为槔。"音羔。本又作"桥"。姚鼐曰："说文无'槔'字，古人止用'桥'字。"司马彪曰："桔槔也。"为圃者忿然作色而笑曰："吾闻之吾师：'有机械者必有机事，有机事者必有机心。机心存于胸中，则纯白不备；纯白不备，则神生不定；吴汝纶曰："'生'读为'性'。"神生不定者，道之所不载也。’吾非不知，羞而不为也。”子贡瞒武版反。奚侗曰：“‘瞒’，乃‘懑’之假字。”然惭，俯而不对。有间，为圃者曰：“子奚为者邪？”曰：“孔丘之徒也。”为圃者曰：“子非夫博学以拟圣，於于以盖众，司马彪曰：“於于，夸诞貌。”奚侗曰：“淮南俶真训作‘华诬’，音近而讹。”章炳麟曰：“说文：‘“於”，古文“乌”。孔子曰：“乌盱，呼也。”’然则‘於于’即‘乌盱’，盛气呼号之谓。”独弦哀歌，以卖名声于天下者乎？吴汝纶曰：“‘独弦哀歌、卖名声’等字，非周、秦人语。”奚侗曰：“‘卖’，淮南作‘买’。”汝方将忘汝神气，堕汝形骸，而庶几乎！而身之不能治，而何暇治天下乎？子往矣，无乏吾事！”陆德明曰：“乏，废也。”子贡卑陬走侯反。失色，顼顼许玉反。然不自得，李颐曰：“卑陬，愧惧貌。顼顼，自失貌。”章炳麟曰：“‘卑陬’，即‘鞞躄’。‘鞞’从‘卑’声；‘陬’即‘趣’之借，‘趣’‘躄’声义近。”行三十里而后愈。其弟子曰：“向之人，何为者邪？夫子何故见之变容失色，终日不自反邪？”曰：“始吾以为天下一人耳，郭象曰：“谓孔子也。”不知复有夫人也。吾闻之夫子：‘事求可，功求成。用力少，见功多者，圣人之道。’今徒不然。王引之曰：“徒，乃也。”执道者德全，德全者形全，形全者神全。神全者，圣人之道也。托生与民并行，而不知其所之，汒乎淳备哉！功利机巧，必忘夫人之心。若夫人者，非其志不之，王先谦曰：“之，往也。”非其心不为。虽以天下誉之，得其所谓，謷然不顾；以天下非之，失其所谓，傥然不受。天下之非誉，无益损焉，是谓全德之人哉！我之谓风波之民。”宣颖曰：“风波，言易为是非所动。”反于鲁，以告孔子。孔子曰：“彼假修浑沌氏之术者也。识其一，不知其二；治其内，而不治其外。郭象曰：“以其背今向古，羞为世事，故知其非真浑沌也。”严复曰：“一家之术，如神农氏之并耕，释氏之忍辱，耶氏之信天，皆其说至高，而为人类所不可用；所谓‘识其一而不知其二’者也。”夫明白入素，无为复朴，体性抱神，以游世俗之间者，汝将固惊邪？郭象曰：“此真浑沌也。故与世同波，而不自失；则虽游于世俗，而泯然无迹，岂必使汝惊哉！”俞樾曰：“‘固’读为‘胡’。”且浑沌氏之术，予与汝何足以识之哉！”林云铭曰：“此段大类渔父篇意。其文绝无停蓄蕴藉，为后人窜入无疑。”

谆芒将东之大壑，王先谦曰：“海也。”适遇苑风于东海之滨。苑风曰：“子将奚之？”曰：“将之大壑。”曰：“奚为焉？”曰：“夫大壑之为物也，注焉而不满，酌焉而不竭，吾将游焉。”苑风曰：“夫子无意于横目之民乎？成玄英曰：“五行之内，唯民横目。”愿闻圣治。”谆芒曰：“圣治乎，官施而不失其宜，成玄英曰：“施令设官。”刘师培曰：“荀子王制篇：‘官施而衣食之。’‘官’，即‘大德不官’之‘官’。”拔举而不失其能，毕见其情事而行其所为行。言自为而天下化。穆按：当以“行其所为行”为句，言无所掩饰也。郭注：“言自为而天下化，使物为之，则不化也。”今“言自为而天下化”七字，误入正文，而并失其句矣。手挠顾指，司马彪曰：“挠，动也。”王念孙曰：“‘顾指’，犹贡禹传之‘目指’。”郭庆藩曰：“左思吴都赋：‘搴旗若顾指’，刘逵注：‘谓顾指如意。’”四方之民，莫不俱至，此之谓圣治。”“愿闻德人。”曰：“德人者，居无思，行无虑，不藏是非美恶。四海之内，共利之之谓悦，共给之之为安；怊音超。乎若婴儿之失其母也，陆德明曰：“怊，字林云：‘怅也。’”陈寿昌曰：“不知所依。”傥乎若行而失其道也。陈寿昌曰：“不知所往。”财用有余，而不知其所自来；饮食取足，而不知其所从。武延绪曰：“‘从’下疑脱一‘出’字，‘出’‘足’为韵。”陈寿昌曰：“皆付之无心。”此谓德人之容。”马其昶曰：“老子：‘孔德之容’，注：‘容，状也。’”“愿闻神人。”曰：“上神乘光，与形灭亡，马其昶曰：“‘与’，读为‘举’。”此谓照旷。姚鼐曰：“晋人讳‘昭’，皆书作‘照’。”致命尽情，陆长庚曰：“命者，天之所赋；情者，性之所发。致命尽情，则中致而和亦致矣。”天地乐而万事销亡，万物复情，此之谓混冥。”

门无鬼一本作“畏”。与赤张满稽观于武王之师。司马彪曰：“门，姓；无畏，字也。”李颐曰：“赤张，氏；满稽，名。”赤张满稽曰：“不及有虞氏乎！故离此患也。”门无鬼曰：“天下均治，而有虞氏治之邪？成玄英曰：“均，平也。”其乱而后治之与？”郭象曰：“言二圣俱以乱故治之，则揖让之与用师，直是时异耳，未有胜负于其间也。”赤张满稽曰：“天下均治之为愿，而何计以有虞氏为？有虞氏之药疡音羊。也，李颐曰：“疡，头创也。”王引之曰：“‘药’，古读‘曜’，与‘疗’声近义通。方言：‘疗，治也。’”陆长庚曰：“疡医，痈疽之医，治病于外者也。”郭象曰：“天下皆患创乱，故求虞氏之药。”秃而施髢，大细反。病而求医。孝子操药以修慈父，旧注：“‘修’通‘羞’，进也。”其色燋然，圣人羞之。至德之世，不尚贤，不使能；上如标枝，郭象曰：“出物上而不自高也。”民如野鹿；郭象曰：“放而自得也。”端正而不知以为义，相爱而不知以为仁；实而不知以为忠，当而不知以为信；蠢动而相使，不以为赐。马其昶曰：“公羊‘非相为赐’，注：‘赐，犹惠也。’”是故行而无迹，事而无传。”

孝子不谀其亲，忠臣不谄其君，臣、子之盛也。亲之所言而然，所行而善，则世俗谓之不肖子；君之所言而然，所行而善，则世俗谓之不肖臣。而未知此其必然邪！宣颖曰：“明于责臣子之谄谀，却不知人情皆必然。”世俗之所谓然而然之，所谓善而善之，则不谓之道谀之人也。郭庆藩曰：“道，即谄也。渔父篇：‘希意道言谓之谄。’‘道’‘谄’一声之转。”然则俗故严于亲而尊于君邪！吴汝纶曰：“‘故’‘固’同字。”谓己道人，则勃然作色；谓己谀人，则怫然作色。而终身道人也，终身谀人也，合譬饰辞聚众也，宣颖曰：“合譬使人易晓，饰辞使人动听。”是终始本末不相坐。严复曰：“犹今人言矛盾。”垂衣裳，设采色，动容貌，以媚一世，而不自谓道谀，与夫人之为徒，通是非，而不自谓众人，愚之至也。知其愚者，非大愚也；知其惑者，非大惑也。大惑者，终身不解；大愚者，终身不灵。司马彪曰：“灵，晓也。”三人行而一人惑，所适者犹可致也，惑者少也；二人惑，则劳而不至，惑者胜也。而今也，以天下惑，予虽有祈向，穆按：祈求向往。不可得也。不亦悲乎！大声不入于里耳，司马彪曰：“大声，谓咸池、六英之乐。”《折杨》《皇荂》，况于反。本又作“华”。则嗑许甲反。然而笑。李颐曰："折杨、皇华，皆古歌曲。"是故高言不止于众人之心，至言不出，俗言胜也。以二垂钟惑，而所适不得矣。吴汝纶曰："'垂'，一作'缶'。郭注云：'各有信据，故不知所之。'据此，则司马本作'二垂'者是也。"马其昶曰："说文：'垂，远边也。'二垂者，歧路也。王仲宣诗所谓'路垂'者也。小尔雅云：'钟，从也。'"刘师培曰："二垂，犹二方。'二垂钟惑'，谓倾意两方，故曰'所适不得'。"而今也，以天下惑，予虽有祈向，其庸可得邪！知其不可得也而强之，又一惑也；故莫若释之而不推。穆按：齐物论"因是已"；"已"，即"不推"也。不推，谁其比忧！成玄英曰："比，与也。"厉音赖。之人夜半生其子，遽取火而视之，汲汲然唯恐其似己也。宣颖曰："厉人唯恐子之相似。今知天下之惑，而强所不可得，又成一惑，独不惧其相似邪？"郭象曰："迷者自思复，厉者自思善，我无为而天下自化。"严复曰："'厉之人'以下二十三字，自为一段。以属上下，皆误。"

百年之木，破为牺尊，青黄而文之；其断在沟中。比牺尊于沟中之断，则美恶有间矣，其于失性，一也。跖与曾、史，刘师培曰："'跖'上脱'桀'字。"行义有间矣，然其失性，均也。且夫失性有五：一曰五色乱目，使目不明；二曰五声乱耳，使耳不聪；三曰五臭薰鼻，成玄英曰："膻、薰、香、鲲、腐。"困惾子公反。中颡；李颐曰："困惾，刻贼不通也。"奚侗曰："'颡'，当作'頞'。说文：'頞，鼻茎也。'"四曰五味浊口，使口厉爽；王念孙曰："诗笺：'厉，病也。''爽'，古读若'霜'。广雅云：'伤也。'老子：'五味令人口爽。'"五曰趣舍滑心，使性飞扬。此五者，皆生之害也。而杨、墨乃始离跂自以为得，非吾所谓得也。夫得者困，可以为得乎？则鸠鸮之在于笼也，亦可以为得矣。且夫趣舍声色以柴其内，曾国藩曰："柴，谓梗塞也。"刘师培曰："'柴'与'栈'通，谓积木围护四周也。"皮弁鹬音述。冠、搢笏绅修以约其外，内支盈于柴栅，音策。成玄英曰："支，塞也。盈，满也。"外重缰缴，睆睆环版反。然在缰缴之中，而自以为得，李颐曰："睆睆，穷视貌。"则是罪人交臂历指，司马彪曰："交臂，反缚也。"马其昶曰："历指，谓柙指也。"而虎豹在于囊槛，亦可以为得矣。

天道

外篇之六。欧阳修曰："此篇是学庄子者。"刘须溪曰："才看一二语，便不类前篇。"王夫之曰："此篇之说，有与庄子之旨迥不相侔者；特因老子守静之言而演之，亦未尽合于老子。盖秦、汉间学黄、老之术以干人主者之所作也。"

天道运而无所积，故万物成；陆德明曰："积，谓滞积不通。"帝道运而无所积，故天下归；圣道运而无所积，故海内服。明于天，通于圣，六通四辟于帝王之德者，其自为也，昧然无不静者矣。陆长庚曰："昧者，混冥之义。老子云：'明道若昧。'"宣颖曰："首从运处说静，庄子之学，非寂灭者比。"圣人之静也，非曰静也善，故静也；万物无足以铙乃孝反。心者，故静也。王念孙曰："'铙'，与'挠'通。"水静则明烛须眉，平中准，大匠取法焉。水静犹明，而况精神！圣人之心静乎！天地之鉴也，万物之镜也。夫虚静恬淡，寂漠无为者，天地之平，而道德之至，王念孙曰："汉书注：'至，实也。''至'字古读若'质'。"故帝王圣人休焉。陆长庚曰："休，止也；如大学'止于至善'之'止'。"休则虚，虚则实，实者伦矣。郭象曰："伦，理也。"王叔岷曰："陈碧虚阙误'伦'作'备'，与下文

‘得’‘责’为韵。”虚则静，静则动，动则得矣。武延绪曰：“此当作‘休则虚，虚则实者伦矣。虚则静，静则动者得矣。’”静则无为，无为也，则任事者责矣。郭象曰：“无为，则群才万品各任其事，而当其责。”无为则俞俞；郭象曰：“俞俞，从容自得之貌。”俞俞者，忧患不能处，焦竑曰：“‘俞俞’即‘愉愉’。处，犹入也。”年寿长矣。夫虚静恬淡，寂漠无为者，万物之本也。明此以南乡，尧之为君也；明此以北面，舜之为臣也。王夫之曰：“既以有为为臣道，此处自相刺谬。”以此处上，帝王天子之德也；以此处下，玄圣素王之道也。姚鼐曰：“‘素王’‘十二经’，是汉人语。”以此退居而闲游，江海山林之士服；欧阳修曰：“读至‘服’字，是学庄子语者。”以此进为而抚世，则功大名显，而天下一也。静而圣，动而王，无为也而尊，朴素而天下莫能与之争美。夫明白于天地之德者，此之谓大本大宗，与天和者也；所以均调天下，与人和者也。与人和者，谓之人乐；音洛。与天和者，谓之天乐。欧阳修曰：“此处语无味。”庄子曰：“吾师乎！吾师乎！𩐁万物而不为戾，刘咸炘曰：“大宗师作许由语，而此直引作庄子，显是后人语。”陶光曰：“此袭大宗师‘𩐁万物而不为义’，改‘义’为‘戾’，与下文‘仁’‘寿’‘巧’之义相扞格。”泽及万世而不为仁，长于上古而不为寿，覆载天地、刻雕众形而不为巧，此之谓天乐。故曰：‘知天乐者，其生也天行，其死也物化。静而与阴同德，动而与阳同波。’故知天乐者，无天怨，无人非，无物累，无鬼责。故曰：‘其动也天，其静也地，一心定而王天下；武延绪曰：

"'王天下'疑当作'天地正'。"其鬼不祟，虽遂反。李颐曰："祸也。"其魂不疲，一心定而万物服。'言以虚静推于天地，通于万物，此之谓天乐。天乐者，圣人之心，以畜天下也。"欧阳修曰："至此败笔。"

夫帝王之德，欧阳修曰："此以下，俱不似庄子。"以天地为宗，以道德为主，以无为为常。无为也，则用天下而有余；有为也，则为天下用而不足。故古之人贵夫无为也。上无为也，下亦无为也，是下与上同德；下与上同德，则不臣。下有为也，上亦有为也，是上与下同道；上与下同道，则不主。上必无为而用天下，下必有为为天下用，此不易之道也。故古之王天下者，知虽落天地，不自虑也；奚侗曰："'落'，借作'络'，谓包络也。"辩虽雕万物，不自说也；穆按：齐有雕龙奭，亦言其善辩。章炳麟曰："'雕'，借为'周'。"能虽穷海内，不自为也。天不产而万物化，地不长而万物育，帝王无为而天下功。王念孙曰："尔雅：'功，成也。'中庸：'无为而成。'"故曰：莫神于天，莫富于地，莫大于帝王。故曰：帝王之德配天地。此乘天地，驰万物，而用人群之道也。王夫之曰："既非老、庄无为之旨，抑且为李斯、赵高罔上自专之倡。"本在于上，末在于下；要在于主，详在于臣。三军五兵之运，德之末也；赏罚利害，五刑之辟，成玄英曰："辟，法也。"教之末也；礼法度数，刑名比详，陆德明曰："比详，比校详审。"陶鸿庆曰："'比''详'二字亦平列。"治之末也；钟鼓之音，羽旄之容，乐之末也；哭泣衰绖，隆杀之服，哀之末也。此五末者，须精神之运，心术之动，然后从之者也。王雱曰："荀卿讥庄子'蔽于天而不知人'，观此，周岂不知于人者！"末学者，古人有之，而非所以先也。君先而臣从，父先而子从，兄先而弟从，长先而少从，男先而女从，夫先而妇从。夫尊卑先后，天地之行也，故圣人取象焉。天尊地卑，神明之位也；春夏先，秋冬后，四时之序也。万物化作，萌区有状，顾炎武曰："'萌区'，即乐记之'区萌'。月令：'句者毕出，芒者尽达。'古人读'句'若'拘'，'萌'即'芒'也。"盛衰之杀，变化之流也。夫天地至神，而有尊卑先后之序，而况人道乎！宗庙尚亲，朝廷尚尊，乡党尚齿，行事尚贤，大道之序也。马其昶曰："庄子论治道，乃精实如此。文中子云：'虚玄长而晋室乱'，非老、庄之罪也。"穆按：此皆晚世儒生语耳，岂诚庄生之言哉！语道而非其序者，非其道也；语道而非其道者，安取道！王夫之曰："以要为本，以详为末，分上下之序，乃以自尊而恣其逸乐。"是故古之明大道者，先明天，而道德次之；道德已明，而仁义次之；仁义已明，而分守次之；分守已明，而形名次之；王安石曰："仁有先后，义有上下，谓之'分'；先不擅后，下不侵上，谓之'守'。'形'者，物此者也；'名'者，命此者也。"形名已明，而因任次之；张四维曰："在宥：'贱而不可不任者物，卑而不可不因者民。'"王念孙曰："淮南云：'因循而任下。'韩子云：'因而任之。'"因任已明，而原省次之；俞樾曰："原，察也。管子：'春出原农事之不本者，谓之游。''原'与'省'同义。"原省已明，而是非次之；是非已明，而赏罚次之。赏罚已明，而愚知处宜，贵贱履位，仁贤不肖袭情，武延绪曰：“‘仁’字疑涉上‘位’字讹衍。”张四维曰：“咸用本情，终不舍己效人，矜夸炫物也。”必分其能，郭象曰：“无相易业。”必由其名。郭象曰：“名当其实。”以此事上，以此畜下；以此治物，以此修身；知谋不用，必归其天；此之谓太平，治之至也。欧阳修曰：“亦浅而拙。”故书曰：“有形有名。”形名者，古人有之，而非所以先也。古之语大道者，五变而形名可举，九变而赏罚可言也。骤而语形名，不知其本也；骤而语赏罚，不知其始也。倒道而言，迕音悟。道而说者，司马彪曰：“迕，横也。”人之所治也，安能治人！骤而语形名赏罚，此有知治之具，穆按：“有知”二字疑倒。非知治之道；可用于天下，不足以用天下。此之谓辩士，一曲之人也。章炳麟曰：“一曲者，一艺也；礼记所谓‘曲艺’。”礼法数度，形名比详，古人有之，此下之所以事上，非上之所以畜下也。王夫之曰：“其意以兵刑、法度、礼乐委之于下，而按分守、执名法以原省其功过。此形名家之言；而胡亥督责之术，因师此意；要非庄子之旨。”昔者舜问于尧曰：“天王之用心何如？”尧曰：“吾不敖无告，不废穷民，苦死者，嘉孺子，而哀妇人。此吾所以用心已。”舜曰：“美则美矣，而未大也。”尧曰：“然则何如？”舜曰：“天德而出宁，孙诒让曰：“‘出’当为‘土’。墨子：‘君临下土’，今本亦讹为‘出’。”章炳麟曰：“‘德’，音同‘登’。说文：‘德，升也。’‘升’即‘登’之借。释诂：‘登，成也。’‘天登而土宁’，所谓‘地平天成’。”日月照而四时行，若昼夜之有经，云行而雨施矣。”尧曰：“胶胶扰扰乎！郭象曰："自嫌有事。"子，天之合也；我，人之合也。"夫天地者，古之所大也，而黄帝、尧、舜之所共美也。故古之王天下者，奚为哉？天地而已矣。穆按：此不成句法。林云铭曰："文非庄叟手笔。"

孔子西藏书于周室。姚鼐曰："此亦汉人语。藏书者，谓圣人知有秦火而豫藏之，所谓'藏之名山'也。"子路谋曰："由闻周之征藏史有老聃者，司马彪曰："征藏，藏名。一云：征，典也。"陆德明曰："史，藏府之史。"免而归居；夫子欲藏书，则试往因焉。"孔子曰："善。"往见老聃，而老聃不许，于是翻十二经以说。陆德明曰："六经又加六纬。"王敔曰："纬书汉人所造，则此篇非漆园之书，明矣。"老聃中其说，曰："大谩，愿闻其要。"成玄英曰："嫌其繁谩。"陆长庚曰："谩，汗漫也。"孔子曰："要在仁义。"老聃曰："请问：仁义，人之性邪？"孔子曰："然。君子不仁则不成，不义则不生。仁义，真人之性也，又将奚为矣？"老聃曰："请问：何谓仁义？"孔子曰："中心物恺，兼爱无私，马其昶曰："'物恺'犹'乐恺'。'物''勿'通。礼郑注：'勿勿，悫爱之貌。'"章炳麟曰："'物'为'易'之误。'易恺'即'恺弟'。周语、毛传皆训'岂弟'为'乐易'。"此仁义之情也。"老聃曰："意！几乎后言！马其昶曰："几，危也。孔子先言仁义，后言兼爱无私为仁义之情，老子尤不谓然也。"夫兼爱，不亦迂乎！无私焉，乃私也。苏舆曰："未忘无私之成心，是亦私也。"夫子若欲使天下无失其牧乎？司马彪曰："牧，养也。"则天地固有常矣，日月固有明矣，星辰固有列矣，禽兽固有群矣，树木固有立矣。郭象曰：“皆以自足。”夫子亦放德而行，循道而趋，已至矣；又何偈偈居谒反。乎揭仁义，若击鼓而求亡子焉？成玄英曰：“亡子，逃人也。”意！夫子乱人之性也！”

士成绮见老子而问曰：“吾闻夫子，圣人也。吾固不辞远道，而来愿见；百舍重趼，古显反。而不敢息。司马彪曰：“百舍，百日止宿也。趼，胝也。”王念孙曰：“‘趼’亦作‘茧’，见墨子、贾子。”今吾观子，非圣人也。鼠壤有余蔬而弃妹，一本作“妹之者”。不仁也。王念孙曰：“穀梁疏引麋信注：‘齐、鲁之间谓凿地出土、鼠作穴出土，皆曰壤。’”司马彪曰：“‘蔬’读为‘糈’。”陆秀夫曰：“‘妹’与‘昧’同。”马其昶曰：“释名：‘妹，昧也。’易略例‘见昧’，释文：‘一作“妹”。’‘弃’‘昧’二字同义。荀子注：‘昧，蔑也。’”生熟不尽于前，而积敛无崖。”老子漠然不应。士成绮明日复见，曰：“昔者吾有刺于子，今吾心正却矣，何故也？”老子曰：“夫巧知神圣之人，吾自以为脱焉。马其昶曰：“脱焉，犹免焉。”昔者，子呼我牛也而谓之牛，呼我马也而谓之马。苟有其实，人与之名而弗受，再受其殃。马其昶曰：“自有其圣，实已非圣；又不受非圣之名，适增罪耳。”吾服也恒服，吾非以服有服。”郭象曰：“有为为之，则不能恒服。”陆长庚曰：“‘恒服’，安而行之也。‘以服有服’，勉强行之也。犹孟子言‘由仁义行，非行仁义。’”马其昶曰：“‘服’如礼记‘博学以知服’之‘服’。孔疏：‘服为服畏不凌跨。’‘以服有服’，谓以卑服之道服人也。”士成绮雁行避影，宣颖曰：“侧身貌。”履行遂进苏舆曰：“古者入室，脱履而行席上。履行，言失其常。”而问：“修身若何？”老子曰："而容崖然，吕惠卿曰："若不与物交。"而目冲然，吕惠卿曰："逐物于外。"而颡頯然，而口阚许览反。然，郭象曰："虓豁之貌。"而状义然，王先谦曰："'义'读为'峨'。"似系马而止也。宣颖曰："志在驰骛。"动而持，焦竑曰："将动而强持之。"发也机，王敔曰："应之速。"察而审，王敔曰："知之必详。"知巧而睹于泰，王敔曰："作盛满之观。"凡以为不信。边竟有人焉，其名为窃。"马其昶曰："'竟'同'境'。老子，忘名者也。士成绮，知巧窃名者也；自君子观之，盖与穿窬无异。"

老子曰："夫道，于大不终，成玄英曰："终，穷也。"于小不遗，故万物备。广广乎其无不容也，王念孙曰："'广广'，读为'旷旷'。"渊乎其不可测也。形德仁义，神之末也，非至人孰能定之！穆按：中庸："苟不至德，至道不凝焉。"定，犹凝也。夫至人有世，不亦大乎！王先谦曰："谓有天下。"而不足以为之累。天下奋棅音柄。而不与之偕，王敔曰："人各奋起争权柄，而己否。"奚侗曰："'奋'疑'夺'字误。"审乎无假而不与利迁，马叙伦曰："'利'，当依德充符作'物'。"极物之真，能守其本；故外天地，遗万物，而神未尝有所困也。通乎道，合乎德，退仁义，宾礼乐，俞樾曰："'宾'，读为'摈'。"至人之心有所定矣。"

世之所贵道者，书也；书不过语，语有贵也。语之所贵者，意也；意有所随。意之所随者，不可以言传也；而世因贵言传书。世虽贵之哉，犹不足贵也，为其贵非其贵也。故视而可见者，形与色也；听而可闻者，名与声也。

悲夫！世人以形色名声为足以得彼之情！夫形色名声果不足以得彼之情，马其昶曰：“吕览注：‘果，终也。’”则知者不言，言者不知，而世岂识之哉！桓公读书于堂上，轮扁斲轮于堂下，司马彪曰：“轮扁，斲轮人也，名扁。”释椎凿而上，问桓公曰：“敢问：公之所读者，何言邪？”公曰：“圣人之言也。”曰：“圣人在乎？”公曰：“已死矣。”曰：“然则君之所读者，古人之糟魄已夫！”成玄英曰：“酒滓曰糟，渍糟曰魄。”桓公曰：“寡人读书，轮人安得议乎！有说则可，无说则死。”轮扁曰：“臣也，以臣之事观之。斲轮徐，则甘而不固；疾，则苦而不入。司马彪曰：“甘，缓也。苦，急也。”不徐不疾，得之于手，而应于心；口不能言，有数存焉于其间。臣不能以喻臣之子，臣之子亦不能受之于臣；是以行年七十而老斲轮。古之人与其不可传也，死矣；宣颖曰：“‘也’犹‘者’。”马其昶曰：“御览引作‘者’。”然则君之所读者，古人之糟魄已夫！”

天运

外篇之七。王夫之曰："此篇之旨，以自然为宗。天地之化，无非自然。勉而役者，劳己以劳天下，执一而不应乎时变；老子所欲'绝圣弃知'者，此也。"

天其运乎？地其处乎？日月其争于所乎？罗勉道曰："日月同黄道，故曰'争于所'。"孰主张是？孰维纲是？孰居无事，推而奚侗曰："当作'而推'，'推行'连文。"行是？意者其有机缄而不得已邪？意者其运转而不能自止邪？云者为雨乎？雨者为云乎？孰隆施是？俞樾曰："'隆'借为'降'。"王叔岷曰："湛然辅行记四十引正作'降'。"孰居无事，淫乐而劝是？章炳麟曰："周礼故书，'廞'皆作'淫'。释诂：'廞，兴也。''淫乐'即'廞乐'。犹云'孰居无事，高兴为此'。"奚侗曰："淫乐，犹湛乐'风起北方，一西一东，有上彷徨，吴汝纶曰："'有'读为'又'。"阙误或本作"在"。孰嘘吸是？孰居无事，而披拂是？敢问何故？王夫之曰："既详诘而终不能明言其故，则自然者本无故而然。"巫咸袑赤遥反。曰：俞樾曰："广韵：'咸，亦姓。姓苑云："巫咸之后。"'盖单姓为咸，复姓则巫咸。"马叙伦曰："'袑'借为'招'。说文：'招，手呼也。'""来！吾语女。天有六极五常，俞樾曰："此即洪范之'五福、六极’也。仪礼郑注：‘古文“常”为“祥”。’说文：‘祥，福也。’”帝王顺之则治，逆之则凶。《九洛》之事，杨慎曰：“九畴洛书之事。”治成德备，监照下土，天下载之，此谓上皇。”郭嵩焘曰：“言天之运，自然而已，帝王顺其自然。”穆按：洪范乃晚出书，而此犹在其后。

商大宰荡问仁于庄子。司马彪曰：“商，宋也。大宰，官也。荡，字也。”庄子曰：“虎狼，仁也。”曰：“何谓也？”庄子曰：“父子相亲，何为不仁？”曰：“请问至仁。”庄子曰：“至仁无亲。”大宰曰：“荡闻之：‘无亲则不爱，不爱则不孝。’谓至仁不孝，可乎？”庄子曰：“不然。夫至仁，尚矣，孝固不足以言之。此非过孝之言也，不及孝之言也。马其昶曰：“非谓仁过于孝。谓无孝之名，不见为孝也。至孝与亲相忘，至仁与天下相忘。”夫南行者至于郢，陆德明曰：“郢，楚都也。”北面而不见冥山，姚范曰：“冥山，疑即谓冥厄之塞。”是何也？则去之远也。郭象曰：“至仁在乎无亲，而仁爱以言之。故郢虽见，而愈远于冥山；仁孝虽彰，而愈非至理也。”故曰：‘以敬孝易，以爱孝难；以爱孝易，而忘亲难；忘亲易，使亲忘我难；使亲忘我易，兼忘天下难；兼忘天下易，使天下兼忘我难。’夫德遗尧、舜而不为也，王先谦曰：“我忘天下。”利泽施于万世，天下莫知也，王先谦曰：“天下忘我。”岂直太息而言仁孝乎哉！夫孝悌仁义，忠信贞廉，此皆自勉以役其德者也，不足多也。故曰：‘至贵，国爵并焉；郭象曰：“并者，除弃之谓也。”至富，国财并焉；至愿，名誉并焉。’陶鸿庆曰：“愿，慕也。

为人所歆慕。”奚侗曰：“‘愿’系‘显’字之误。”是以道不渝。”宣颖曰：“可屏者皆有变灭；道不变灭，此其至贵也，至富也，至愿也。”

北门成问于黄帝曰：“帝张《咸池》之乐于洞庭之野，吾始闻之惧，复闻之怠，卒闻之而惑，宣颖曰：“惧者骇听，怠者息心，惑者忘己。”荡荡默默，乃不自得。”宣颖曰：“神不能定，口不能言，失其常也。”帝曰：“女殆其然哉！陈寿昌曰：“喜而讶之之词。”吾奏之以人，征之以天，陆德明曰：“‘征’，古本多作‘徽’。”马叙伦曰：“文选注引淮南许慎注曰：‘鼓琴循弦谓之徽。’”行之以礼义，建之以太清。夫至乐者，先应之以人事，顺之以天理，行之以五德，应之以自然，然后调理四时，太和万物。苏辙曰：“‘夫至乐者’三十五字，系注语误入正文。”王叔岷曰：“唐写本、赵谏议本、道藏成玄英疏本、王元泽新传本、林希逸口义本，皆无此三十五字。”四时迭起，万物循生；一盛一衰，文武伦经；郭嵩焘曰：“乐记：‘礼减而进，以进为文；乐盈而反，以反为文。’故乐阕而后作。衰者，阕之余声也。始奏以文，复乱以武，以文武纪其盛衰。伦经，犹言经纶。比和分合，所谓经纶也。”一清一浊，阴阳调和，武延绪曰：“本段皆两句为韵，不应此独三句。‘阴阳调和’四字亦疑是注，或‘一清一浊’四字是注。”流光其声；马其昶曰：“‘光’读为‘广’。”蛰虫始作，吾惊之以雷霆；马其昶曰：“雷出地奋，豫；先王以作乐崇德。”其卒无尾，其始无首；一死一生，一偾一起；司马彪曰：“偾，仆也。”所常无穷，郭象曰：“以变化为常，则所常者无穷。而一不可待。俞樾曰：“一，皆也。”郭嵩焘曰：“雷霆之起，莫知其所自起，莫知其所自竟。犹死生与天无穷，而忽一至焉，则亦物之所不能待也。以喻乐之变化，动于自然。”女故惧也。吾又奏之以阴阳之和，烛之以日月之明。其声能短能长，能柔能刚；变化齐一，不主故常；在谷满谷，在阬满阬；邵晋涵曰：“后汉书注引苍颉篇云：‘阬，壑也’”王敔曰：“大无不入，小无不充。”涂郤守神，郭象曰：“塞其兑也。”陆德明曰：“‘郤’与‘隙’义同。”成玄英曰：“闭心知之孔郤，守凝寂之精神。”以物为量。其声挥绰，其名高明。是故鬼神守其幽，成玄英曰：“各得其所而不相挠。老经云‘其鬼不神’也。”日月星辰行其纪。吾止之于有穷，郭象曰：“常在极上住也。”流之于无止。郭象曰：“随变而往也。”子欲虑之而不能知也，望之而不能见也，逐之而不能及也，傥然立于四虚之道，倚于槁梧而吟。穆按：此明袭齐物论语，而殊不贴切。外篇决不出庄子，此等处皆可见。目知穷乎所欲见，力屈乎所欲逐，马叙伦曰：“此处有脱误。”吾既不及已夫！罗勉道曰：“欲从莫由。”吴汝纶曰：“吾者，代北门成为辞。”形充空虚，乃至委蛇。女委蛇，故怠。宣颖曰：“悍气尽，四体柔也。”吾又奏之以无怠之声，调之以自然之命，故若混逐丛生，宣颖曰：“混然相逐，丛然相生。”林章炳麟曰：“‘林’借为‘隆’。汉避讳，改‘隆虑’为‘林虑’。说文：‘隆，丰大也。’”武延绪曰：“‘林’，‘婪’之假字，与‘媅’同义。”吴汝纶曰：“当从‘混’字、‘林’字绝句。”乐而无形；布挥而不曳，宣颖曰：“布散挥洒而不曳滞。”幽昏而无声。动于无方，居于窈冥；或谓之死，或谓之生；或谓之实，或谓之荣；行流散徙，不主常声。世疑之，稽于圣人。圣也者，达于情而遂于命也。宣颖曰："知圣人则知乐矣。遂，顺也。"天机不张，而五官皆备，宣颖曰："元神不动，官自效职。"此之谓天乐，无言而心说。故有焱必遥反。氏为之颂曰：'听之不闻其声，视之不见其形，充满天地，苞裹六极。'成玄英曰："六极，六合也。"女欲听之而无接焉，而故惑也。郭象曰："此乃无乐之乐，乐之至也。"乐也者，始于惧，惧故祟；虽遂反。宣颖曰："六根震动也。"吾又次之以怠，怠故遁；宣颖曰："妄力销铄也。"卒之于惑，惑故愚；宣颖曰："意识俱亡也。"愚故道，道可载而与之俱也。"宣颖曰："愚故道，无一知半解可自用也。道可载而与之俱，顺之而已。"

孔子西游于卫。颜渊问师金曰："以夫子之行为奚如？"李颐曰："师，鲁太师也。金，其名。"师金曰："惜乎，而夫子其穷哉！"颜渊曰："何也？"师金曰："夫刍狗之未陈也，李颐曰："结刍为狗，巫祝用之。"盛以箧衍，李颐曰："衍，笥也。"章炳麟曰："'衍'，当借为'鞬'；如'衜'或作'衜'是也。"巾以文绣，尸祝斋戒以将之。及其已陈也，行者践其首脊，苏者取而爨之而已；陆德明曰："史记'樵苏后爨'，注云：'苏，取草也。'将复取而盛以箧衍，巾以文绣，游居寝卧其下，彼不得梦，必且数眯音米。焉。司马彪曰："眯，厌也。"段玉裁曰："'厌''魇'古今字。"郭象曰："废弃之物，于时无用，则更致他妖也。"今而夫子，亦取先王已陈刍狗，取弟子，游居寝卧其下。俞樾曰："古'聚''取'通用。"故伐树于宋，削迹于卫，穷于商、周，是非其梦邪？围于陈、蔡之间，七日不火食，死生相与邻，是非其眯邪？夫水行莫如用舟，而陆行莫如用车。以舟之可行于水也，而求推之于陆，则没世不行寻常。马其昶曰："左传'争寻常以尽其民'，注：'言争尺寸之地。'"古今非水陆与？周、鲁非舟车与？今蕲行周于鲁，是犹推舟于陆也，劳而无功，身必有殃。彼未知夫无方之传，司马彪曰："方，常也。"郭庆藩曰："吕览高注：'传，犹转也。'"应物而不穷者也。且子独不见夫桔槔者乎？引之则俯，舍之则仰。彼，人之所引，非引人也，故俯仰而不得罪于人。故夫三皇、五帝之礼义法度，阮毓崧曰："三皇之号，昉于周礼。秦博士始有天皇、地皇、人皇之议。"穆按：此亦本篇晚出之证。不矜于同，而矜于治。高秋月曰："矜，尚也。"故譬三皇、五帝之礼义法度，其犹柤侧加反。梨橘柚邪！其味相反，而皆可于口。故礼义法度者，应时而变者也。今取蝯狙而衣以周公之服，彼必龁啮挽裂，尽去而后慊。奚侗曰："孟子赵注：'慊，快也。'"观古今之异，犹猿狙之异乎周公也。故西施病心而矉扶真反。其里，陆德明曰："通俗文云：'蹙頞曰矉。'"其里之丑人见而美之，归亦捧心而矉其里。俞樾曰："两'其里'字皆不当叠。"其里之富人见之，坚闭门而不出；贫人见之，挈妻子而去之走。彼知美矉，而不知矉之所以美。惜乎！而夫子其穷哉！"严复曰："此段极精。今日言新政者，惜未读此。"

孔子行年五十有一而不闻道，乃南之沛，见老聃。司马彪曰："老子，陈国相人。相，今属苦县，与沛近。"老聃曰："子来乎？吾闻子，北方之贤者也，子亦得道乎？"孔子曰：

"未得也。"老子曰:"子恶乎求之哉?"曰:"吾求之于度数,五年而未得也。"马其昶曰:"天下篇云:'明于本数,系于末度。'方密之说之曰:'易言"制数度",盖数自有度,因而制之。数为藏本末之端几;而数中之度,乃统本末之适节也,道之籥也。'"老子曰:"子又恶乎求之哉?"曰:"吾求之于阴阳,十有二年而未得。"老子曰:"然。方以智曰:"答语全与前不相蒙,的非庄子手笔。"使道而可献,则人莫不献之于其君;使道而可进,则人莫不进之于其亲;使道而可以告人,则人莫不告其兄弟;使道而可以与人,则人莫不与其子孙。然而不可者,无它也;中无主而不止,郭象曰:"心中无受道之质,则虽闻道而过去也。"外无正而不行。俞樾曰:"'正'乃'匹'之误。公羊传:'自内出者,无匹不行;自外至者,无主不止。'则阳篇:'自外入者,有主而不执;由中出者,有正而不距。'亦当为'匹'。"穆按:徐无鬼:"臣之质死久矣","正"犹"质"也,皆指射的言;故下文云"不受"也。吕惠卿曰:"射之有正,所以受之也。"由中出者,不受于外,圣人不出;由外入者,无主于中,圣人不隐。成玄英曰:"隐,藏也。"章炳麟曰:"'隐'借为'㬎',依据也。"名,公器也,不可多取。吕惠卿曰:"多取则德之荡。"仁义,先王之蘧庐也,郭象曰:"犹传舍也。"朱骏声曰:"'蘧'借为'遽'。"止可以一宿,而不可久处,觏而多责。穆按:此言贵乎由仁义而自得己心耳。若唯仁义之为见,则是行仁义矣。大宗师谓之"行名失己"。古之至人,假道于仁,托宿于义,以游逍遥之墟;食于苟简之田,立于不贷之圃。司马彪曰:"贷,施与也。"逍遥,无为也;

苟简，易养也；不贷，无出也。古者谓是采真之游。以富为是者，不能让禄；以显为是者，不能让名；亲权者，不能与人柄。操之则栗，舍之则悲，而一无所鉴，王敔曰："鉴戒。"以窥其所不休者，是天之戮民也。成玄英曰："虽楚戮未加，而情性已困。"怨、恩、取、与、谏、教、生、杀八者，正之器也。唯循大变无所湮者，为能用之。李颐曰："湮，滞也。"孙诒让曰："大变，大法也。书顾命：'率循大卞'，伪孔传训为'大法'。'变''卞'音近字通。"武延绪曰："'大卞''大法'，即大道也。"故曰：'正者，正也。'其心以为不然者，天门弗开矣。"陆长庚曰："天门，犹灵府。老子有'天门开阖'之语。"

孔子见老聃而语仁义。老聃曰："夫播糠眯目，则天地四方易位矣；蚊虻噆子盍反。肤，则通昔不寐矣。司马彪曰："噆，啮也。"陆德明曰："昔，夜也。"夫仁义憯七感反。然，乃愤吾心，王叔岷曰："释文：'"愤"，本又作"愦"。'艺文类聚、御览引并作'愦'。说文：'愦，乱也。'"乱莫大焉。吾子使天下无失其朴，吾子亦放风而动，总德而立矣；司马彪曰："放，依也。"又奚傑然武延绪曰："'傑'与'偈'同。"刘师培曰："'傑然'下疑捝'揭仁义'三字。"若负建鼓而求亡子者邪？刘师培曰："'负'读为'掊'，击也；如'负尾'作'陪'，'王萯'作'菩'。"夫鹄不日浴而白，乌不日黔而黑。黑白之朴，不足以为辩；名誉之观，不足以为广。泉涸，鱼相与处于陆，相呴以湿，相濡以沫，不若相忘于江湖。"四语见大宗师。姚鼐曰："所记浅于史记老子列传语，岂庄子之文哉！"

孔子见老聃归，三日不谈。弟子问曰："夫子见老聃，亦将何规哉？"孔子曰："吾乃今于是乎见龙。王应麟曰："御览引'孔子曰："吾与汝处于鲁之时，人用意如飞鸿者，吾走狗而逐之；用意如井鱼者，吾为钩缴以投之。吾今见龙"'云云，与今本异。"王叔岷曰："艺文类聚引：'人用意如飞鸿者，为弓弩射之；如游鹿者，走狗而逐之；若游鱼者，钩缴以投之。'"龙合而成体，散而成章，乘乎云气，而养乎阴阳。刘师培曰："'养'借为'翔'。"予口张而不能嗋，许劫反。陆德明曰："嗋，合也。"予又何规老聃哉！"王志远曰："老子教孔曰：'去骄志与淫态。'己乃使人一见惊以为龙，至口张而不能嗋；殆非真老聃也。"子贡曰："然则人固有尸居而龙见，雷声而渊默，二语见在宥篇。奚侗曰："当依在宥作'渊默而雷声'。"发动如天地者乎？赐亦可得而观乎？"遂以孔子声见老聃。高秋月曰："言为先容。"老聃方将倨堂而应，微曰：马叙伦曰："当从六帖引，以'应'字断句。""予年运而往矣，子将何以戒我乎？"林云铭曰："为谦乎？为伪乎？真属无谓！"子贡曰："夫三王、五帝之治天下不同，其系声名一也。而先生独以为非圣人，如何哉？"老聃曰："小子，少进！子何以谓不同？"对曰："尧授舜，舜授禹，按：敦煌古钞本作"尧与而舜受"。禹用力而汤用兵，文王顺纣而不敢逆，武王逆纣而不肯顺，故曰不同。"老聃曰："小子，少进！林云铭曰："两个'小子少进'，可以无有。"余语女三王、五帝之治天下。黄帝之治天下，使民心一，民有其亲死不哭，而民不非也。尧之治天下，使民心亲，民有为其亲杀其杀，而民不非也。郭象曰："杀，降也。言亲疏有降杀。"刘文典曰："唐写本作'杀其服'，当据正。"林云铭曰："此似以黄、尧为善，与下相矛盾。"舜之治天下，使民心竞，民孕妇十月生子，子生五月而能言，不至乎孩而始谁，郭象曰："谁者，别人之意也。未孩已择人，言其竞教速成也。"则人始有夭矣。禹之治天下，使民心变，人有心而兵有顺，马其昶曰："人各有心，不顺道而罪之。"杀盗非杀人，穆按：谓"杀盗非杀人"，乃墨家语，即以用兵为顺乎道也。自为种而天下耳，章炳麟曰："'耳'借为'佴'。墨经：'佴，自作也。'"穆按：广雅释诂："种，类也。""人自为种而天下佴"，犹天下篇"天下之人各为其所欲焉以自为方"也。奚侗曰："'种'借为'重'，谓重己轻人。'耳'系'聑'之坏字。聑，耳目不相信也。"是以天下大骇，儒、墨皆起。方以智曰："老子时何尝有儒、墨之名，语意俱无伦次。"其作始有伦，而今乎妇，女何言哉！穆按："妇"疑"归"字之误。谓作始有伦，而其归趋乃至于今之势也。"女"属下读，谓子贡。余语女：三皇、五帝之治天下，名曰治之，而乱莫甚焉。三皇之知，上悖日月之明，下睽山川之精，中堕四时之施。三语见胠箧篇。其知憯于蠆音例。虿敕迈反。之尾，王引之曰："'蠆''虿'，皆蝎之异名。"鲜规之兽，吴汝纶曰："'规'当读'窥'。鲜窥，不常见者也。"莫得安其性命之情者，而犹自以为圣人，不可耻乎？其无耻也！"子贡蹴蹴然立不安。陆长庚曰："大率与礼记'大道为公'章甚相似。"严复曰："此皆道家想当然语，其说已破久矣。读者不可为其荒唐所笼罩。"

孔子谓老聃曰："丘治《诗》《书》《礼》《乐》《易》《春秋》六经，黄震曰："六经之名，始于汉。庄子书称'六经'，未尽出于庄子也。"穆按：秦廷焚书，犹不以易与诗、书同类。自以为久矣，孰知其故矣；严复曰："'故'通'诂'。"以奸者七十二君，王敔曰："'孰'，通'熟'。'奸'，通'干'。"论先王之道，而明周、召之迹，一君无所钩用。陆德明曰："钩，取也。"甚矣乎！人之难说也，道之难明邪！"老子曰："幸矣，子之不遇治世之君也！夫六经，先王之陈迹也，岂其所以迹哉！今子之所言，犹迹也。夫迹，履之所出，而迹岂履哉！夫白鶂五历反。之相视，眸子不运而风化；宣颖曰："不运，定睛注视。"王先谦曰："'风'，读如'马牛其风'之'风'，谓雌雄相诱也。化者，感而成孕。"虫，雄鸣于上风，雌应于下风，而化。俞樾曰："'而化'，当作'而风化'。"郭象曰："鶂以眸子相视，虫以鸣声相应，俱不待合而生子，故曰风化。"类，自为雌雄，故风化。陆德明曰："山海经：'亶爰之山有兽曰师类，带山有鸟曰奇类，皆自牝牡。'"马其昶曰："列子：'亶爰之兽，自孕而生曰类。'"性不可易，命不可变，时不可止，道不可壅。苟得于道，无自而不可；失焉者，无自而可。"王夫之曰："变易人之性命，而道壅不行，恶足以化？顺其自然，则物固各有性命，虽五伯、七雄之天下，可使反于其朴。"孔子不出三月，复见，曰："丘得之矣。乌鹊孺，李颐曰："孺，孚乳而生也。"鱼傅沫，司马彪曰："傅口中沫，相与而生子。"细要者化，陆德明曰："细腰，蜂之属也。司马彪曰：'取桑虫祝使似己。'即诗所谓'螟蛉有子，果蠃负之'。"有弟而兄啼。林云铭曰："母孕弟而兄病也。”褚伯秀曰：“‘鸟鹊’四句，卵、湿、化、胎也。”久矣夫，丘不与化为人！不与化为人，安能化人！”老子曰：“可。丘得之矣！”

刻意外篇之八。罗勉道曰："刻意、缮性二篇，文义肤浅，疑是伪作。"王夫之曰："此篇亦养生主、大宗师绪余之论，而但得其迹。且其文词软美肤俗，以视内篇穷神写生灵妙之文，若厉与西施之悬绝。"姚鼐曰："此篇乃司马谈论六家要指之类，汉人之文耳。"

刻意尚行，褚伯秀曰："刻砺其意。"离世异俗，高论怨诽，为亢而已矣；此山谷之士，非世之人，刘文典曰："'非'，御览引作'诽'，义较长。"枯槁赴渊者之所好也。刘师培曰："'赴'，当作'仆'。'踣''仆'古通。外物篇：'申徒狄因以踣河。'"语仁义忠信，恭俭推让，为修而已矣；此平世之士，教诲之人，游居学者之所好也。语大功，立大名，礼君臣，正上下，为治而已矣；此朝廷之士，尊主强国之人，致功并兼者之所好也。就薮泽，处闲旷，钓鱼闲处，无为而已矣；奚侗曰："此'无为'当作'为无'；谓逃世也。"此江海之士，避世之人，闲暇者之所好也。吹呴呼吸，吐故纳新，熊经鸟申，司马彪曰："若熊之攀树而引气也；若鸟之嚬呻也。"吴汝纶曰："此三语割取淮南精神篇文。"为寿而已矣；此道引之士，养形之人，彭祖寿考者之所好也。若夫不刻意而高，无仁义而修，无功名而治，无江海而闲，不道引而寿，无不忘也，无不有也，澹然无极，而众美从之；此天地之道，圣人之德也。故曰：夫恬惔寂漠，虚无无为，此天地之平，而道德之质也。四语见天道篇。故曰：圣人休休焉则平易矣，阙误或本作“圣人休焉，休则平易矣。”俞樾曰：“‘休焉’二字，传写误倒。”平易则恬惔矣。平易恬惔，则忧患不能入，邪气不能袭，故其德全而神不亏。故曰：圣人之生也天行，其死也物化；静而与阴同德，动而与阳同波；四语又见天道篇。不为福先，不为祸始；感而后应，迫而后动，不得已而后起。去知与故，王念孙曰：“淮南注：‘故，巧也。’”王先谦曰：“四字用管子心术篇语。”穆按：韩非扬权篇有“去智与巧”语。姚鼐曰：“知，私意。故，结习。”循天之理。故无天灾，无物累，无人非，无鬼责。此四语亦见天道篇。其生若浮，其死若休。不思虑，不豫谋。光矣而不耀，老子曰：“光而不耀。”信矣而不期。其寝不梦，其觉无忧。二语见大宗师。其神纯粹，其魂不罢。音皮。此语亦见天道篇。虚无恬惔，乃合天德。故曰：悲乐者，德之邪；喜怒者，道之过；好恶者，德之失。刘文典曰：“据淮南精神、原道两训，‘德之失’，‘德’当为‘心’字之误。”故心不忧乐，德之至也；一而不变，静之至也；吕惠卿曰：“人心终日万应，而未尝止，恶能顷刻而静哉！圣人不忧不乐，至于一而不变，是为静之至也。”无所于忤，虚之至也；不与物交，淡之至也；无所于逆，粹之至也。郭象曰：“若杂乎浊欲，则有所不顺。”方子及曰：“‘忤’‘逆’二字何别，玩‘虚’‘粹’二字可见。盖顺事应物，无所乖拂，自非虚豁之至，何以能之？中心至粹无杂，则自然包含万物，容蓄万物，无所逆矣。”故曰：形劳而不休，则弊；精用而不已，则劳；劳则竭。水之性，不杂则清，莫动则平；郁闭而不流，亦不能清。天德之象也。武延绪曰：“‘天’疑‘失’字讹。”故曰：纯粹而不杂，静一而不变，淡而无为，动而以天行，武延绪曰：“‘以’字衍。”此养神之道也。吕惠卿曰：“天下之方术，有制于虚静，而不知观复于并作之间、归根于芸芸之际者，不知此养神之道故也。”夫有干、越之剑者，司马彪曰：“干，吴也。吴、越出善剑。”柙而藏之，不敢用也，宝之至也。精神四达并流，奚侗曰：“‘并’，读为‘旁’。”无所不极，上际于天，下蟠于地，化育万物，穆按：“化育”字见中庸。不可为象，其名为同帝。纯素之道，唯神是守；守而勿失，与神为一；一之精通，武延绪曰：“疑当作‘通精’。”合于天伦。马其昶曰：“诗传：‘伦，道也。’”野语有之曰：“众人重利，廉士重名，贤士尚志，圣人贵精。”故素也者，谓其无所与杂也；纯也者，谓其不亏其神也。能体纯素，谓之真人。

缮性外篇之九。王夫之曰："此篇与刻意之旨略同。其言恬、知交养，为有合于庄子之指；而语多杂乱，前后不相侔。且其要归，不以轩冕为志，而叹有道之人不兴而隐处，则庄子固不屑言。盖不得志于时者之所假托也。文亦滑熟不足观。"林云铭曰："有训诂气，殊非南华笔。"

缮性于俗学，以求复其初；崔譔曰："缮，治也。"旧重"俗"字，今从张君房本。滑欲于俗思，以求致其明，崔譔曰："滑，治也。"俞樾曰："滑，犹汩也。说文：'汩，治水也。'"焦竑曰："'缮性于俗学''滑欲于俗思'为句；旧解失之。性非学不复，而俗学不可以复性。明非思不致，而俗思不可以求明。"谓之蔽蒙之民。古之治道者，王懋竑曰："'治'当作'知'。"以恬养知；生而无以知为也，陶鸿庆曰："古逸丛书本'生'上有'知'字，是。"谓之以知养恬。王应麟曰："'以恬养知'者，主静而识益明；'以知养恬'者，致知而本益固。"知与恬交相养，而和、理出其性。司马子微曰："恬、知，则定、慧也；和、理，则道、德也。"夫德，和也；道，理也。穆按："德，和"，"道，理"，此非庄子语，亦非老子语。盖晚世儒生之学老、庄者为之。德无不容，仁也；道无不理，义也；义明而物亲，忠也；中纯实而反乎情，乐也；陈治安曰："乐记：'君子反情以和志。'"信行容体而顺乎文，礼也。礼、乐遍行，郭象曰："以一体之所履，一志之所乐，行之天下，则一方得而万方失也。"俞樾曰："'遍'当为'一偏'之'偏'，故郭以'一体''一志'说之。"穆按：阙误引或本作"偏"。则天下乱矣。彼正而蒙己德，德则不冒，冒则物必失其性也。郭象曰："各正性命，而自蒙己德，则不以此冒彼也。若以此冒彼，安得不失其性哉！"古之人，在混芒之中，与一世而得澹漠焉。当是时也，阴阳和静，鬼神不扰，四时得节，万物不伤，群生不夭，人虽有知，无所用之。此之谓至一。当是时也，莫之为而常自然。逮德下衰，及燧人、伏戏始为天下，是故顺而不一。德又下衰，及神农、黄帝始为天下，是故安而不顺。德又下衰，及唐、虞始为天下，兴治化之流，澆古尧反。本亦作"浇"。淳散朴，离道以善，险德以行，马其昶曰："'险'读为'掩'，见周礼注。"穆按：险德以行，即行险也。然后去性而从于心。心与心识知而不足以定天下，俞樾曰："'识''知'同义。诗：'不识不知。'"然后附之以文，益之以博。宣颖曰："文、博，俗学也。"文灭质，博溺心，然后民始惑乱，无以反其性情而复其初。穆按：孟子："汤武反之也"，与此"反"字同义。由是观之，世丧道矣，道丧世矣。世与道交相丧也，道之人何由兴乎世，奚侗曰："'之人'二字误衍。"武延绪曰："疑为'亦'字误分。"世亦何由兴乎道哉！道无以兴乎世，世无以兴乎道，虽圣人不在山林之中，其德隐矣。隐，故不自隐。马其昶曰："'故''固'同。"

古之所谓隐士者，非伏其身而弗见也，非闭其言而不出也，非藏其知而不发也，时命大谬也。当时命而大行乎天下，则反一无迹；不当时命而大穷乎天下，则深根宁极而待。高秋月曰："根、极，谓性命也。"此存身之道也。古之存身者，不以辩饰知，不以知穷天下，穆按：疑当作"不以知穷天"，"下"字涉上文"大穷乎天下"而衍。不以知穷德，马其昶曰："外不任聪明以取困，内不逐无涯以自殆。"危然处其所而反其性，郭象曰："危然，独正之貌。"己又何为哉！道固不小行，德固不小识。小识伤德，小行伤道。故曰：正己而已矣。乐全之谓得志。古之所谓得志者，非轩冕之谓也，谓其无以益其乐而已矣。今之所谓得志者，轩冕之谓也。宣颖曰："轩冕，俗思也。"轩冕在身，非性命也，物之傥来，寄也。成玄英曰："傥者，意外忽来者耳。"寄之，其来不可圉，王念孙曰："'圉'与'御'通。"其去不可止。故不为轩冕肆志，不为穷约趋俗，其乐彼与此同，故无忧而已矣。今寄去则不乐，由是观之，虽乐，未尝不荒也。故曰：丧己于物，失性于俗者，谓之倒置之民。向秀曰："以外易内，可谓倒置。"刘师培曰："'置'与'植'同。"王夫之曰："与上文不相为类。其曰'时命大谬'，又曰'深根宁极而待'则林逋、魏野之所不屑言，而况庄子！"

秋水 外篇之十。王夫之曰："此篇因逍遥游、齐物论而衍之。"

秋水时至，百川灌河，泾流之大，崔譔本作"径"，曰："直度曰径。"司马彪曰："泾，通也。"两涘音俟。渚崖之间，不辩牛马。陆德明曰："言广大，故望不分别。"于是焉，河伯欣然自喜，以天下之美为尽在己。顺流而东行，至于北海，东面而视，不见水端。于是焉，河伯始旋其面目，望洋向若而叹曰：崔譔曰："望洋，犹望羊，仰视貌。"司马彪曰："若，海神。"马其昶曰："'海若'，见楚辞。""野语有之曰：'闻道百，以为莫己若'者，我之谓也。且夫我尝闻少仲尼之闻，而轻伯夷之义者，始吾弗信；今我睹子之难穷也。吾非至于子之门，则殆矣。吾长见笑于大方之家。"司马彪曰："方，道也。"北海若曰："井蛙不可以语于海者，王引之曰："御览三引庄子，并作'井鱼'。吕览谕大、淮南原道，均有'井鱼'之文。"拘于虚也；王念孙曰："'虚'，同'墟'。文选注引声类曰：'墟，故所居也。'"夏虫不可以语于冰者，笃于时也；郭庆藩曰："释诂：'笃，固也。'与上下文'拘''束'同义。"曲士不可以语于道者，束于教也。今尔出于崖涘，观于大海，乃知尔丑，尔将可与语大理矣。

郭象曰："以其知分，故可与言理也。"天下之水，莫大于海，万川归之，不知何时止，而不盈；尾闾泄之，不知何时已，而不虚；司马彪曰："尾闾，泄海水出外者也。"春秋不变，水旱不知。此其过江、河之流，不可为量数。而吾未尝以此自多者，自以比形于天地，而受气于阴阳，吾在于天地之间，犹小石小木之在大山也；方存乎见少，又奚以自多！计四海之在天地之间也，不似礨空音孔。之在大泽乎？陆德明曰："礨孔，小穴也。"于省吾曰："'礨'应读作'螺'。说文无'螺'字，以'蠃'为之。"计中国之在海内，不似稊米之在太仓乎？号物之数谓之万，人处一焉；人卒九州，谷食之所生，舟车之所通，马其昶曰："卒，亦人也。天地篇：'人卒虽众'，至乐篇：'人卒闻之'，并同。"人处一焉；马其昶曰："上文'人处一焉'，以人对万物言；此以一人对众人言。"此其比万物也，不似豪末之在于马体乎？五帝之所连，马其昶曰："'连'读为'运'。江南古藏本正作'运'。"三王之所争，仁人之所忧，任士之所劳，尽此矣。伯夷辞之以为名，仲尼语之以为博，此其自多也，不似尔向之自多于水乎？"河伯曰："然则吾大天地而小豪末，可乎？"北海若曰："否。夫物，量无穷，时无止，分无常，成玄英曰："所禀分命，随时变易。"终始无故。郭象曰："日新也。"穆按："分无常"，承"量无穷"言；"终始无故"，承"时无止"言。是故大知观于远近，故小而不寡，大而不多，知量无穷；证曏许亮反。今故，郭象曰："曏，明也。今故，犹古今。"故遥而不闷，掇而不跂，郭象曰："遥，长也。掇，犹短也。"王念孙曰：

“方言：‘黜，短也。’淮南高注：‘叕，短也。’并字异义同。”知时无止；察乎盈虚，故得而不喜，失而不忧，知分之无常也；明乎坦涂，故生而不说，死而不祸，知终始之不可故也。郭象曰：“死生者，日新之正道也。”计人之所知，不若其所不知；其生之时，不若未生之时。以其至小，求穷其至大之域，是故迷乱而不能自得也。由此观之，又何以知豪末之足以定至细之倪？又何以知天地之足以穷至大之域？”河伯曰：“世之议者皆曰：‘至精无形，至大不可围。’是信情乎？”北海若曰：“夫自细视大者不尽，宣颖曰：“处小而视大，有所不及遍，故觉不可围。”自大视细者不明。宣颖曰：“处大而视小，有所不及审，故觉无形。”夫精，小之微也；垺，音孚。大之殷也；奚侗曰：“‘垺’借为‘孚’，说文：‘卵也。’”马其昶曰：“‘垺’同‘郛’。公羊传：‘郛者何？恢郭也。’殷，盛也。”故异便。郭象曰：“大小异，故所便不得同。”此势之有也。夫精粗者，期于有形者也；无形者，数之所不能分也；不可围者，数之所不能穷也。可以言论者，物之粗也；可以意致者，物之精也；言之所不能论，意之所不能察致者，不期精粗焉。陆长庚曰：“中庸末章论不显之德，与此同旨。”是故大人之行，不出乎害人，不多仁恩；动不为利，不贱门隶；货财弗争，不多辞让；事焉不借人，不多食乎力；陶鸿庆曰：“此上脱一句。”不贱贪污；行殊乎俗，不多辟异；为在从众，不贱佞谄。世之爵禄不足以为劝，戮耻不足以为辱；姚鼐曰：“非庄子文，盖所谓‘其子必且行劫’也。”知是非之不可为分，细大之不可为倪。闻曰：成玄英曰："寓诸他人，故称'闻曰'。"'道人不闻，郭象曰："任物而物性自通，则功名归物矣，故不闻。"穆按：不闻，无得而称也；语又见山木篇。至德不得，大人无己。'约分之至也。"王先谦曰："约己归于其分。"宣颖曰："大人止是虚中无相而已。收敛分定，以至其极，则与'无声无臭'同体。"河伯曰："若物之外，若物之内，恶至而倪贵贱？旧注："倪，分也。"恶至而倪小大？"北海若曰："以道观之，物无贵贱；郭嵩焘曰："道者，通乎人我者也。"以物观之，自贵而相贱；马其昶曰："物者，私乎我者也。"以俗观之，贵贱不在己。马其昶曰："俗者，徇乎人者也。"以差观之，因其所大而大之，则万物莫不大；成玄英曰："以自足为大。"因其所小而小之，则万物莫不小。成玄英曰："以无余为小。"知天地之为稊米也，知豪末之为丘山也，则差数睹矣。以功观之，因其所有而有之，则万物莫不有；因其所无而无之，则万物莫不无。知东西之相反，而不可以相无，则功分定矣。以趣观之，因其所然而然之，则万物莫不然；因其所非而非之，则万物莫不非。知尧、桀之自然而相非，则趣操睹矣。昔者，尧、舜让而帝，之、哙让而绝；陆德明曰："之者，燕相子之也。哙，燕王名。"姚鼐曰："之、哙，庄子同时，必不曰'昔者'。"汤、武争而王，白公争而灭。由此观之，争、让之礼，尧、桀之行，贵贱有时，未可以为常也。梁丽可以冲城，而不可以窒穴，崔譔曰："梁丽，屋栋也。"郭庆藩曰："即列子之'梁欐'。屋栋材大，故可用冲城。"言殊器也；骐骥骅骝，一日而驰千里，捕鼠不如狸狌，言殊技也；鸱鸺王引之曰："崔云：'鸱，鸺鹠'，知正文'鸺'字衍。淮南主术亦云：'鸱夜撮蚤。'"王叔岷曰："意林引作'鸱鸮'；御览作'鸺鹠'。"夜撮七括反。蚤，音早。陆德明曰："蚤，说文：'跳虫啮人者也。'"察豪末，昼出，瞋目而不见丘山，言殊性也。故曰：盖师是而无非，师治而无乱乎？王敔曰："'盖'与'盍'同。"是未明天地之理，万物之情者也。是犹师天而无地，师阴而无阳，其不可行明矣。然且语而不舍，非愚则诬也。帝王殊禅，三代殊继。成玄英曰："或宗族相承，或让与他姓。或父子相继，或兴兵征诛。"差其时、逆其俗者，谓之篡夫；当其时、顺其俗者，谓之义之徒。默默乎河伯！女恶知贵贱之门，小大之家！"河伯曰："然则我何为乎？何不为乎？吾辞受趣舍，吾终奈何？"北海若曰："以道观之，何贵何贱？是谓反衍；李颐曰："反衍，犹漫衍；合为一家。"无拘而志，与道大蹇。何少何多？是谓谢施；吴汝纶曰："谢施，连绵字，犹旖施、邪施，与委蛇同义。"无一而行，与道参差。严乎若国之有君，其无私德；繇繇乎若祭之有社，其无私福；泛泛乎其若四方之无穷，其无所畛域。兼怀万物，其孰承翼？是谓无方。万物一齐，孰短孰长？道无终始，物有死生，不恃其成；宣颖曰："有生死，则物之成不足恃。"一虚一满，不位乎其形。刘咸炘曰："'不位'，即老子所谓'不居'；即上文之'分无常'。"年不可举，王敔曰："不可先举而豫图之。"时不可止；王敔曰："不可已去而留之。"消息盈虚，终则有始。是所以语大义之方，论万物之理也。物之生也，若骤若驰，无动而不变，无时而不移。何为乎？何不为乎？夫固将自化。”河伯曰：“然则何贵于道邪？”北海若曰：“知道者，必达于理；达于理者，必明于权；明于权者，不以物害己。至德者，火弗能热，水弗能溺，寒暑弗能害，禽兽弗能贼。非谓其薄之也，崔譔曰：“薄，谓以体著之。”王先谦曰：“薄。迫也。”言察乎安危，宁于祸福，谨于去就，莫之能害也。故曰：天在内，人在外，德在乎天。焦竑曰：“‘天在内’，所以立体；‘人在外’，所以应用；‘德在乎天’，则合乎神而无方不测者也。”知天人之行，本乎天，位乎得；马其昶曰：“‘位乎得’，言各当其分。”蹢丈益反。躅丈录反。而屈伸，成玄英曰：“蹢躅，进退不定之貌。”反要而语极。”马其昶曰：“‘蹢躅屈伸’，‘位乎得也’；‘反要语极’，‘本乎天也’。”曰：“何谓天？何谓人？”北海若曰：“牛马四足，是谓天；落马首，段玉裁曰：“落，谓包络也。”穿牛鼻，是谓人。故曰：无以人灭天，王夫之曰：“不以马之宜络，遂络其牛；牛之须穿，并穿其马；则虽人而不灭天。”无以故灭命，王敔曰：“故，智也。”王雱曰：“人道之谓故，天道之谓命。”刘咸炘曰：“自然之分为命。”无以得徇名。刘咸炘曰：“得，谓所受之德。”谨守而勿失，是谓反其真。”郭象曰：“真在性分之内。”

夔怜蚿，音贤。陆德明曰：“夔，一足兽也。”司马彪曰：“蚿，马蚿，虫也。”成玄英曰：“怜是爱尚之名。”武内义雄曰：“以下郭象引他篇语附入。”蚿怜蛇，蛇怜风，风怜目，目怜心。陆长庚曰：“夔一足，蚿百足，蛇无足，皆能自行，然犹有形；风无形而自行；目不行而能至，然犹以形用；心则以神用，而古今宇宙，无不周遍。”夔谓蚿曰："吾以一足跉敕甚反。踔敕角反。而行，王念孙曰："'跉踔'，与'趻踔'同。一作'踸踔'。跛者行一前一却，不定之意。"予无如矣。章炳麟曰："'如'借为'能'。"穆按："无如"，犹"无奈"也。今子之使万足，独奈何？"蚿曰："不然。子不见夫唾者乎？喷则大者如珠，小者如雾，杂而下者，不可胜数也。今予动吾天机，而不知其所以然。"蚿谓蛇曰："吾以众足行，而不及子之无足，何也？"蛇曰："夫天机之所动，何可易邪？吾安用足哉！"蛇谓风曰："予动吾脊胁而行，则有似也。王敔曰："似，谓有形。"吴汝纶曰："'似'与'俟'通，待也。"今子蓬蓬然起于北海，蓬蓬然入于南海，而似无有，何也？"风曰："然。予蓬蓬然起于北海，而入于南海也。然而指我则胜我，鳍本又作"蹭"。我亦胜我。王敔曰："'鳍'与'蹭'同，蹴也。列子：'鳍之以刑罚。'"虽然，夫折大木，蜚音飞。大屋者，唯我能也。故以众小不胜为大胜也。穆按：此句下疑脱"以众小不胜"五字。为大胜者，唯圣人能之。"宣颖曰："目、心之用更神，当身可自喻，故省。以上发'无以人灭天'。"姚鼐曰："此段乃是残缺，以目、心不必言者，吾不以为然。"

孔子游于匡，宋人围之数匝，子合反。而弦歌不惙。本又作"辍"。子路入见，曰："何夫子之娱也？"孔子曰："来！吾语女。我讳穷久矣，而不免，命也；求通久矣，而不得，时也。当尧、舜而天下无穷人，非知得也；当桀、纣而天下无通人，非知失也。时势适然。夫水行不避蛟龙者，渔父之勇也；陆行不避兕虎者，猎夫之勇也；白刃交于前，视死若生者，烈士之勇也；知穷之有命，知通之有时，临大难而不惧者，圣人之勇也。由处矣！吾命有所制矣。”无几何，将甲者进，辞曰：“以为阳虎也，故围之；今非也，请辞而退。”宣颖曰：“以上发‘无以故灭命’。”林云铭曰：“平庸，非庄作。”

公孙龙问于魏牟曰：姚鼐曰：“公孙龙与庄生时不相及，此其弟子所记耳。”穆按：公孙龙犹可及见庄子，详见拙著先秦诸子系年。惟此篇当非庄生亲笔，则如姚说。“龙少学先王之道，长而明仁义之行，合同异，离坚白；然不然，可不可；困百家之知，穷众口之辩。吾自以为至达已。今吾闻庄子之言，汒焉异之。不知论之不及与？知之弗若与？今吾无所开吾喙，许秽反。敢问其方。”公子牟隐机大息，仰天而笑曰：“子独不闻夫埳音坎。井之鼃乎？谓东海之鳖曰：‘吾乐与！吾跳梁乎井幹之上，司马彪曰：“幹，井栏也。”入休乎缺甃之崖；陆德明曰：“字林：‘甃，井壁也。’”赴水则接掖持颐，宣颖曰：“水承两腋而浮两颐。”蹶泥则没足灭跗；还音旋。虷音寒。蟹与科斗，莫吾能若也。司马彪曰：“还，顾视也。”陆德明曰：“虷，井中赤虫也。科斗，虾蟆子。”且夫擅一壑之水，而跨跱埳井之乐，此亦至矣，夫子奚不时来入观乎？’东海之鳖左足未入，而右膝已絷矣。司马彪曰：“絷，拘也。”三苍云：“绊也。”于是逡巡而却，告之海，曰：‘夫千里之远，不足以举其大；千仞之高，不足以极其深。禹之时，十年九潦，而水弗为加益；汤之时，八年七旱，而崖不为加损。夫不为顷久推移，不以多少进退者，此亦东海之大乐也。’于是埳井之蛙闻之，适适然惊，规规然自失也。且夫知去声。不知是非之竟，而犹欲观于庄子之言，是犹使蚉负山，商蚷音渠。驰河也，司马彪曰：“商蚷，虫名。北燕谓之马蚿。”必不胜任矣。且夫知不知论极妙之言，而自适一时之利者，是非埳井之蛙与？且彼方跐音此。黄泉而登大皇，陆德明曰：“广雅：‘跐，蹋也。’”成玄英曰：“大皇，天也。”奚侗曰：“‘大’当作‘九’。九皇，犹九天也。”无南无北，奭音释。然四解，沦于不测；无东无西，姚鼐曰：“以韵求之，‘东’‘西’字易。”始于玄冥，反于大通。子乃规规然而求之以察，索之以辩，是直用管窥天，用锥指地也，不亦小乎！子往矣！且子独不闻夫寿陵余子之学行于邯郸与？成玄英曰：“寿陵，燕邑。”司马彪曰：“未应丁夫为余子。”未得国能，奚侗曰：“‘国’当作‘其’，御览引正作‘其’。”又失其故行矣，直匍匐而归耳。今子不去，将忘子之故，失子之业。”公孙龙口呿起据反。而不合，司马彪曰：“呿，开也。”舌举而不下，乃逸而走。林云铭曰：“赝笔，无甚深旨。”

庄子钓于濮水，楚王使大夫二人往先焉，曰：“愿以竟内累矣！”庄子持竿不顾，曰：“吾闻楚有神龟，死已三千岁矣。王巾笥而藏之庙堂之上。此龟者，宁其死为留骨而贵乎？宁其生而曳尾于涂中乎？”二大夫曰：“宁生而曳尾涂中。”庄子曰：“往矣！吾将曳尾于涂中。”

惠子相梁，庄子往见之。或谓惠子曰：“庄子来，欲代子相。”于是惠子恐，搜于国中，三日三夜。陆德明曰：“说文：

‘掞，求也。’”庄子往见之，曰：“南方有鸟，其名鹓于袁反。鸰，子知之乎？夫鹓鸰，发于南海，而飞于北海，非梧桐不止，非练实不食，成玄英曰：“练实，竹实也。”武延绪曰：“‘练’，‘楝’之借字。”非醴泉不饮。于是鸱得腐鼠，鹓鸰过之，仰而视之，曰：‘吓！’许稼反。司马彪曰：“吓，怒其声，恐其夺己也。”诗笺云：“以口拒人曰吓。”今子欲以子之梁国而吓我邪？”宣颖曰：“以上发‘无以得徇名’。”姚鼐曰：“记此语者，庄徒之陋。”

庄子与惠子游于濠梁之上。成玄英曰：“濠，水名，在淮南钟离郡，有庄子墓，亦有庄、惠遨游之所。石绝水为梁。”庄子曰：“鯈音由。鱼出游从容，姚鼐曰：“‘鯈’即‘鲦’字，而经籍多误作‘鯈’。”是鱼乐也。”惠子曰：“子非鱼，安知鱼之乐？”庄子曰：“子非我，安知我不知鱼之乐？”惠子曰：“我非子，固不知子矣；子固非鱼也，子之不知鱼之乐，全矣。”庄子曰：“请循其本。子曰‘女安知鱼乐’云者，既已知吾知之，郭象曰：“循子‘安知’之云，已知吾之所知矣。”而问我，我知之濠上也。”邵雍曰：“此‘尽己之性，能尽物之性’也。非鱼则然，天下之物皆然。若庄子者，可谓善通物矣。”

至乐

外篇之十一。王夫之曰："庄子曰：'奚暇至于悦生而恶死！'言无暇也。非以生不可悦，死不可恶为宗；尤非以悦死恶生为宗；哀乐不入其中，彼固有所存者在也。此篇之说，以死为大乐，盖学于老、庄，掠其肤说者所假托也；文亦庸沓无生气。"

天下有至乐无有哉？有可以活身者无有哉？今奚为奚据？奚避奚处？奚就奚去？奚乐奚恶？夫天下之所尊者，富、贵、寿、善也；所乐者，身安、厚味、美服、好色、音声也；所下者，贫、贱、夭、恶也；所苦者，身不得安逸，口不得厚味，形不得美服，目不得好色，耳不得音声。若不得者，则大忧以惧，其为形也亦愚哉！夫富者，苦身疾作，多积财而不得尽用，其为形也亦外矣！夫贵者，夜以继日，思虑善否，其为形也亦疏矣！人之生也，与忧俱生，寿者惛惛，音昏。久忧不死，何之苦也！吴汝纶曰："'之'，犹'其'也。"其为形也亦远矣！列士为天下见善矣，未足以活身。吾未知善之诚善邪？诚不善邪？若以为善矣，不足活身；以为不善矣，足以活人。故曰："忠谏不听，蹲循勿争。"方以智曰："蹲循，即逡巡。"故夫子胥争之以残其形；

不争，名亦不成。诚有善无有哉？今俗之所为与其所乐，吾又未知乐之果乐邪？果不乐邪？吾观夫俗之所乐，举群趣者，誙誙亡耕反。奚侗曰："与论语'硁硁'同。"然如将不得已，而皆曰乐者，吾未之乐也，亦未之不乐也。果有乐无有哉？吾以无为诚乐矣，又俗之所大苦也。故曰："至乐无乐，至誉无誉。"天下是非果未可定也。虽然，无为可以定是非。至乐、活身，唯无为几存。请尝试言之。天无为，以之清；地无为，以之宁；老子曰："天得一以清，地得一以宁。"故两无为相合，万物皆化。刘文典曰，"'化'下当依陈碧虚阙误本补'生'字；与上'清''宁'为韵。"芒音荒。乎芴音忽。乎，而无从出乎！成玄英曰："寻其从出，莫知所由。"芴乎芒乎，而无有象乎！老子曰："无物之象，是谓惚恍。"万物职职，李颐曰："职职，繁殖貌。"皆从无为殖。故曰："天地无为也，而无不为也。"老子曰："道常无为而无不为。"人也，孰能得无为哉！林云铭曰："此段针线甚密，恐非庄叟作。"

庄子妻死，惠子吊之，庄子则方箕踞鼓盆而歌。陆德明曰："盆，谓瓦缶也。"惠子曰："与人居，长子，老身，死不哭，亦足矣；马其昶曰："老身、长子，见荀子。彼注云：'身已老矣，子已长矣。'"又鼓盆而歌，不亦甚乎！"庄子曰："不然。是其始死也，我独何能无概然！司马彪曰："概，感也。"察其始而本无生；非徒无生也，而本无形；非徒无形也，而本无气。杂乎芒芴之间，变而有气，气变而有形，形变而有生，今又变而之死，是相与为春秋冬夏四时行也。人且偃然寝于巨室，司马彪曰："以天地为室也。"而我噭噭古吊反。然随而哭之，自以为不通乎命，故止也。"吕惠卿曰："庄子所贵，孔子、孟孙才、颜氏，而制行则若子桑、子反、子琴张之徒，何也？盖人道之弊，天下沉于哀乐之邪，故救之为若此。"

支离叔与滑介叔观于冥伯之丘，李颐曰："支离，忘形；滑介，忘智。冥伯，丘名；喻杳冥也。"昆仑之虚，黄帝之所休。俄而柳生其左肘，郭嵩焘曰："'柳''瘤'一声之转。"其意蹷蹷然恶之。罗勉道曰："冥伯，死者之称。柳者，障柩之柳。檀弓：'周人墙置翣'，注：'墙，柳衣也。'二人观于墟墓之间，意想所致，有此不祥之征，故恶之。"支离叔曰："子恶之乎？"滑介叔曰："亡，予何恶！生者，假借也，假之而生；生者，尘垢也。宣颖曰："四大假合，暂凑集耳。"死生为昼夜。且吾与子观化，而化及我，我又何恶焉？"

庄子之楚，见空髑音独。髅，音楼。髐苦尧反。然有形；司马彪曰："髐，白骨貌。"撽苦吊反。以马捶，陆德明曰："'撽'，说文作'擎'，云：'旁击也。'马捶，马杖也。"因而问之曰："夫子贪生失理，而为此乎？将子有亡国之事，斧钺之诛，而为此乎？将子有不善之行，愧遗父母妻子之丑，而为此乎？将子有冻馁之患，而为此乎？将子之春秋，故及此乎？"于是语卒，援髑髅枕而卧。夜半，髑髅见梦曰："子之谈者，似辩士。诸子所言，奚侗曰："'诸''凡'同义。"皆生人之累也，死则无此矣。子欲闻死之说乎？"庄子曰："然。"髑髅曰："死，无君于上，无臣于下，亦无四时之事，从然以天地为春秋，阙误本作“泛然”。姚永朴曰：“‘从’‘纵’通用；‘从然’犹‘放然’。”虽南面王乐，不能过也。”庄子不信，曰：“吾使司命复生子形，为子骨肉肌肤，反子父母妻子、闾里知识，子欲之乎？”髑髅深矉蹙頞曰：李颐曰：“矉頞者，愁貌。”吴汝纶曰：“据李注，‘頞’字衍也；列御寇篇郭注引此文亦作‘矉蹙’。”“吾安能弃南面王乐，而复为人间之劳乎！”

颜渊东之齐，孔子有忧色。子贡下席而问曰：“小子敢问：回东之齐，夫子有忧色，何邪？”孔子曰：“善哉，女问！昔者管子有言，丘甚善之，曰：‘褚小者，不可以怀大；绠短者，不可以汲深。’郭庆藩曰：“玉篇：‘褚，装衣也。’说文系传：‘褚，衣之橐也。’集韵：‘囊也。’”成玄英曰：“此言出管子书。”穆按：此亦证本篇之晚出。夫若是者，以为命有所成，而形有所适也，夫不可损益。吾恐回与齐侯言尧、舜、黄帝之道，而重以燧人、神农之言。彼将内求于己而不得，不得则惑，人惑则死。林云铭曰：“世无惑言而死之人。拙笔拟庄，何不自量！”且女独不闻邪？昔者海鸟止于鲁郊，司马彪曰：“海鸟，国语曰‘爰居’也。‘止鲁东门之外三日，臧文仲使国人祭之。’”穆按：此引国语，亦本篇晚出之证。鲁侯御音讶。而觞之于庙，奏《九韶》以为乐，具太牢以为膳。鸟乃眩视忧悲，不敢食一脔，里转反。不敢饮一杯，三日而死。此以己养养鸟也，非以鸟养养鸟也。夫以鸟养养鸟者，宜栖之深林，游之坛陆，司马彪曰：“‘坛’作‘澶’，音‘但’，水沙澶也。”成玄英曰：“坛陆，湖渚也。”浮之江湖，食之鳝、鲦，音条。随行列而止，委蛇而处。此节又见达生篇。彼唯人言之恶闻，奚以夫譊譊为乎！《咸池》《九韶》之乐，张之洞庭之野，鸟闻之而飞，兽闻之而走，鱼闻之而下入，人卒闻之，相与还而观之。鱼处水而生，人处水而死，彼必相与异其好恶，故异也。王叔岷曰："此三字陈碧虚阙误引江南藏本作'好恶异'，与下文接。"故先圣不一其能，不同其事，名止于实，义设于适，刘咸炘曰："一名止该一实，不可概施于异实。凡义皆立于所适，不可概施于异事。"是之谓条达而福持。"吴汝纶曰："福，备也。持，养也。"穆按："福"当借作"辐"。老子曰："三十辐，共一毂。""福持"，犹言"辐凑"。由外言之曰"条达"，由中言之曰"辐持"。

列子行食于道从，司马彪曰："从，道旁也。"见百岁髑髅，攓居辇反。蓬而指之，司马彪曰："攓，拔也。"曰："唯予与女，知而未尝死，未尝生也。若果养乎？宣颖曰："养，心忧不定貌。诗：'中心养养。'"俞樾曰："'养'借为'恙'。"予果欢乎？"种有几，严复曰："'几'，当作'机'。"张湛列子注："机者，群有之始，动之所宗。"得水则为㡭；陆德明曰："此古'绝'字，司马本作'继'。"得水土之际，则为蛙蠙音宾。之衣；生于陵屯，则为陵舄；音昔。陆长庚曰："大地尘埃，浮游水上，牵如丝缕，其名为'㡭'。盖水苔欲生之先，多有此朕。其在水土相交之际，水得土气，渐凝渐厚，其色沉绿，名为'蛙蠙之衣'，是曰青苔。近土，生于陵屯，则为'陵舄'；车前草名也。"陵舄得郁栖，则为乌足。乌足之根为蛴音齐。螬，音曹。李颐曰："郁栖，粪壤也。"司马彪曰："乌足，草名。蠀蛴，蝎也。"王先谦曰："乌足系陵舄在粪壤所化，其根在粪土中，而出为蛴螬。”其叶为胡蝶。胡蝶胥也化而为虫，俞樾曰：“‘胥也’合下为句。列子释文：‘胥，少也。谓少时也。’”马其昶曰：“‘胥也’，犹‘俄焉’。”生于灶下，司马彪曰：“得热气而生也。”其状若脱，陶光引某氏伪书考，谓：“‘脱’假为‘蜕’。说文曰：‘蜕，蛇蝉所解皮也。’”其名为鸲其句反。掇。丁活反。陶光引某氏伪书考，谓：“‘鸲掇’疑即‘灶马’。酉阳杂俎：‘灶马状如促织，稍大；脚长，好穴灶旁。’”鸲掇千日为鸟，其名为乾音干。馀骨。乾馀骨之沫为斯弥；李颐曰：“沫，口中汁也。斯弥，虫也。”斯弥为食司马本作“蚀”。醯。许兮反。司马彪曰：“蚀醯，若酒上蠛蠓也。”颐辂音路。生乎食醯；黄軦音况。生乎九猷；卢文弨曰：“列子作‘九猷生乎瞀芮。’”瞀莫豆反。芮生乎腐蠸。音权。郭嵩焘曰：“‘颐辂’‘黄軦’数者，皆‘食醯’之类也。方言：‘蠀螬，自闽以东谓之蝤蠀，梁、益之间谓之蛒。’‘辂’，当为‘蛒’；‘猷’，当为‘蝤’。汉书：‘蜉蝣出乎阴’，皆群飞小虫也。郭注尔雅‘蠛蠓’云：‘小虫似蜹，喜乱飞。’‘芮’当为‘蜹’。荀子‘醯酸而蜹聚焉’是也。此言小虫自相化。”司马彪曰：“蠸，虫名也。尔雅云：‘一名守瓜。’”列子释文云：“谓瓜中黄甲虫也。”成玄英曰：“萤火虫。”羊奚比乎不箰息尹反。久竹生青宁；司马彪曰：“羊奚，草名，根似芜青，与久竹比合而为物，皆生于非类也。青宁，虫名。”王叔岷曰：“此节脱误甚多。陈碧虚阙误引张君房本，作‘斯弥为食醯，食醯生乎颐辂，颐辂生乎黄軦，黄軦生乎九猷，九猷生乎瞀芮，瞀芮生乎腐蠸，腐蠸生乎羊奚，羊奚比乎不箰久竹生青宁’。又列子天瑞篇‘瞀芮生乎腐蠸’下，更有‘羊肝化为地皋’云云，凡百三十五字；疑并钞袭庄子。”青宁生程；程生马；马生人；陈景元曰：“尸子云：‘越人呼豹曰程。’”搜神记：“秦孝公时有马生人。”罗勉道曰：“笔谈云：‘延州人至今谓虎豹为程。’”人又反入于机。万物皆出于机，皆入于机。郭象曰：“此言一气而万形，有变化而无死生也。”

达生外篇之十二。归有光曰："与养生主篇相发。"王夫之曰："此篇于诸外篇中，尤为深至。虽杂引博喻，而语脉自相贯通；且其文词沉邃，足达微言。虽或不出于庄子之手，要得庄子之真者所述也。"

达生之情者，不务生之所无以为；姚范曰："'生'读为'性'，淮南作'通性之情'。"达命之情者，不务知之所无奈何。郭象曰："生之所无以为，分外物也；知之所无奈何，命表事也。"王叔岷曰："弘明集正诬论引'知'作'命'，当从之。淮南诠言、泰族亦并作'命'。"养形必先之物，王叔岷曰："道藏成疏本'之'下有'以'字，当从之。"物有余而形不养者有之矣。叶梦得曰："声、色、臭、味是也。"有生必先无离形，形不离而生亡者有之矣。叶梦得曰："枯槁沉溺之过，而反以自瘠者也。"生之来，不能却；其去，不能止。悲夫！世之人以为养形足以存生，而养形果不足以存生，马其昶曰："礼郑注：'果，决也。'"则世奚足为哉！虽不足为，而不可不为者，其为不免矣。夫欲免为形者，莫如弃世。弃世则无累，无累则正平，正平则与彼更生，郭象曰："更生者，日新之谓也。付之日新，则性命尽矣。"更生则几矣。事奚足弃？而生奚足遗？叶梦得曰："必知事本无而不足弃，则无与役于外，而形不劳；必知生本不足遗，则无累于内，而精不亏。”弃事则形不劳，遗生则精不亏。夫形全精复，与天为一。天地者，万物之父母也。合则成体，散则成始。叶梦得曰：“‘合则成体’，易所谓‘精气为物’也。‘散则成始’，易所谓‘游魂为变’也。”严复曰：“斯宾塞谓天演翕以合质，辟以出力，即同此义。”形精不亏，是谓能移；郭象曰：“与化俱也。”精而又精，反以相天。陆长庚曰：“相天，犹中庸言赞化。”

子列子问关尹曰：“至人潜行不窒，陶光曰：“吕览尽数：‘鼻则为鼽为窒’。高注：‘窒，不通也。’潜行，谓水行。”蹈火不热，行乎万物之上而不栗。陆长庚曰：“乘云蹑虚，游宴自如。”请问何以至于此？”关尹曰：“是纯气之守也，非知巧果敢之列。音例。居，予语女！凡有貌象声色者，皆物也；物何以相远？夫奚足以至乎先？是色而已。奚侗曰：“当依江南古藏本作‘是形色而已’。”则物之造乎不形，而止乎无所化，陆长庚曰：“‘不形’，即所谓‘无声无臭’。‘无所化’，即所谓‘未始有物’。”夫得是而穷之者，物焉得而止焉！王敔曰：“不为物所阂止。”彼将处乎不淫之度，郭象曰：“止于所受之分。”而藏乎无端之纪，郭象曰：“冥然与变化日新。”游乎万物之所终始；郭象曰：“终始者，物之极。”穆按：万物之所终始，即日新之化也。壹其性，郭象曰：“饰则二矣。”养其气，郭象曰：“不以心使之。”合其德，郭象曰：“不以物离性。”王叔岷曰：“列子‘合’作‘含’。”老子：“含德之厚，比于赤子。”以通乎物之所造。成玄英曰：“物之所造，自然也。”夫若是者，其天守全，其神无郤，物奚自入焉！夫醉者之坠车，虽疾不死。骨节与人同，而犯害与人异，其神全也。乘亦不知也，坠亦不知也，死生惊惧不入乎其胸中，是故遻音悟。物而不慴。之涉反。陆德明曰："遻，忤也。慴，惧也。"彼得全于酒，而犹若是，而况得全于天乎！圣人藏于天，故莫之能伤也。郭象曰："不窥性分之外，故曰'藏'。"复雠者不折镆、干；王先谦曰："镆邪、干将。"严复曰："镆、干非主杀者。"虽有忮心者，不怨飘瓦；李颐曰："飘，落也。"是以天下平均。故无攻战之乱，无杀戮之刑者，由此道也。不开人之天，而开天之天。郭象曰："开天者，性之动；开人者，知之用。"开天者德生，开人者贼生。不厌其天，不忽于人，民几乎以其真。"

仲尼适楚，出于林中，见痀于禹反。偻者承蜩，犹掇之也。王念孙曰："'痀'与'伛'同。'承'与'拯'同。易虞注：'拯，取也。'"李治曰："内则数庶羞，有'蜩'。荀子'耀蜩'，杨倞注云：'南人照蝉，取而食之。'"仲尼曰："子巧乎？有道邪？"曰："我有道也。五六月累丸二而不坠，则失者锱铢；郭象曰："累二丸于竿头，是用手之停审也。"累三而不坠，则失者十一；累五而不坠，犹掇之也。陆长庚曰："以竿粘蝉者，最忌手颤。竿头摇动，则物惊而走。"吾处身也，若厥株拘；郭嵩焘曰："列子作'若橛株驹'。注云：'株驹，断木也。'山海经：'建木下有九枸'郭璞注：'枸，根盘错也。'说文：'株，木根也。'徐铉曰：'在土上曰株。'株枸者，近根盘错处。厥者，断木为杙也。"严复曰："'厥'，说文作'氒'；木本也。又木下曰'本'，'本'亦曰'氒'。氒者，言其劈然大也。古多用‘橛’‘弋’字为之。”吾执臂也，若槁木之枝。虽天地之大，万物之多，而唯蜩翼之知。吾不反不侧，不以万物易蜩之翼，何为而不得！”郭象曰：“遗彼故得此。”孔子顾谓弟子曰：“用志不分，乃凝于神，林希逸曰：“‘凝’当作‘疑’。后‘削鐻’章可照。”苏轼曰：“蜀本作‘疑’。”王叔岷曰：“‘疑’，犹‘拟’也。天地篇：‘博学以拟圣’，淮南俶真作‘疑’。”其痀偻丈人之谓乎！”

颜渊问仲尼曰：“吾尝济乎觞深之渊，津人操舟若神。吾问焉，曰：‘操舟可学邪？’曰：‘可。善游者数能。严复曰：“‘数’，读若‘数罟’。数能，犹速成也。”若乃夫没人，则未尝见舟而便操之也。’郭象曰：“没人，谓能骛没于水底。”吾问焉而不吾告，敢问何谓也？”仲尼曰：“善游者数能，忘水也；若乃夫没人之未尝见舟而便操之也，彼视渊若陵，视舟之覆，犹其车却也。覆却万方陈乎前，宣颖曰：“方，犹端也。”奚侗曰：“易恒卦王注：‘方，犹道也。’”而不得入其舍，宣颖曰：“心者，神之舍。”恶往而不暇！以瓦注者巧，成玄英曰：“注，射也。用瓦器贱物而戏赌射者，心无矜惜，故巧而中。”以钩注者惮，成玄英曰：“带钩稍贵。”以黄金注者殙。音昏。陆德明曰：“说文：‘殙，瞀也。’”其巧一也，而有所矜，则重外也。凡外重者内拙。”郭象曰：“夫欲养生全内者，其唯无所矜重也。”

田开之见周威公。崔譔曰：“周威公灶。”俞樾曰：“史记西周桓公之子威公，名不传；崔本可补史阙。”威公曰：“吾闻祝肾学生。司马彪曰：“学养生之道也。”吾子与祝肾游，亦何闻焉？”

田开之曰：“开之操拔篲似岁反。以侍门庭，成玄英曰：“拔篲，扫帚也。”严复曰：“‘拔’通‘茇’。”亦何闻于夫子！”威公曰：“田子无让，寡人愿闻之。”开之曰：“闻之夫子曰：‘善养生者，若牧羊然，视其后者而鞭之。’”郭象曰：“鞭其后者，去其不及也。”威公曰：“何谓也？”田开之曰：“鲁有单音善。豹者，岩居而水饮，马叙伦曰：“淮南人间训‘水’作‘谷’，是。”不与民共利，行年七十，而犹有婴儿之色；不幸遇饿虎，饿虎杀而食之。有张毅者，高门县音玄。薄，无不走也；成玄英曰：“县薄，垂帘也。”吴汝纶曰：“吕览、淮南皆言‘张毅好恭’。走，趋也。过之必趋，以为恭也。”行年四十，而有内热之病以死。豹养其内，而虎食其外；毅养其外；而病攻其内。此二子者，皆不鞭其后者也。”仲尼曰：“无入而藏，无出而阳，柴立其中央。严复曰：“柴立中央，亦未遂得。颇疑‘柴立’上敓一‘无’字。”三者若得，其名必极。夫畏涂者，十杀一人，则父子兄弟相戒也，必盛卒徒而后敢出焉，不亦知乎！人之所取畏者，衽席之上、饮食之间，马其昶曰：“‘取’，读为‘最’。江南古藏本正作‘最’。”而不知为之戒者，过也。”

祝宗人玄端以临牢筴，林希逸曰：“玄端，冠也。”李颐曰：“牢，豕室；筴，木栏也。”说彘曰：“汝奚恶死？吾将三月豢音患。汝，司马彪曰：“豢，养也。”十日戒，三日斋，藉白茅，加汝肩尻乎雕俎之上，则汝为之乎？”为彘谋，曰：“不如食以糠糟，而错之牢筴之中。”自为谋，则苟生有轩冕之尊，死得于腞直转反。楯食准反。之上、聚偻之中，则为之。王念孙曰：

“‘脉’读为‘轮’，‘楯’读为‘輴’，皆柩车也。聚偻，柩车饰也。众饰所聚，故曰聚；其形中高而四下，故言偻也。”为彘谋则去之，自为谋则取之，所异彘者何也？

桓公田于泽，管仲御，见鬼焉。公抚管仲之手，曰：“仲父何见？”对曰：“臣无所见。”公反，诶呼该反。诒音台。为病，李颐曰：“诶诒，失魂魄也。”数日不出。齐士有皇子告敖者，俞樾曰：“广韵：‘皇子，复姓。’”曰：“公则自伤，鬼恶能伤公！夫忿滀敕六反。之气，李颐曰：“忿，满也。滀，结聚也。”散而不反，则为不足；上而不下，则使人善怒；下而不上，则使人善忘；不上不下，中身当心，则为病。”桓公曰：“然则有鬼乎？”曰：“有。沉有履，司马彪曰：“沉，水污泥也。”俞樾曰：“‘沉’借为‘煁’。诗传：‘煁，灶也。’煁有履，灶有髻，同类。”灶有髻。司马彪曰：“髻，灶神。”户内之烦壤，章炳麟曰：“‘烦壤’，即‘烦孃’。说文：‘孃，烦扰也。’谓户内烦扰处。”林云铭曰：“烦壤，粪扫除积。”穆按：烦壤，即粪壤也。雷霆处之；东北方之下者，倍音裴。阿、鲑户娲反。蠪音聋。跃之；王敔曰：“‘鲑’当音‘畦’。门室精谓之‘傒龙’。”西北方之下者，则泆音逸。阳处之。水有罔象；丘有峷；所巾反。山有夔；野有彷徨；泽有委蛇。”公曰：“请问委蛇之状何如？”皇子曰：“委蛇，其大如毂，其长如辕，紫衣而朱冠。其为物也，恶；吴汝纶曰：“‘恶’字属上读。物，犹状也。”闻雷车之声，则捧其首而立。见之者，殆乎霸。”桓公辴敕引反。然而笑曰：“此寡人之所见者也。”于是正衣冠与之坐，不终日而不知病之去也。

纪渻所景反。子为王养斗鸡。俞樾曰："列子作'纪渻子为周宣王养斗鸡。'"王叔岷曰："白帖引司马彪云：'齐宣王。'"十日而问："鸡已乎？"马其昶曰："广雅：'已，成也。'"褚伯秀曰："当从列子作'可斗已乎'，此脱二字。"曰："未也。方虚憍而恃气。"李颐曰："憍，高也。"十日又问。曰："未也。犹应向本亦作"响"。景。"李颐曰："应响鸣，顾景行。"十日又问。曰："未也。犹疾视而盛气。"张湛曰："常求敌而必己之胜。"十日又问。曰："几矣。鸡虽有鸣者，已无变矣。张湛曰："彼命敌而我不应，忘胜负矣。"望之似木鸡矣，其德全矣，异鸡无敢应者，反走矣。"张居正曰："此养德之喻也。英雄豪杰之从事于学，若纪渻子养鸡，则几矣。"

孔子观于吕梁，张湛曰："吕梁，在今彭城郡。"县水三十仞，流沫四十里，鼋鼍鱼鳖之所不能游也。见一丈夫游之，以为有苦而欲死也，使弟子并流而拯之。数百步而出，被发行歌，而游于塘下。孔子从而问焉，曰："吾以子为鬼，察子则人也。请问蹈水有道乎？"曰："亡，吾无道。吾始乎故，长乎性，成乎命。与齐俱入，段玉裁曰："司马云：'回水如磨齐也。'皆'脐'字引伸假借之义。"与汩胡忽反。偕出，郭象曰："磨翁而旋入者，齐也；回伏而涌出者，汩也。"从水之道，而不为私焉。此吾所以蹈之也。"孔子曰："何谓始乎故，长乎性，成乎命？"曰："吾生于陵而安于陵，故也；长于水而安于水，性也；王敔曰："安于水，亦犹安于陵。孟子曰：'天下之言性，则故而已矣。'" 不知吾所以然而然，命也。" 郭象曰："人有偏能，得其所能而任之，则天下无难矣。用夫无难以涉乎生生之道，何往而不通也！"

梓庆削木为鐻，音据。李颐曰："鲁大匠也。梓，官名；庆，其名也。"俞樾曰："左襄四年传'匠庆'，即此人。"司马彪曰："鐻，乐器也，似夹钟。"严复曰："'鐻'通'簴'。"鐻成，见者惊犹鬼神。郭象曰："不似人所作也。"鲁侯见而问焉，曰："子何术以为焉？"对曰："臣工人，何术之有！虽然，有一焉。臣将为鐻，未尝敢以耗气也，必齐以静心。齐三日，而不敢怀庆赏爵禄；齐五日，不敢怀非誉巧拙；齐七日，辄然忘吾有四枝形体也。陆德明曰："辄然，不动貌。"王念孙曰："'辄'与'𨋩'声近义同。广雅：'𨋩，静也。''𨋩'，犹'怗'也，语有轻重耳。"当是时也，无公朝，郭象曰："视公朝若无，则跂慕之心绝矣。"其巧专而外骨本亦作"滑"。消；成玄英曰："滑，乱也。"然后入山林，观天性；宣颖曰："察木之生质。"形躯至矣，然后成见贤遍反。鐻，宣颖曰："言恍乎一成鐻在目。"马叙伦曰："五字涉上文而衍。"然后加手焉。不然，则已。郭象曰："必取材中者也。"则以天合天，郭象曰："不离其自然也。"器之所以疑神者，其是与！"阙误本"其"下有"由"字。

东野稷以御见庄公，李颐曰："东野，姓；稷，名。"司马彪曰："孙卿作'东野毕'。"陆德明曰："或云颜阖傅卫灵公太子，则不与鲁庄同时，当是卫庄公。"王先谦曰："荀子哀公篇作'定公'。"进退中绳，左右旋中规。庄公以为文弗过也，司马彪曰："谓过织组之文也。”褚伯秀曰：“诗：‘执辔如组。’”钱大昕曰：“吕览作‘造父不过’。‘文’当是‘父’之误。”使之钩百而反。司马彪曰：“稷自矜其能，圆而驱之，如钩复迹，百反而不知止。”王敔曰：“‘百’‘陌’通。钩陌者，钩旋于陌上也。”颜阖遇之，王先谦曰：“哀公篇作‘颜渊’，则鲁定公是也。”入见曰：“稷之马将败。”公密而不应。王敔曰：“密，默也。”少焉，果败而反。公曰：“子何以知之？”曰：“其马力竭矣，而犹求焉，故曰败。”

工倕旋而盖规矩，宣颖曰：“盖，犹过也，谓掩过之。”奚侗曰：“‘盖’，假作‘盍’。尔雅：‘盍，合也。’”吕惠卿曰：“任指之旋，与规矩合而不露。”指与物化，而不以心稽，成玄英曰：“心不稽留。”故其灵台一而不桎。郭象曰：“灵台，心也。”陆德明曰：“谓心有灵智，能住持也。”司马彪曰：“桎，阂也。”忘足，屦之适也；忘要，带之适也；知忘是非，心之适也；不内变，不外从，事会之适也。始乎适，而未尝不适者，忘适之适也。

有孙休者，踵门而诧子扁庆子曰：司马彪曰：“踵，至也。诧，告也。”李颐曰：“扁，姓；庆子，字。”“休居乡不见谓不修，临难不见谓不勇，然而田原不遇岁，事君不遇世，宾于乡里，旧注：“‘宾’，同‘摈’。”逐于州部，则胡罪乎天哉？休恶遇此命也？”扁子曰：“子独不闻夫至人之自行邪？忘其肝胆，遗其耳目，郭象曰：“暗付自然也。”芒然彷徨乎尘垢之外，逍遥乎无事之业，是谓‘为而不恃，长而不宰’。语出老子。今汝饰知以惊愚，修身以明污，昭昭乎若揭日月而行也。三语又见山木篇。汝得全而形躯，具而九窍，无中道夭于聋盲跛蹇，而比于人数，亦幸矣；又何暇乎天之怨哉？子往矣！”孙子出，扁子入坐有闲，仰天而叹。弟子问曰：“先生何为叹乎？”扁子曰：“向者休来，吾告之以至人之德，吾恐其惊而遂至于惑也。”弟子曰：“不然。孙子之所言是邪？先生之所言非邪？非固不能惑是。孙子所言非邪？先生所言是邪？彼固惑而来矣，又奚罪焉？”扁子曰：“不然。昔者有鸟止于鲁郊，鲁君说之，为具太牢以飨之，奏《九韶》以乐之。鸟乃始忧悲眩视，不敢饮食。此之谓以己养养鸟也。若夫以鸟养养鸟者，宜栖之深林，浮之江湖，食之以委蛇，司马彪曰：“委蛇，泥鳝。”姚鼐曰：“语同至乐篇‘颜渊东之齐’章。义较浅于彼，文亦有误。”俞樾曰：“此文亦当云‘食之以鳝、鲦，委蛇而处’，方与下文‘则平陆而已矣’文义相属。”则平陆而已矣。今休，款启寡闻之民也，李颐曰：“款，空也。启，开也。如空之开，所见小也。”吾告以至人之德，譬之若载鼷以车马，乐鴳音晏。以钟鼓也。彼又恶能无惊乎哉！”

山木

外篇之十三。王夫之曰："本人间世之旨，而杂引以明之。"苏舆曰："此亦庄徒所记。"

庄子行于山中，见大木，枝叶盛茂，伐木者止其旁而不取也。问其故。曰："无所可用。"庄子曰："此木以不材得终其天年夫！"吴汝纶曰："'夫'字属上句。"王叔岷曰："'子'字后人妄加。"子出于山，舍于故人之家。故人喜，命竖子杀雁而烹之。王念孙曰："吕览必己篇作'杀雁飨之'。据此，'烹'当作'亨'，即'飨'也。释文误读为'烹'，故音'普彭反'。若本作'烹'，则无须音注矣。"王引之曰："说文：'雁，鹅也。'"竖子请曰："其一能鸣，其一不能鸣，请奚杀？"主人曰："杀不能鸣者。"明日，弟子问于庄子曰："昨日山中之木，以不材得终其天年；今主人之雁，以不材死。先生将何处？"庄子笑曰："周将处夫材与不材之间。似之而非也，故未免乎累。马其昶曰："似之而非，谓物之不材，非若有道德者之自晦也。"若夫乘道德而浮游，则不然。无誉无訾，一龙一蛇，与时俱化，而无肯专为；一上一下，姚鼐曰："'上''下'字互易。"以和为量，浮游乎万物之祖；宣颖曰："未始有物之先。"

物物而不物于物，王雱曰："与荀子'精于道者物物'之言相合。"则胡可得而累邪！此神农、黄帝之法则也。颜之推曰："庄、老之书，盖全真养性，不肯以物累己也。"若夫万物之情、人伦之传，则不然。王敔曰："传，变也。"合则离，成则毁，廉则挫，尊则议，有为则亏，贤则谋，不肖则欺，胡可得而必乎哉！刘辰翁曰："'离''毁'云云，皆人情不相乐也。贤则人忌而谋之；不肖则欺之。"俞樾曰："'议'读为'俄'，诗宾之初筵笺：'俄，倾貌。'谓崇高必倾侧。"王叔岷曰："'议''亏'二字疑当互错。吕氏必己：'尊则亏。'淮南说林：'有为则议。'是其证。"悲夫！弟子志之，其唯道德之乡乎！"郭象曰："不可必，故待之不可以一方也。惟与时俱化者，为能涉变而常通。"

市南宜僚见鲁侯，李颐曰："姓熊，名宜僚。"陆德明曰："左传：'市南有熊宜僚'，楚人也。"鲁侯有忧色。市南子曰："君有忧色，何也？"鲁侯曰："吾学先王之道，修先君之业，吾敬鬼尊贤，亲而行之，无须臾离居；俞樾曰："释文崔本无'离'字，是也。吕览慎人篇：'胼胝不居'，高注训'居'为'止'。无须臾居，即无须臾止也。"然不免于患，吾是以忧。"市南子曰："君之除患之术浅矣！夫丰狐文豹，栖于山林，伏于岩穴，静也；夜行昼居，戒也；虽饥渴隐约，犹且胥疏于江湖之上而求食焉，定也。奚侗曰："当作'疏踈'，谓远迹也。后人不知'胥'为'疏'之假字，又误'踈'为'疏'，而改为'疏'。"刘师培曰："李颐曰：'相望疏草。'敦煌唐写本'疏'下有'草'字，与李注合。"然且不免于罔罗机辟之患，是何罪之有哉？其皮为之灾也。

今鲁国独非君之皮邪？吾愿君刳音枯。形去皮，洒心去欲，而游于无人之野。南越有邑焉，名为建德之国。其民愚而朴，少私而寡欲；知作而不知藏，与而不求其报；不知义之所适，不知礼之所将；猖狂妄行，乃蹈乎大方；方宗诚曰："此盖亦窃取孔子'从心所欲不逾矩'之意。"其生可乐，其死可葬。郭象曰："言可终始处之。"吾愿君去国捐俗，与道相辅而行。"郭象曰："去国捐俗，谓荡除其胸中也。"君曰："彼其道，远而险，又有江山，我无舟车，奈何？"市南子曰："君无形倨，无留居，以为君车。"郭象曰："形倨，踬碍之谓。留居，滞守之谓。形与物夷，心与物化，斯寄物以自载也。"君曰："彼其道，幽远而无人，吾谁与为邻？吾无粮，我无食，安得而至焉？"市南子曰："少君之费，寡君之欲，虽无粮而乃足。君其涉于江而浮于海，望之而不见其崖，愈往而不知其所穷。郭象曰："绝情欲之远也。"送君者皆自崖而反，君自此远矣！郭象曰："超然独立于万物之上也。"故有人者累，见有于人者忧。故尧非有人，非见有于人也。宣颖曰："'非有人'，有天下而不与；'非见有于人'，忘帝力于何有。"吾愿去君之累，除君之忧，而独与道游于大莫之国。郭象曰："欲令荡然无有国之怀。"方舟而济于河，司马彪曰："方，并也。"有虚船来触舟，虽有惼心之人不怒；陆德明曰："尔雅：'惼，急也。'"有一人在其上，则呼张歙许及反。之；陆德明曰："张，开也；歙，敛也。"吴汝纶曰："淮南诠言注：'持舟楫者谓近岸为歙，远岸为张。'"马叙伦曰："当依书钞引作'一呼张之，一呼歙之'。此谓甲舟呼乙舟张，乙舟呼甲舟歙也。”一呼而不闻，再呼而不闻，于是三呼邪，则必以恶声随之。向也不怒而今也怒，向也虚而今也实。人能虚己以游世，其孰能害之！”

北宫奢为卫灵公赋敛以为钟，李颐曰：“卫大夫，居北宫，因以为号。奢，其名也。”郭嵩焘曰：“犹左传‘遂赋晋国一鼓铁，以铸刑鼎’。”为坛乎郭门之外，三月而成上下之县。褚伯秀曰：“设架县钟，上下各六，所谓‘编钟’也。”王子庆忌见而问焉，李颐曰：“王族也。庆忌，周大夫也。”俞越曰：“疑周王子仕卫，与王孙贾同。”曰：“子何术之设？”奢曰：“一之间，无敢设也。吕惠卿曰：“有术设其间，则非所谓‘一’也。”严复曰：“术诚有之，而道不敢畔，故曰‘一之间，无敢设’。设，备也。”奢闻之：‘既雕既琢，复归于朴。’侗乎其无识，傥乎其怠疑；郭象曰：“无所趣也。”王念孙曰：“‘怠疑’，与‘佁儗’义近。说文：‘佁，痴貌。’汉书注：‘佁儗，不前也。’”萃乎芒乎，奚侗曰：“‘萃’乃‘茐’之借字。”其送往而迎来；来者勿禁，往者勿止；从其强梁，王先谦曰：“‘从’读曰‘纵’；不愿者听之。”随其曲傅，司马彪曰：“曲附己者随之。”王敔曰：“曲傅，诡诈相师者，皆工于逋赋之人。”因其自穷。郭嵩焘曰：“名为赋敛，而听民之自致。”马其昶曰：“穷，尽也。”故朝夕赋敛，而毫毛不挫，而况有大涂者乎！”宣颖曰：“赋敛且然，况有大道，其顺从可知。”

孔子围于陈、蔡之间，七日不火食。语见天运。大公任往吊之，俞樾曰：“广韵：‘大公，复姓。’”曰：“子几死乎？”曰：“然。”“子恶死乎？”曰：“然。”任曰：“予尝言不死之道。东海有鸟焉，名曰意怠。陆长庚曰：“即鷾鸸。”其为鸟也，翂翂音纷。翐翐，音秩。而似无能；李颐曰：“翂翐，羽翼声。”司马彪曰：“翂翂翐翐，舒迟貌。”引援而飞，迫胁而栖；进不敢为前，退不敢为后；食不敢先尝，必取其绪。王念孙曰：“绪，余也。”是故其行列不斥而外，穆按：“而外”属上为句，谓在行列，不见斥散而相远外也。人卒不得害，是以免于患。直木先伐，甘井先竭。子其意者饰知以惊愚，修身以明污，昭昭乎如揭日月而行，三语见达生篇。故不免也。昔吾闻之大成之人曰：‘自伐者无功，语见老子。功成者堕，许规反。名成者亏。’孰能去功与名，而还与众人！奚侗曰：“当依管子白心，作‘孰能去名与功，而还与众人同’。”道流而不明居，得行而不名处；吕惠卿曰：“‘明居’连读。得，即德。”奚侗曰：“‘名’与‘明’同；谓道德流行，而不显然处之。”纯纯常常，乃比于狂；削迹捐势，不为功名。是故无责于人，人亦无责焉。至人不闻，王先谦曰：“语见秋水篇；‘至’作‘道’。”子何喜哉？”宣颖曰：“何喜于自见以招祸。”孔子曰：“善哉！”辞其交游，去其弟子，逃于大泽；衣裘褐，食杼食汝反。栗；入兽不乱群，入鸟不乱行。鸟兽不恶，而况人乎！

孔子问子桑雽音户。曰：李颐曰：“桑，姓；雽，其名。”俞樾曰：“疑即大宗师之‘子桑户’。”“吾再逐于鲁，伐树于宋，削迹于卫，穷于商、周，围于陈、蔡之间。语又见天运。吾犯此数患，亲交益疏，徒友益散，何与？”子桑雽曰：“子独不闻假人之亡与？李颐曰：“假，国名。”林回弃千金之璧，负赤子而趋。司马彪曰："林回，殷之逃民姓名。"吴汝纶曰："据司马注，则'假'当为'殷'字之误也。"或曰：'为其布与？陆德明曰："布，谓货财。"武延绪曰："布，施也。"赤子之布寡矣；为其累与？赤子之累多矣。弃千金之璧，负赤子而趋，何也？'林回曰：'彼以利合，此以天属也。'夫以利合者，迫穷祸患害相弃也；以天属者，迫穷祸患害相收也。夫相收之与相弃，亦远矣。且君子之交淡若水，小人之交甘若醴；君子淡以亲，小人甘以绝。彼无故以合者，则无故以离。"孔子曰："敬闻命矣。"徐行翔佯而归，绝学捐书，弟子无挹于前，宣颖曰："无可挹取。"其爱益加进。异日，桑雽又曰："舜之将死，真泠禹曰：方苞曰："'真泠'，当为'遗令'之讹。"王引之曰："'真'，司马本作'直'；'直'当为'卤'，籀文'乃'字，形似讹。'直'又讹作'真'。'真泠禹'，当为'乃命禹'也。"'汝戒之哉！形莫若缘，情莫若率。缘则不离，率则不劳；成玄英曰："缘，顺也。形必顺物，情必率中。"不离不劳，则不求文以待形；郭象曰："任朴而直前也。"不求文以待形，固不待物。'"

庄子衣大布而补之，正緳贤节反。系履而过魏王。司马彪曰："緳，带也。魏王，惠王也。"郭嵩焘曰："说文：'絜，麻一耑也。'与'緳'通。履无絇，整齐麻之一端以系之，故曰'惫'。"魏王曰："何先生之惫邪？"庄子曰："贫也，非惫也。士有道德不能行，惫也；衣敝履穿，贫也，非惫也。此所谓非遭时也。王独不见夫腾猿乎？其得楠、梓、豫章也，揽蔓其枝，而王往况反。长丁亮反。其间，林希逸曰："王长，言其志盛意得。”虽羿、逢蒙不能眄睨也。及其得柘、棘、枳、枸之间也，危行侧视，振动悼栗。此筋骨非有加急而不柔也，处势不便，王念孙曰：“古者谓所居之地曰‘处势’，或曰‘势居’。”未足以逞其能也。今处昏上乱相之间，而欲无惫，奚可得邪？此比干之见剖心征也夫！”宣颖曰：“比干受害，其已验也。”吴汝纶曰：“‘剖’字盖衍。释文出‘见心’二字。”梅曾亮曰：“庄周、屈原、司马迁，皆不得志于时者之所为也，皆怨悱之书也；然而庄周之怨悱也隐矣。”林云铭曰：“袭原宪贫惫之论，套谈。”

孔子穷于陈、蔡之间，七日不火食，左据槁木，右击槁枝，而歌猋必遥反。氏之风。陆德明曰：“猋氏，古之无为帝王也。”王先谦曰：“‘猋氏’即‘焱氏’，已见天运篇。”有其具而无其数，林希逸曰：“无其数，无节奏也。”有其声而无宫角，宣颖曰：“有歌声而无音律。”木声与人声，犁然有当于人之心。焦竑曰：“犁然，如犁田者，其土释然也。”奚侗曰：“犂，比也。言木声人声相比次。”颜回端拱还目而窥之。仲尼恐其广己而造大也，爱己而造哀也，马其昶曰：“达则自放，拘则自苦，皆已为累也。‘歌者其谁乎？’言无我相也。”曰：“回！无受天损易，郭象曰：“唯安之故易。”无受人益难。郭象曰：“物之傥来，不可禁御。”无始而非卒也，郭象曰：“于今为始者，于昨为卒。言变化之无穷。”人与天一也。郭象曰：“皆自然。”夫今之歌者其谁乎？”回曰：“敢问无受天损易。”仲尼曰：“饥渴寒暑，穷桎不行，天地之行也，运物之泄也，“运物”，陈碧虚阙误引江南古藏本作“运化”。章炳麟曰：“‘运’借为‘员’。‘员物’，犹言‘品物’。”司马彪曰：“泄，发也。”郭象曰：“不可逃也。”奚侗曰：“言天地运物，息息迁谢，不暂止也。”言与之偕逝之谓也。郭象曰：“所谓不识不知，而顺帝之则也。”为人臣者，不敢去之。宣颖曰：“臣受君命，理不敢逃。”执臣之道犹若是，而况乎所以待天乎！”“何谓无受人益难？”仲尼曰：“始用四达，王敔曰：“一试用而即通显。”爵禄并至而不穷，物之所利，乃非己也，吾命有在外者也。穆按：必彼自见有利，故加名位于我，非于我诚有利也。是我有命，制之在外也。此命指穷通言。君子不为盗，贤人不为窃。吾若取之，何哉？马其昶曰：“此即孟子‘求在外’之旨。凡取外物之利以为己益者，皆盗窃之行也。”故曰：鸟莫知于鷾音意。鸸，音而。陆德明曰：“或云：‘鷾鸸，燕也。’”目之所不宜处，不给视，虽落其实，弃之而走。严复曰：“色斯举矣。”马其昶曰：“此言鸟之畏人，但觉不宜，不待再视，已弃实而走也。”其畏人也，而袭诸人间，社稷存焉尔。”宣颖曰：“袭，入也。入巢人室，托居在此耳；非有所贪也。”郭嵩焘曰：“有土而因有社，有田而因有稷。鸟亦有其居，鸟亦有其养。”“何谓无始而非卒？”仲尼曰：“化其万物，而不知其禅之者，焉知其所终？焉知其所始？正而待之而已耳。”胡远浚曰：“此即孟子‘夭寿不贰，修身以俟，所以立命’之旨。”“何谓人与天一邪？”仲尼曰：“有人，天也；有天，亦天也。宣颖曰：“人与天，皆天为之。”人之不能有天，性也。穆按：人所不能有之天，则为性分所限也。圣人晏然体逝而终矣。”郭象曰：“晏然无矜，而体与变俱也。”马其昶曰：“圣人体逝，纯亦不已也。”

庄周游乎雕陵之樊，睹一异鹊，自南方来者，翼广七尺，目大运寸，王念孙曰："广为横，运为从。运寸，犹径寸。国语注：'东西为广，南北为运。'"感周之颡，而集于栗林。李颐曰："感，触也。"庄周曰："此何鸟哉？翼殷不逝，司马彪曰："殷，大也。"王敔曰："不逝，不远飞。"目大不睹。"蹇裳躩驱碧反。步，执弹而留之。司马彪曰："躩，疾行也。留，宿留伺其便也。"王念孙曰："'蹇'与'搴'通。"睹一蝉，方得美荫而忘其身；螳螂执翳而搏之，王先谦曰："据叶自翳。"见得而忘其形；异鹊从而利之，见利而忘其真。司马彪曰："真，身也。"庄周怵然曰："噫！物固相累，郭象曰："相为利者，恒相为累。"二类相召也。"捐弹而反走，虞人逐而谇之。郭象曰："谇，问之也。"司马彪曰："以周为盗栗也。"庄周反入，三日不庭。王念孙曰："释文：'"三月"，一本作"三日"。'下文言'顷间'，则'三日'是也。'庭'当读为'逞'。不逞，不快也。"吴汝纶曰："'庭'，读为'廷'，平也。"蔺且从而问之：司马彪曰："蔺且，庄子弟子。""夫子何为顷间甚不庭乎？"庄周曰："吾守形而忘身，观于浊水，而迷于清渊。且吾闻诸夫子曰：成玄英曰："夫子为老聃。"穆按：庄周未尝师老聃，此亦或晚出之证也。'入其俗，从其俗。'今吾游于雕陵而忘吾身，异鹊感吾颡，游于栗林而忘真，栗林虞人以吾为戮，吾所以不庭也。"郭象曰："以见问为戮。"

阳子之宋，司马彪曰："阳子，阳朱也。"王先谦曰："此据寓言篇引列子。"宿于逆旅。逆旅人有妾二人，其一人美，其一人恶，恶者贵而美者贱。阳子问其故，逆旅小子对曰："其美者自美，吾不知其美也；其恶者自恶，吾不知其恶也。"

阳子曰：“弟子记之！行贤而去自贤之行，奚侗曰：“‘行’，韩子说林作‘心’。”安往而不爱哉！”张湛曰：“骄盈矜伐，人神之所不与；虚己循理，天下之所乐推。以此而往，孰能距之！”

田子方

外篇之十四。陆长庚曰：“与内篇大宗师参看。”姚鼐曰：“与德充符同旨。”

田子方侍坐于魏文侯，李颐曰：“田子方，魏文侯师，名无择。”韩愈曰：“子夏之学，其后有田子方；子方之后，流而为庄周。故周之书喜称子方之为人。”数称谿工。文侯曰：“谿工，子之师邪？”子方曰：“非也，无择之里人也。称道数当，故无择称之。”文侯曰：“然则子无师邪？”子方曰：“有。”曰：“子之师谁邪？”子方曰：“东郭顺子。”文侯曰：“然则夫子何故未尝称之？”子方曰：“其为人也真，人貌而天虚，俞樾曰：“淮南注：‘虚，心也。’‘人貌’‘天虚’，相对成义。”缘而葆真，成玄英曰：“缘，顺也。”清而容物。物无道，正容以悟之，使人之意也消。无择何足以称之！”子方出，文侯傥然，终日不言，召前立臣而语之曰：“远矣，全德之君子！始吾以圣知之言、仁义之行为至矣；吾闻子方之师，吾形解而不欲动，口钳而不欲言。吾所学者，直土梗耳！夫魏，直为我累耳！”

温伯雪子适齐，舍于鲁。李颐曰：“温伯雪子，南国贤人。”俞樾曰：“广韵：‘温伯，复姓。’”鲁人有请见之者，温伯雪子曰：

“不可。吾闻中国之君子，明乎礼义，而陋于知人心，吾不欲见也。”至于齐，反舍于鲁；是人也，又请见。温伯雪子曰：“往也蕲见我，今也又蕲见我，是必有以振我也。”王先谦曰：“‘振我’，犹言‘起予’。”出而见客，入而叹。明日见客，又入而叹。其仆曰：“每见之客也，苏舆曰：“‘之’，犹‘是’。”必入而叹，何邪？”曰：“吾固告子矣：‘中国之民，明乎礼义，而陋乎知人心。’昔之见我者，进退一成规，一成矩；从容一若龙，一若虎；郭象曰：“槃辟其步，逶蛇其迹。”其谏我也似子，其道我也似父。是以叹也。”仲尼见之而不言。子路曰：“吾子欲见温伯雪子，久矣，见之而不言，何邪？”仲尼曰：“若夫人者，目击而道存矣，方以智曰：“‘击’，同‘及’。”郭象曰：“目往意已达。”亦不可以容声矣。”

颜渊问于仲尼曰：“夫子步亦步，夫子趋亦趋，夫子驰亦驰，夫子奔逸绝尘，而回瞠户郎反。若乎后矣。”陆德明曰：“字林：‘瞠，直视貌。’”夫子曰：“回，何谓邪？”曰：“夫子步亦步也，夫子言亦言也；夫子趋亦趋也，夫子辩亦辩也；夫子驰亦驰也，夫子言道，回亦言道也；及奔逸绝尘，而回瞠若乎后者，夫子不言而信，不比而周，无器而民滔乎前，陆长庚曰：“无名与位，而民自归之。”章炳麟曰：“‘滔’借为‘舀’。说文：‘舀，抒臼也。抒，挹也。’山木篇：‘弟子无挹于前。’‘舀乎前’，即挹于前也。‘无器而民舀乎前’，与上说‘不言而信，不比而周’同意。”而不知所以然而已矣。”仲尼曰：“恶！可不察与！夫哀莫大于心死，章炳麟曰：“心体常在，本无灭期；

而心相波流，可得变坏。知见漂失，不可守司；聪明复废为聋盲，睿博且易以顽鄙。虽九流上哲之士，能无恻然不怡乎！”而人死亦次之。日出东方，而入于西极，万物莫不比方。宣颖曰：“从日为方向。”有目有趾者，待是而后成功，郭象曰：“目成见功，足成行功。”是出则存，是入则亡。王先谦曰：“日出则有世事，日入则无世事。”万物亦然，姚鼐曰：“万物亦各自有其日也。”有待也而死，有待也而生。吾一受其成形，而不化以待尽，王先谦曰：“语又见齐物论。”穆按：“化”，当据齐物论作“亡”。效物而动，宣颖曰：“效，犹感也。”日夜无隙，而不知其所终；薰然其成形，王敔曰：“薰然，丛生貌。”知命不能规乎其前，宣颖曰：“虽知命者不能豫规乎其前。”丘以是日徂。郭象曰：“与变俱往。”吾终身与女交一臂而失之，郭象曰：“变化不可执而留也。故虽执臂相守，而不能令停。”王先谦曰：“虽吾汝终身相与，不啻把一臂而失之，言其暂也。”可不哀与！女殆著乎吾所以著也。郭象曰：“著，见也。”马其昶曰：“步、趋、言道，莫非化机之所著，不可执相以求之也。”彼已尽矣，而女求之以为有，是求马于唐肆也。朱骏声曰：“唐，空也。”吾服女也甚忘，女服吾也亦甚忘。郭象曰：“服，思存之谓。甚忘，谓过去之速也。”虽然，女奚患焉！虽忘乎故吾，吾有不忘者存。”严复曰：“知此，则刍狗不至于复陈，而蘧庐何取于再宿？而是中有不忘者，又不可不察也。”

孔子见老聃，老聃新沐，方将被发而干，慹然似非人。朱骏声曰：“‘慹’，假为‘蛰’。”奚侗曰：“‘慹’，借作‘槷’。”司马彪曰：“慹，不动貌。”孔子便而待之，章炳麟曰：“‘便’借为

‘屏’，‘便’‘屏’一声之转。说文：‘屏，屏蔽也。’老聃方被发，不可直入相见，故屏隐而待之。”少焉，见曰：“丘也眩与？其信然与？向者先生形体掘若槁木，王先谦曰：“‘掘’同‘倔’。”奚侗曰：“‘掘’借作‘柮’，与‘杌’同。陆机文赋：‘兀若枯木。’”似遗物离人而立于独也。”老聃曰：“吾游于物之初。”孔子曰：“何谓邪？”曰：“心困焉而不能知，口辟焉而不能言，司马彪曰：“辟，卷不开也。”尝为女议乎其将。高骏烈曰：“吕览注：‘将，主也。’言议乎其宗主也。”章炳麟曰：“‘将’‘牄’声义通，粗略也；犹知北游篇云‘将为女言其崖略’耳。”至阴肃肃，至阳赫赫；肃肃出乎天，赫赫发乎地；宣颖曰：“阴阳互为其根也。”两者交通成和而物生焉。或为之纪，王先谦曰：“孰维纲是？”而莫见其形。消息满虚，一晦一明，日改月化，日有所为，武延绪曰：“此四字疑旧注误入正文。”而莫见其功。生有所乎萌，死有所乎归，陶鸿庆曰：“此二句传写误倒。‘萌’与‘明’‘功’‘穷’‘宗’为韵。”始终相反乎无端，而莫知乎其所穷。郭象曰：“所谓‘迎之不见其首，随之不见其后’。”非是也，且孰为之宗！”孔子曰：“请问游是。”老聃曰：“夫得是，至美至乐也。得至美而游乎至乐，谓之至人。”孔子曰：“愿闻其方。”曰：“草食之兽，不疾易薮；水生之虫，不疾易水。成玄英曰：“疾，患也。易，移也。”行小变而不失其大常也，郭象曰：“死生亦小变也。”喜怒哀乐不入于胸次。李颐曰：“次，中也。”夫天下也者，万物之所一也。成玄英曰：“天地万物，其体不二，达斯趣者，故能混同。”得其所一而同焉，则四支百体将为尘垢，而死生终始将为昼夜，而莫之能滑，而况得丧祸福之所介乎！宣颖曰："介，际也。"弃隶者若弃泥涂，知身贵于隶也，贵在于我，而不失于变。且万化而未始有极也，语又见大宗师。夫孰足以患心！已为道者解乎此。"孔子曰："夫子德配天地，而犹假至言以修心，古之君子，孰能脱焉？"老聃曰："不然。夫水之于汋音灼。也，马其昶曰："释名：'汋，泽也，有润泽也。'"无为而才自然矣。至人之于德也，不修而物不能离焉，若天之自高，地之自厚，日月之自明，夫何修焉！"孔子出，以告颜回曰："丘之于道也，其犹醯鸡与！郭象曰："醯鸡，瓮中之蠛蠓也。"微夫子之发吾覆也，吾不知天地之大全也。"陆长庚曰："发覆，谓启幕。"穆按：揭瓮盖也。

庄子见鲁哀公。司马彪曰："庄子与魏惠王、齐威王同时，在哀公后百二十年。"成玄英曰："盖寓言。"穆按：此等皆晚出之证。哀公曰："鲁多儒士，少为先生方者。"庄子曰："鲁少儒。"哀公曰："举鲁国而儒服，何谓少乎？"庄子曰："周闻之，儒者冠圜音圆。冠者，知天时；履句屦者，知地形；李颐曰："句，方也。"缓佩玦者，事至而断。成玄英曰："缓者，五色绦绳，穿玉玦以饰佩也。玦，决也。"君子有其道者，未必为其服也；为其服者，未必知其道也。公固以为不然，何不号于国中曰：陆德明曰："号，号令也。"'无此道而为此服者，其罪死！'"于是哀公号之，五日，而鲁国无敢儒服者。独有一丈夫，儒服而立乎公门。公即召而问以国事，千转万变而不穷。

庄子曰："以鲁国而儒者一人耳，成玄英曰："一人，谓孔子。"可谓多乎？"林云铭曰："细味文气，洵非庄子之笔。林献斋何必以年世相违为疑乎？"严复曰："以下皆浅沓语。"

百里奚爵禄不入于心，故饭牛而牛肥，使秦穆公忘其贱，与之政也。有虞氏死生不入于心，王先谦曰："'完廪''浚井'是也。"故足以动人。宣颖曰："成邑成都，师锡帝禅。"宋元君将画图，众史皆至，受揖而立；司马彪曰："受命，揖而立。"舐食纸反。笔和墨，在外者半。有一史后至者，儃儃然不趋，方以智曰："儃儃，犹坦坦。"李颐曰："舒闲之貌。"受揖不立，因之舍。公使人视之，则解衣般礴裸。司马彪曰："般礴，谓箕坐也。将画，故解衣见形。"君曰："可矣，是真画者也。"郭象曰："内足者，神闲而意定。"

文王观于臧，见一丈夫钓，罗勉道曰："此依傍吕望事。"陆长庚曰："臧丈人即太公望。"而其钓莫钓；王念孙曰："'其钓''非持其钓'，皆指钩而言。古人谓钩为钓也。"非持其钓有钓者也，常钓也。文王欲举而授之政，而恐大臣父兄之弗安也；欲终而释之，而不忍百姓之无天也。于是旦而属之大夫曰："昔者，寡人梦见良人，黑色而頿，而占反。乘驳马而偏朱蹄，李颐曰："一蹄偏赤也。"号曰：'寓而政于臧丈人，庶几乎民有瘳乎！'"诸大夫蹴然曰："先君王也。"俞樾曰："'先君'下夺'命'字。"文王曰："然则卜之。"诸大夫曰："先君之命，王其无它，又何卜焉！"遂迎臧丈人而授之政。典法无更，偏令无出。王敔曰："不特出一令。"王叔岷曰："唐写本作‘篇令’。”三年，文王观于国，则列士坏植散群，俞樾曰：“左传：‘华元为植’，注：‘植，将主也。’列士必先有主，而后得有徒众。”长官者不成德，陆长庚曰：“不居功也。”斔音庾。斛不敢入于四竟。李颐曰：“六斛四斗曰斔。”列士坏植散群，则尚同也；长官者不成德，则同务也；斔斛不敢入于四竟，则诸侯无二心也。郭象曰：“天下相信，故能同律度量衡。”文王于是焉以为大师，北面而问曰：“政可以及天下乎？”臧丈人昧然而不应，泛然而辞，朝令而夜遁，终身无闻。马其昶曰：“此盖寓言尚父造周，实无天下于其心也。”颜渊问于仲尼曰：“文王其犹未邪？又何以梦为乎？”仲尼曰：“默！女无言！夫文王尽之也，而又何论刺焉！彼直以循斯须也。”成玄英曰：“斯须，犹须臾。”王敔曰：“且以动一时之人情。”林云铭曰：“非南华手笔。”

列御寇为伯昏无人射，引之盈贯，措杯水其肘上，朱骏声曰：“‘贯’借为‘弯’。史记伍子胥传：‘贯弓执矢向使者。’”郭象曰：“右手放发而左不知，故可措之杯水。”发之，适矢复沓，方矢复寓。宣颖曰：“一矢适去，二矢已复在沓。沓以朱韦为之，所以韬指，利于放弦也。”马叙伦曰：“‘沓’借为‘韘’。说文：‘韘，射决也，所以拘弦。’”郭象曰：“箭方去，未至的，复寄杯于肘上。”宣颖曰：“二矢方去，三矢又已寄弦。”当是时，犹象人也。成玄英曰：“象人，木偶也。”伯昏无人曰：“是射之射，非不射之射也。尝与汝登高山，履危石，临百仞之渊，若能射乎？”于是无人遂登高山，履危石，临百仞之渊，背逡巡，足二分垂在外，宣颖曰："背临深渊，逡巡后退，足以三分计，二分垂在虚空。"揖御寇而进之。御寇伏地，汗流至踵。伯昏无人曰："夫至人者，上窥青天，下潜黄泉，挥斥八极，郭象曰："挥斥，犹纵放。"神气不变。今女怵然有恂目之志，陆德明曰："恂，谓眩也。李本作'眴'。"尔于中也殆矣夫！"郭象曰："有惧则所丧多矣。"

肩吾问于孙叔敖曰："子三为令尹，而不荣华；三去之，而无忧色。吾始也疑子，今视子之鼻间，栩栩然，成玄英曰："栩栩，欢畅貌。"子之用心独奈何？"孙叔敖曰："吾何以过人哉！吾以其来不可却也，其去不可止也，吾以为得失之非我也，而无忧色而已矣。我何以过人哉！且不知其在彼乎，其在我乎？其在彼邪？亡乎我；在我邪？亡乎彼。林希逸曰："可贵在令尹，则与我无与；在我，则与令尹无与。"方将踌躇，方将四顾，王先谦曰："养生主亦云：'为之四顾，为之踌躇满志。'"何暇至乎人贵人贱哉！"仲尼闻之，曰："古之真人，知者不得说，美人不得滥，姚永概曰："淮南：'美者不能滥也'，注：'滥，覦也。'"盗人不得劫，伏戏、黄帝不得友。死生亦大矣，而无变乎己，况爵禄乎！若然者，其神经乎大山而无介，成玄英曰："介，碍也。"入乎渊泉而不濡，处卑细而不惫，阮毓崧曰："此系上'不濡'句古注，误入正文。"充满天地，既以与人己愈有。"语又见老子。

楚王与凡君坐，司马彪曰："凡，国名，在汲郡共县。"陆德明曰："凡，周公之后也。"成玄英曰："楚文王共凡僖侯同坐。"少焉，楚王左右曰“凡亡”者三。郭象曰：“言有三亡征也。”俞樾曰：“左右言‘凡亡’者三人。”凡君曰：“凡之亡也，不足以丧吾存。夫‘凡之亡，不足以丧吾存’，则楚之存，不足以存存。由是观之，则凡未始亡，而楚未始存也。”

知北游外篇之十五。王夫之曰：“此篇衍自然之旨，其说亦自大宗师来。”姚鼐曰：“与大宗师同旨。”

知北游于玄水之上，登隐弅符云反。之丘，而适遭无为谓焉。方以智曰：“‘弅’通‘湓’，谓满起也。”知谓无为谓曰：“予欲有问乎若：何思何虑则知道？何处何服则安道？何从何道则得道？”三问而无为谓不答也；非不答，不知答也。知不得问，反于白水之南，登狐阕之上，而睹狂屈焉。李颐曰：“狐阕，丘名。”知以之言也问乎狂屈。狂屈曰：“唉！哀在反。王念孙曰：“‘唉’与‘欸’同。”予知之，将语若，中欲言而忘其所欲言。”知不得问，反于帝宫，见黄帝而问焉。黄帝曰：“无思无虑始知道，无处无服始安道，无从无道始得道。”知问黄帝曰：“我与若知之，彼与彼不知也。其孰是邪？”黄帝曰：“彼无为谓真是也，狂屈似之，王夫之曰：“此释氏所谓‘相分灭，而见分未灭’也。”我与汝终不近也。夫‘知者不言，言者不知，故圣人行不言之教’。三语见老子。陆长庚曰：“分明是庄子撰出故事，以为此三言之疏义。”道不可致，郭象曰："道在自然，非可言致。"德不可至。仁可为也，义可亏也，礼相伪也。故曰：'失道而后德，失德而后仁，失仁而后义，失义而后礼。礼者，道之华而乱之首也。'五语见老子。故曰：'为道者日损，郭象曰："损华伪也。"损之又损之，以至于无为，无为而无不为也。'三语见老子。郭象曰："华去而朴全，则虽为而非为也。"今已为物也，宣颖曰："朴散为器。"欲复归根，不亦难乎！其易也，其唯大人乎！生也死之徒，死也生之始，孰知其纪！人之生，气之聚也。聚则为生，散则为死。严复曰："精言之，人之生也，其质常聚，其力常散；死则反是。"若死生为徒，吾又何患！故万物，一也。是其所美者为神奇，其所恶者为臭腐；臭腐复化为神奇，神奇复化为臭腐。严复曰："所谓'能移'。"故曰：'通天下一气耳。'严复曰："古所谓'气'，今所谓'力'。今世科学家又谓之'一气常住'。"圣人故贵一。"知谓黄帝曰："吾问无为谓，无为谓不应我；非不应我，不知应我也。吾问狂屈，狂屈中欲告我，而不我告；非不我告，中欲告而忘之也。今予问乎若，若知之，奚故不近？"黄帝曰："彼其真是也，以其不知也；此其似之也，以其忘之也；予与若终不近也，以其知之也。"狂屈闻之，以黄帝为知言。宣颖曰："无为谓终于无言。"

天地有大美而不言，四时有明法而不议，万物有成理而不说。林云铭曰："论语：'天何言哉？四时行焉，百物生焉。'"圣人者，原天地之美，穆按：天道篇云"原省"，此与同义。而达万物之理。是故至人无为，大圣不作，观于天地之谓也。今奚侗曰："'今'，当从刘得一本作'合'。"彼神明至精，与彼百化，物已死生方圆，莫知其根也，扁然旧注："'扁'同'翩'。"而万物自古以固存。语见大宗师。六合为巨，未离其内；秋豪为小，待之成体。天下莫不沉浮，终身不故；严复曰："不生不灭，不增不减，不垢不净。其未尝故，以其未尝新。"阴阳四时运行，各得其序。惛然若亡而存，油然不形而神，万物畜而不知。此之谓本根，可以观于天矣。

啮缺问道乎被音披。衣。被衣曰："若正汝形，一汝视，天和将至；摄汝知，一汝度，俞樾曰："淮南道应篇、文子道原篇并作'正汝度'。度，犹形也。"神将来舍。德将为汝美，道将为汝居，汝瞳焉如新生之犊，而无求其故。"李颐曰："瞳，未有知貌。"王叔岷曰："释文：'瞳，郭："菟绛反。"'读与'惷'近。淮南道应篇正作'惷'。说文：'惷，愚也。'"陆长庚曰："老氏所谓'如婴儿之未孩'。"言未卒，啮缺睡寐。吴汝纶曰："'睡寐'，淮南道应作'雠夷'，高注：'熟视不言貌。'"被衣大说，行歌而去之，曰："形若槁骸，心若死灰；真其实知，刘文典曰："淮南道应作'真实不知'。"不以故自持。郭象曰："与变俱也。"媒媒晦晦，宣颖曰："'媒'同'昧'。无心而不可与谋。彼何人哉！"

舜问乎丞李颐曰："古有四辅，前疑后丞，盖官名。"穆按：此等皆证其晚出。曰："道可得而有乎？"曰："汝身非汝有也，汝何得有夫道？"舜曰："吾身非吾有也，孰有之哉？"曰："是天地之委形也。司马彪曰："委，积也。"俞樾曰："齐策高注：'委，付也。'左成二年传杜注：'委，属也。'此谓天地所付属。"

生非汝有，是天地之委和也；性命非汝有，是天地之委顺也；孙子非汝有，是天地之委蜕始锐反。也。王敔曰："形之相禅。"故行不知所往，处不知所持，食不知所味。天地之强阳气也，郭象曰："强阳，犹运动。"陆长庚曰："强阳，即健动之义。"穆按：此即易之"乾元"义也。又胡可得而有邪？"

孔子问于老聃曰："今日晏闲，敢问至道。"老聃曰："汝齐戒，疏瀹音药。而心，成玄英曰："疏瀹，犹洒濯也。"澡雪而精神，掊击而知。夫道，窅乌了反。然难言哉！将为汝言其崖略。夫昭昭生于冥冥，有伦生于无形，精神生于道，形本生于精，陆长庚曰："'精神'之'精'，即道家所谓先天之精，清通而无象者也。'形本'之'精'，即易系所谓'男女媾精'之'精'，有气而有质者也。"而万物以形相生。故九窍者胎生，王先谦曰："人、兽。"八窍者卵生。王先谦曰："禽、鱼。"其来无迹，其往无崖，无门无房，宣颖曰："无门，不知所出；无房，不知所归。"四达之皇皇也。章炳麟曰："汉书胡建传：'列坐堂皇上。'师古曰：'室无四壁曰皇。'"宣颖曰："大通溥博。"邀于此者，俞樾曰："说文：'徼，循也。'即今'邀'字。"四枝强，奚侗曰："墨子公孟篇：'身体强良，思虑徇通。'此文'强'下疑夺'良'字。"武延绪曰："据文子道原篇，'者'下疑有'五藏宁'三字。"思虑恂达，洪颐煊曰："'徇''恂'通。"严复曰："史记：'生而徇齐。'"耳目聪明，其用心不劳，其应物无方。天不得不高，地不得不广，日月不得不行，万物不得不昌，此其道与！且夫博之不必知，辩之不必慧，圣人以断之矣。旧注："'以'同'已'。"郭象曰："断弃知慧，而付之自然。”成玄英曰：“老子言：‘善者不辩，辩者不善；知者不博，博者不知。’”若夫益之而不加益，损之而不加损者，圣人之所保也。渊渊乎其若海，魏魏鱼威反。乎其终则复始也，运量万物而不匮，王叔岷曰：“陈碧虚阙误‘匮’作‘遗’，义较长。‘匮’字疑涉下文而误。”于省吾曰：“易系传‘曲成万物而不遗’，语例同。”则君子之道，彼其外与！万物皆往资焉而不匮，此其道与！”苏舆曰：“运量犹有治化之迹，故曰‘外’。万物往资，犹易‘资生’‘资始’之‘资’；此天地自然之功也，故曰‘道’。”姚鼐曰：“老子辞止此。”中国有人焉，穆按：秋水篇：“中国之在海内，号物之数谓之万，人处一焉。”故曰“中国有人”也。非阴非阳，刘咸炘曰：“即礼运所谓‘阴阳之交’。”处于天地之间，直且为人，穆按：直，特也。且，暂。将反于宗。刘咸炘曰：“即田子方篇‘至阴至阳，交通成和，非是孰为之宗’也。”陆长庚曰：“即下所谓宗，推原物之初而言。”自本观之，生者，喑音饮。醷音意。物也。李颐曰：“喑醷，聚气貌。”罗勉道曰：“礼记注：‘醷，梅浆也。’喑，久酝之也。浆虽久酝，能得几时？”虽有寿夭，相去几何？须臾之说也。奚足以为尧、桀之是非！果蓏力果反。有理，人伦虽难，所以相齿。王引之曰：“‘所’，犹‘可’也。”穆按：此言果蓏之微，亦有自然之文理。人之有伦，其理虽难尽，亦所以使群居相齿之道也。似不必改字。圣人遭之而不违，过之而不守。调而应之，德也；偶而应之，道也。陆长庚曰：“调和善处，为之而有以为也；偶而应之，无心为之者也。”帝之所兴，王之所起也。穆按：帝王之道，皆起于人伦。人生天地之间，若白驹之过郤，本亦作“隙”。忽然而已。注然勃然，莫不出焉；油然漻音流。然，莫不入焉。郭象曰：“‘出’‘入’者，变化之谓。”已化而生，又化而死，生物哀之，人类悲之。解其天弢，敕刀反。陆德明曰：“字林：‘弢，弓衣也。’”堕其天袠，陈笔反。马其昶曰：“说文：‘袠，书衣也。’”纷乎宛乎，吴汝纶曰：“‘纷乎宛乎’下，郭注‘变化絪缊’四字，疑为正文。‘缊’与‘宛’为韵。”魂魄将往，乃身从之，乃大归乎！不形之形，形之不形，胡远濬曰：“生者散之聚，不形之形也；死者聚之散，形之不形也。”是人之所同知也，非将至之所务也，马其昶曰：“‘将至’犹言‘造极’。仪礼‘将命’注：‘将，犹致也。’”此众人之所同论也。胡远濬曰：“生死人所同知，然明道者推极其至，无‘形’‘不形’之别。”彼至则不论，论则不至。明见无值，郭象曰：“暗至乃值。”陆长庚曰：“若使相遇而后见，犹有二也，故曰‘明见无值’。”穆按：证之末章所云“知遇而不知所不遇”，则陆说是也。辩不若默。道不可闻，闻不若塞。此之谓大得。

东郭子问于庄子曰：“所谓道，恶乎在？”庄子曰：“无所不在。”东郭子曰：“期而后可。”郭象曰：“欲令指名所在。”庄子曰：“在蝼蚁。”曰：“何其下邪？”曰：“在稊。”曰：“何其愈下邪？”曰：“在瓦甓。”步历反。曰：“何其愈甚邪？”曰：“在屎尸旨反。溺。”东郭子不应。庄子曰：“夫子之问也，固不及质。罗勉道曰：“质，本也。言所问泛然，不及于本。”严复曰：“质者，所期之地。汉书：‘至质而还。’”成玄英曰：“质，实也。固答子之问，犹未逮真也。”正、获之问于监市履狶也，每下愈况。郭象曰："监市之履豕，愈履其难肥之处，愈知豕肥之要。今问道之所在，而每况之于下贱，则明道之不逃于物也必矣。"罗勉道曰："仪礼有司正、司获。正、获与监市虽异职，而同为饮射之事，故问之。"吴汝纶曰："据郭注，则正文当作'每况愈下'。"汝唯莫必，无乎逃物。姚永概曰："'汝唯'八字为句。"穆按：上文"期而后可"，即"必"也。东郭子必欲指名道之所在，而不知道之无逃乎物也。至道若是，大言亦然。周、遍、咸三者，异名同实，其指一也。穆按：道不外物，无所不在，故曰在蝼蚁、稊稗、瓦甓、屎溺，犹曰"周、遍、咸"，亦无所不在。故老子曰："道大。"今愈指其小，则愈见其大耳。尝相与游乎无何有之宫，同合而论，无所终穷乎！郭象曰："若游有，则不能周遍咸也。故同合而论之，然后知道之无不在；然后能旷然无怀，而游彼无穷也。"尝相与无为乎！澹而静乎！漠而清乎！郭庆藩曰："漠，亦清也。"调而闲乎！郭象曰："此皆无为故也。"寥已吾志，无往焉而不知其所至，去而来而不知其所止，吾已往来焉，而不知其所终。彷徨乎冯闳，郭象曰："冯闳，虚廓之谓。"大知入焉，而不知其所穷。郭象曰："大知游乎寥廓，恣变化之所如，故不知也。"物物者，与物无际，而物有际者，所谓物际者也；不际之际，际之不际者也。刘咸炘曰："道之在物，与物相盈，故无际；物则相分有际。然分亦是道，道有分而无分，故'不际之际，际之不际'。物之盈虚衰杀而道为之，而道本身非盈虚衰杀也。"胡远濬曰："物，器也。物物者，道也。道非物而不离物，故与物无际。老氏谓无、有二者，'同出而异名'，释氏谓'空即是色，色即是空'，皆此旨。"谓盈虚衰杀，马其昶曰："盈虚、衰杀，际也。"彼为盈虚非盈虚，彼为衰杀非衰杀，胡远濬曰："'衰'疑

‘裒’字之讹。裒，聚也。裒杀，犹言益损。”彼为本末非本末，彼为积散非积散也。”吕惠卿曰：“盈虚，物也；为盈虚者，道也。”

婀于河反。荷甘与神农同学于老龙吉。神农隐几阖户昼瞑，婀荷甘日中奓处野反。户而入，司马彪曰：“奓，开也。”曰：“老龙死矣！”神农隐几拥杖而起，俞樾曰：“‘隐几’字涉上文而衍。”嚗音剥。然放杖而笑，李颐曰：“嚗然，放杖声。”马叙伦曰：“‘笑’疑‘哭’字讹。”曰：“天知予僻陋慢訑，音但。章炳麟曰：“‘慢’，借为‘谩’。说文‘谩’‘訑’皆训‘欺’。‘訑’即‘訑’之今字。”王叔岷曰：“卷子本玉篇引作‘谩誕’。‘谩誕’，叠韵字。”故弃予而死已矣夫！子无所发予之狂言而死矣夫！”马叙伦曰：“‘予’字依下文‘藏其狂言而死’，宜作‘子’字。”弇音奄。堈音刚。吊闻之，曰：李颐曰：“弇堈，体道人；吊，其名。”“夫体道者，天下之君子所系焉。郭象曰：“言体道者，人之宗主。”今于道，秋豪之端，万分未得处一焉，郭象曰：“秋豪之端细矣，又未得其万分之一。”而犹知藏其狂言而死，穆按：此指老龙吉。又况夫体道者乎！视之无形，听之无声，于人之论者，谓之冥。句。冥所以论道，而非道也。”王弼曰：“玄者，冥也。”于是泰清问乎无穷曰：“子知道乎？”姚鼐曰：“佛经以‘于是’起，岂效此乎？”穆按：旧在此处分章，非是。无穷曰：“吾不知。”又问乎无为。无为曰：“吾知道。”曰：“子之知道，亦有数乎？”曰：“有。”曰：“其数若何？”无为曰：“吾知道之可以贵，可以贱；可以约，可以散。此吾所以知道之数也。”泰清以之言也问乎无始，曰：“若是，则无穷之弗知，与无为之知，孰是而孰非乎？”无始曰：“不知，深矣；知之，浅矣。弗知，内矣；知之，外矣。”于是泰清中崔本作“卬”。武延绪曰：“‘中’即‘卬’之讹。”而叹曰：“弗知乃知乎！知乃不知乎！孰知不知之知？”奚侗曰：“淮南道应训作‘孰知知之为弗知，弗知之为知邪？’此文夺一句。”无始曰：“道不可闻，闻而非也；道不可见，见而非也；道不可言，言而非也。知形形之不形乎！道不当名。”无始曰：“有问道而应之者，不知道也。虽问道者，亦未闻道。王先谦曰：“应者固非，问者亦未是。”道无问，问无应。郭象曰：“绝学去教，而归于自然之意也。”无问问之，是问穷也；章炳麟曰：“‘穷’借为‘空’。”无应应之，是无内也。王先谦曰：“无可应而强应，是徇外也，故曰‘无内’。”以无内待问穷，若是者，外不观乎宇宙，内不知乎大初，是以不过乎昆仑，不游乎太虚。”王敔曰：“昆仑，地之极高处。过乎昆仑，则大虚矣。”宣颖曰：“尘见未超，以有物相隔也。”

光曜问乎无有曰：“夫子有乎？其无有乎？”俞樾曰：“淮南道应训此句上有‘无有弗应也’五字，此脱，则义不备。”阮毓崧曰：“无是五字，正合无有之名。”光曜不得问，而孰视其状貌，旧注：“‘孰’同‘熟’。”窅然空然，终日视之而不见，听之而不闻，搏之而不得也。老子曰：“视之不见名曰夷，听之不闻名曰希，搏之不得名曰微。”光曜曰：“至矣！其孰能至此乎！予能有无矣，而未能无无也；宣颖曰：“有曜无质，未能若竟无之为愈也。”及为无有矣，刘文典曰：“当从淮南俶真、道应作‘无无’。”何从至此哉！”郭象曰：“此皆绝学之意也。”

大马之捶钩者，孙诒让曰：“淮南作‘大司马’。许注云：‘捶，锻击也。钩，钓钩也。’”年八十矣，而不失豪芒。王叔岷曰：“唐写本作‘钩芒’，淮南道应同。”大马曰：“子巧与？有道与？”曰：“臣有守也。王念孙曰：“‘守’与‘道’通。古读‘道’若‘守’。达生篇：‘“子巧乎？有道邪？”曰：“我有道也。”’是其证。”臣之年二十，而好捶钩，于物无视也，非钩无察也。苏舆曰：“此即‘不以万物易蜩翼’之旨。”是用之者，假不用者也以长得其用，而况乎无不用者乎！物孰不资焉？”陆长庚曰：“用者，技也；不用者，神也。神则无所不用。”穆按：无不用者，指道。

冉求问于仲尼曰：“未有天地可知邪？”仲尼曰：“可，古犹今也。”郭象曰：“天地常存，乃无未有之时。”林疑独曰：“未有天地之前，以既有天地之后推之，则可知矣。荀子云：‘百王之道，后王是也；千载之前，今日是也。’”冉求失问而退。明日复见，曰：“昔者，吾问‘未有天地可知乎’，夫子曰：‘可，古犹今也。’昔日吾昭然，今日吾昧然；敢问何谓也？”仲尼曰：“昔之昭然也，神者先受之；今之昧然也，且又为不神者求邪？林疑独曰：“虚则神王，故昭然；闻言未悟，中心有物以碍之，而不神者来舍，故昧然。”无古无今，无始无终，未有子孙而有子孙，可乎？”郭象曰：“言世世无极。”曹受坤曰：“释文一本作‘未有子孙而有孙子’，盖以人事喻天地从无未有之时，犹人不得未有子所生之孙，而有孙所生之子也。”冉求未对。仲尼曰：“已矣，未应矣！马其昶曰：“教其勿应，斯神受也。”不以生生死，郭象曰：“夫死者独化而死耳，非夫生者生此死也。”不以死死生。郭象曰：“生者亦独化而生。”陶鸿庆曰：“句当作‘不以死生生’。”死生有待邪？皆有所一体。穆按：知死生之皆独化而无待，则知死生之一体矣。此一体即化也。有先天地生者物邪？陶望龄曰：“老子言：‘有物混成，先天地生’，此破其义。”王先谦曰：“‘者’犹‘之’。”物物者非物。物出不得先物也，犹其有物也。犹其有物也无已。穆按：物之先仍物也，明其无所待而生，如是可推至无已；物之后仍物也，复可推至无已。明其无始无终，此体常存。圣人之爱人也，终无已者，亦乃取于是者也。”穆按：中庸：“诗云：‘维天之命，於穆不已’，文王纯亦不已”，与此同旨。

颜渊问乎仲尼曰：“回尝闻诸夫子曰：‘无有所将，成玄英曰：“将，送也。”无有所迎。’回敢问其游。”奚侗曰：“‘游’，借作‘由’。”仲尼曰：“古之人，外化而内不化；马其昶曰：“文子云：‘内有一定之操，而外能屈伸，与物推移。’”今之人，内化而外不化。吕惠卿曰：“古之人，外化则与物偕逝，内不化则有不亡者存。今之人，内化则其心与之然，外不化则规乎前而不日徂也。”与物化者，一不化者也。郭象曰：“常无心，故一不化。”穆按：中庸“素位而行”，即“与物化”；“无入而不自得”，即“一不化”也。安化安不化，安与之相靡，成玄英曰：“靡，顺也。”必与之莫多。成玄英曰：“虽与物相顺，而亦各止其分。”奚侗曰：“‘多’借为‘移’；言不与物转移也。”刘咸炘曰：“‘安’如荀子书之‘案’，于是也。‘必’亦‘安’之误。”狶韦氏之囿，黄帝之圃，有虞氏之宫，汤、武之室。吕惠卿曰：“曰‘囿’、曰‘圃’、曰‘宫’、曰‘室’，盖世益衰而游之者益少，则其居益狭矣。鳖，则伤之甚者也。”君子之人，若儒、墨者师，故以是非相鳖也，王敔曰：“鳖，揉也。”穆按：此在宥篇所谓“乃始脔卷怆囊而乱天下也”。章炳麟曰：“‘故’与下‘今’字对文。”而况今之人乎！圣人处物不伤物。不伤物者，物亦不能伤也。唯无所伤者，为能与人相将迎。王叔岷曰：“‘人’，唐写本作‘之’，指物言。”山林与！皋壤与！使我欣欣然而乐与！乐未毕也，哀又继之。哀乐之来，吾不能御；其去，弗能止。悲夫！世人直谓物逆旅耳！吴汝纶曰：“‘谓’犹‘为’也。”马其昶曰：“日本刊成玄英疏正作‘为’。”郭象曰：“为哀乐所寄。”夫知遇而不知所不遇，知能能而不能所不能。陶鸿庆曰：“‘能能’上不当有‘知’字。”按：敦煌古钞本无“知”字。无知无能者，固人之所不免也。郭象曰：“受生各有分也。”夫务免乎人之所不免者，岂不亦悲哉！王敔曰：“欲尽知之而尽能之，必不可得。”至言去言，至为去为。陶光曰：“列子黄帝、说符、淮南道应，皆作‘至为无为’。”齐知之所知，王敔曰：“有所知，因欲以概天下。”则浅矣。”郭嵩焘曰：“忘其所知，而知乃自适也；忘其所能，而能乃自适也。已且忘之，奚暇齐天下！”焦竑曰：“太上云：‘不言之教，无为之益，天下希及之。’故以此终外篇之旨。”

杂篇

陆长庚曰："杂篇章句，有长有短，疑庄子平生绪言，掇拾于内、外篇之后者。"王夫之曰："杂者，博引而泛记之谓。故自庚桑楚、寓言、天下而外，每段自为一义，而不相属，非若内篇之首尾一致。外篇文义虽相属，而多浮蔓卑隘之说；杂篇言虽不纯，而微至之语，较能发内篇未发之旨。学者取其精蕴，诚内篇之归趣也。"穆按：释文叙录，向秀注有内、外篇，无杂篇。

庚桑楚

杂篇之一。朱子曰："庚桑楚篇全是禅。"

老聃之役有庚桑楚者，司马彪曰："役，学徒、弟子也。楚，名；庚桑，姓。太史公书作'亢桑'。"俞樾曰："列子仲尼篇'亢仓子'，张湛注：'音庚桑。'贾逵姓氏英览云：'吴郡有庚桑姓，称为七族。'然则庚桑子吴人欤？"偏得老聃之道，马其昶曰："书马融注：'偏，少也。'"以北居畏垒之山。陶鸿庆曰："畏垒，荦确不平貌。管子轻重乙篇：'山间堤垒，不为用之壤。'旧注求地实之，凿矣。"其臣之画然知者去之，其妾之挈然仁者远之，马其昶曰："挈，结也。骈拇篇：'仁义连连如胶漆纆索。'"王先谦曰："庚桑皆远去之。"拥肿之与居，鞅掌之为使。朱骏声曰："'拥肿''鞅掌'，皆迭韵连语；谓愚蠢无知之人。"奚侗曰："逍遥游：'拥肿不中绳墨。'诗：'王事鞅掌。'毛传：'鞅掌，失容也。'谓不修容仪。"居三年，畏垒大壤。陆德明曰："广雅：'穰，丰也。'"卢文弨曰："列子亦以'壤'同'穰'。"畏垒之民相与言曰："庚桑子之始来，吾洒然异之。今吾日计之而不足，岁计之而有余。向秀曰："无旦夕小利，顺时而大穰也。"庶几其圣人乎！子胡不相与尸而祝之，社而稷之乎？"庚桑子闻之，南面而不释然。王先谦曰："语又见齐物论。"弟子异之。庚桑子曰："弟子何异于予？夫春气发而百草生，正得秋而万宝成。俞樾曰："'得'字疑衍。易说卦：'兑，正秋也。万物之所说也。'疏：'正秋而万物皆说成也。'"陶鸿庆曰："'得'字当在'秋'字下。"王叔岷曰："'宝'，本或作'实'。"夫春与秋，岂无得而然哉？天道已行矣。吾闻至人尸居环堵之室，司马彪曰："一丈曰堵。环堵者，面各一丈，言小也。"而百姓猖狂不知所如往。宣颖曰："如相忘于天地。"今以畏垒之细民，而窃窃焉欲俎豆予于贤人之间，我其杓音的。之人邪！郭象曰："不欲为物标杓。"吾是以不释于老聃之言。"郭象曰："聃云：'功成事遂，而百姓皆谓我自尔。'今畏垒反此，故不释然。"弟子曰："不然。夫寻常之沟，巨鱼无所还其体，而鲵鳝为之制；陆德明曰："'还'，音'旋'。"王叔之曰："制，谓擅之也。"王敔曰："制，犹据霸之意。"步仞之丘陵，陆德明曰："六尺为步，七尺曰仞。"巨兽无所隐其躯，而蘖鱼竭反。狐为之祥。李颐曰："祥，怪也。"王叔之曰："野狐依之作妖祥也。"且夫尊贤授能，先善与利，自古尧、舜以然，而况畏垒之民乎！夫子亦听矣！”庚桑子曰：“小子来！夫函车之兽，李颐曰：“大容车。”介而离山，俞樾曰：“方言：‘兽无偶曰介。’”则不免于罔罟之患；吞舟之鱼，砀徒浪反。王敔曰：“与‘荡’通。”而失水，则蚁能苦之。故鸟兽不厌高，鱼鳖不厌深。夫全其形生之人，藏其身也，不厌深眇而已矣。奚侗曰：“楚辞哀郢：‘眇不知其所跖。’王注：‘眇，远也。’”且夫二子者，又何足以称扬哉！向秀曰：“二子，尧、舜也。”是其于辩也，将妄凿垣墙而殖蓬蒿也。王引之曰：“‘妄’与‘无’同；‘也’与‘邪’同。”郭象曰：“将令后世妄行穿凿而殖秽乱也。”简发而栉，数米而炊，向秀曰：“理于小利也。”窃窃乎又何足以济世哉！举贤则民相轧，任知则民相盗。之数物者，不足以厚民。民之于利甚勤，子有杀父，臣有杀君，正昼为盗，日中穴阫。音裴。向秀曰：“阫，墙也。”吾语汝，大乱之本，必生于尧、舜之间，其末存乎千世之后。千世之后，其必有人与人相食者也。”王先谦曰：“语又见徐无鬼篇。”陈光淞曰：“庄子生于周末，亲见乱贼接踵，窃圣人之迹以济其凶，是圣人开物成务者，适为殃民之具，因痛皇古之不可复也。”南荣趎昌于反。蹴然正坐曰：李颐曰：“南荣趎，庚桑弟子也。古今人表作‘南荣畴’。或作‘俦’，又作‘寿’。淮南作‘帱’。”“若趎之年者已长矣，将恶乎托业以及此言邪？”庚桑子曰：“全汝形，抱汝生，俞樾曰：“抱，保也。”无使汝思虑营营。若此三年，则可以及此言矣。”南荣趎曰：“目之与形，吾不知其异也，而盲者不能自见；耳之与形，吾不知其异也，而聋者不能自闻；心之与形，吾不知其异也，而狂者不能自得。形之与形亦辟矣，陆德明曰："辟，开也。"崔譔曰："辟，相著也。严复曰："'辟'假为'襞'。段铁者既舒乃复叠之，而加锤焉，故曰：千辟万灌。"郭嵩焘曰："礼记大学注：'辟，犹喻也。'言形之与形易喻也。"金其源曰："荀子：'事其便辟'，注：'读为"嬖"。'广雅：'嬖，亲也。'"穆按：严申崔义，当从。金说亦近是。而物或间之邪？欲相求而不能相得。今谓趎曰：'全汝形，抱汝生，勿使汝思虑营营。'趎勉闻道达耳矣。"向秀曰："勉，勉强也。仅达于耳，未彻入于心也。"庚桑子曰："辞尽矣。曰陈碧虚阙误无下"曰"字。奔蜂不能化藿蠋，音蜀。司马彪曰："奔蜂，小蜂也。藿蠋，豆藿中大青虫也。"成玄英曰："细腰土蜂，能化桑虫为己子，而不能化藿蠋。"越鸡不能伏鹄卵，鲁鸡固能矣。向秀曰："越鸡小，鲁鸡大。"鸡之与鸡，其德非不同也，有能与不能者，其才固有巨小也。今吾才小，不足以化子，子胡不南见老子？"南荣趎赢粮，七日七夜，至老子之所。陆德明曰："方言：'赢，儋也。'"老子曰："子自楚之所来乎？"南荣趎曰："唯。"老子曰："子何与人偕来之众也？"郭象曰："挟三言而来故。"王安石曰："此释氏所谓'汝胸中正闹'也。"南荣趎惧然顾其后。郭庆藩曰："'惧'即'瞿'。"老子曰："子不知吾所谓乎？"南荣趎俯而惭，仰而叹曰："今者吾忘吾答，因失吾问。"老子曰："何谓也？"南荣趎曰："不知乎？人谓我朱愚。成玄英曰："朱愚，犹专愚。"王念孙曰："'朱'通'铢'。广雅：'铢，钝也。'"知乎？反愁我躯。不仁则害人，仁则反愁我身；不义则伤彼，义则反愁我己。

我安逃此而可？此三言者，趎之所患也，愿因楚而问之。”老子曰：“向吾见若眉睫之间，吾因以得汝矣，今汝又言而信之。若规规然若丧父母，揭竿而求诸海也。陶鸿庆曰：“上‘若’字衍文。”汝亡人哉，宣颖曰：“如流亡之人。”惘惘乎！汝欲反汝情性而无由入，可怜哉！”南荣趎请入就舍，召其所好，去其所恶，十日自愁，阙误引诸本，‘自’并作‘息’。武延绪曰：“‘愁’读若‘揫’，敛也。”复见老子。老子曰：“汝自洒濯，孰哉郁郁乎！宣颖曰：“如熟物之气蒸郁于中。”然而其中津津乎犹有恶也。夫外韄音获。者不可繁而捉，李颐曰：“韄，缚也。”武延绪曰：“‘繁’疑当为‘縏’。玉篇：‘缚也。’”马其昶曰：“广雅：‘捉，持也。’”将内揵；其辇反。郭象曰：“揵，关揵也。”奚侗曰：“‘揵’为揵闭，正当作‘楗’。”内韄者不可缪莫侯反。而捉，将外揵。崔譔曰：“缪，绸缪也。”姚范曰：“此言外揵、内揵皆非也。正所谓‘饮药加病’。盖其召好去恶而息愁者，不离内揵、外揵而已。”王先谦曰：“外韄者，耳目为物所缚，不可以其繁扰而捉搤之，将必内闭其心，以息耳目之纷。内韄者，心思为欲所缚，不可以其缪乱而捉搤之，将必外闭其耳目，以绝心思之缘。”外、内韄者，道德不能持，而况放道而行者乎！”向秀曰：“放，依也。”郭象曰：“偏韄由不可，况内外俱韄乎！”穆按：言若此者，虽道德不能持扶，而况依放道德而行者也！南荣趎曰：“里人有病，里人问之，病者能言其病，然其病，病者犹未病也。穆按：南荣自言尚不至于内外俱韄。若趎之闻大道，譬犹饮药以加病也。趎愿闻卫生之经而已矣。”老子曰：“卫生之经，能抱一乎？穆按：老子：“载营魄抱一，能无离乎？”能勿失乎？能无卜筮而知吉凶乎？王念孙曰：“‘吉凶’，当依管子作‘凶吉’，‘一’‘失’‘吉’为韵。”能止乎？郭象曰：“止于分。”能已乎？郭象曰：“无追故迹。”能舍诸人而求诸己乎？能翛然乎？郭象曰：“往来无停迹。”能侗然乎？陆德明曰：“三苍：‘侗，悫直貌。’”郭象曰：“无节碍。”能儿子乎？陆长庚曰：“专气致柔，如婴儿也。”儿子终日嗥户高反。而嗌不嗄，崔谍曰：“嗌，喉也。”嗄，于迈反；司马彪曰：“楚人谓啼极无声为嗄。”本又作“嚘”，音忧。俞樾曰：“太玄亦作‘嚘’，与‘柔’为韵。老子傅奕本作‘㰤’，即‘嚘’之异文。”马其昶曰：“玉篇：‘嚘，气逆也。’”和之至也；终日握而手不掜，五礼反。陆德明曰：“广雅：‘掜，捉也。’”共其德也；旧注：“‘共’同‘拱’。”王敔曰：“自抱生理。”王先谦曰：“拱握其手，乃德性固然也。”终日视而目不瞚，音舜。陆德明曰：“瞚，动也。”偏不在外也。郭象曰：“任目之自见，非系于色也。”宣颖曰：“无所偏向于外，视犹不视。”行不知所之，居不知所为，二语见马蹄篇。与物委蛇，而同其波。是卫生之经已。”南荣趎曰：“然则是至人之德已乎？”曰：“非也。是乃所谓冰解冻释者。夫至人者，相与交食乎地，而交乐乎天，俞樾曰：“徐无鬼篇：‘吾与之邀乐于天，吾与之邀食于地’，与此文异义同。‘交’即‘徼’。作‘邀’者，后出字；作‘交’者，假借字。诗：‘彼交匪傲’，五行志作‘儌’。”不以人物利害相撄，不相与为怪，不相与为谋，不相与为事，翛然而往，侗然而来。是谓卫生之经已。”曰：“然则是至乎？”曰：“未也。吾固告汝曰：‘能儿子乎？’郭象曰：“非以此言为不至也，但能闻而学者，非自至耳。”儿子动不知所为，行不知所之，身若槁木之枝，而心若死灰。二语见齐物论，又见徐无鬼、知北游。若是者，祸亦不至，福亦不来。祸福无有，恶有人灾也？”严复曰：“此真杨朱为我之学也。且不仅是篇为然。残生损性，则等盗跖于伯夷。黄帝之问广成子，将以养人民，遂群生，广成子訾为质残；独问治身何以长久，而后蹷然善之。极庄之道，亦止于无天灾，无物累，无人非，无鬼责而已。”

宇泰定者，陆长庚曰：“以下皆庄子杂著。”发乎天光。王叔之曰：“宇，器宇也。谓器宇闲泰，则静定也。”薛瑄曰：“言心定则明也。”宣颖曰：“周子云：‘静则虚，虚则明。’”武内义雄曰：“以下疑向注本所无，而为郭象加入。”发乎天光者，人见其人。奚侗曰：“当依张君房本补‘物见其物’一句。”人有修者，乃今有恒。马叙伦曰：“‘修’疑为‘循’误。”吕惠卿曰：“为道必至于天，而后可久也。”陆长庚曰：“老子曰：‘常德不离。’”有恒者，人舍之，天助之。人之所舍，谓之天民；天之所助，谓之天子。郭象曰：“出则天子，处则天民。”穆按：此即内圣外王也。

学者，学其所不能学也；行者，行其所不能行也；辩者，辩其所不能辩也。宣颖曰：“三者皆不知止。”知止乎其所不能知，至矣。若有不即是者，天钧败之。成玄英曰：“若不以分内为是者，斯败自然之性。”

备物以将形，王先谦曰：“具众理以顺形。”奚侗曰：“‘将’借为‘养’。”藏不虞以生心，郭象曰：“虞者，亿度之谓。”宣颖曰：“退藏于不思虑之地，以活其心。”马其昶曰：“内典言‘应无所住而生其心’。”奚侗曰：“周礼天官：‘生，以驭其福’，郑注：‘生，养也。’”敬中以达彼，成玄英曰："彼，外境也。"若是而万恶至者，皆天也，而非人也，郭象曰："有为而致恶者，乃是人。"王敔曰："恶，谓不祥之事。"不足以滑成，王敔曰："滑成，谓乱其泰定之宇。"穆按：德充符："不足以滑和。"不可内于灵台。郭象曰："灵台者，心也；清畅，故忧患不能入。"灵台者，有持而不知其所持，而不可持者也。章炳麟曰："'灵台有持'者，阿陀那识持一切种子也。'不知其所持'者，最深细不可知也。'不可持'者，有情执此，为自内我，即是妄计。若执唯识真实有者，亦是法执也。"穆按："有持而不知其所持"，"所存者神'也；"不可持"，则"所过者化"也。不见其诚己而发，每发而不当，郭象曰："发而不由己诚，何由而当！"穆按：中庸曰："诚者，不勉而中，不思而得。"诚己，即反身而诚也。业入而不舍，每更为失。穆按：中庸曰："惟天下至诚为能化。"业入而不舍，即不能化也。姚鼐曰："能入而不能久居，是知及而仁不能守者也。"为不善乎显明之中者，人得而诛之；为不善乎幽闲之中者，鬼得而诛之。马其昶曰："此论慎独义最悚切。嵇叔夜自言'读老、庄，重增其放'，非善读老、庄者也。"明乎人、明乎鬼者，然后能独行。郭象曰："幽显无愧于心，则独行而不惧。"券内者，行乎无名；券外者，志乎期费。陆长庚曰："券内、外，即老子所谓左、右契。'券内'，藏券于内；'券外'，行券于外。'行乎无名'，'良贾深藏若虚'也。"林云铭曰："券内者为己，券外者为人。"俞樾曰："荀子书每用'綦'字。杨倞注：'綦，极也。'亦或作'期'。期费，犹言极费。费，谓财用。"王先谦曰："言契合乎外者，志欲穷极其财用。"武延绪曰："'费'疑'实'字误。期实，求实也。人间世：'其求实无已。'"行乎无名者，唯庸有光；陆长庚曰："君子之道，暗然而日章。”志乎期费者，唯贾人也，人见其跂，犹之魁然。刘辰翁曰：“券者，合也。求合于外，常有所期望。跂而立，人见其魁然；而真魁然者不跂也。”与物穷者，物入焉；郭象曰：“穷，谓终始。”马其昶曰：“‘穷’与‘空’同义。”与物且者，其身之不能容，焉能容人！俞樾曰：“且，苟且也。‘终始’，是穷极义；苟且与穷极义正相反。”姚永概曰：“仪礼注：‘古文“且”为“阻”。’”不能容人者无亲，无亲者尽人。郭象曰：“尽是他人。”兵莫憯于志，朱骏声曰：“淮南注：‘憯，利也。’”镆铘为下；寇莫大于阴阳，无所逃于天地之间。非阴阳贼之，心则使之也。郭象曰：“心使气，则阴阳征结于五藏，而所在皆阴阳也，故不可逃。”

道通，其分也；王叔岷曰：“古钞卷子本‘其分也’下有‘成也’二字，当从之。齐物论文与此同。”其成也，毁也。所恶乎分者，其分也以备；章炳麟曰：“言待一切方能成一也。”所以恶乎备者，其有以备。郭象曰：“成毁无常分，而道皆通。不守其分而求备焉，所以恶分也。本分不备，而有以求备，所以恶备也。”章炳麟曰：“言已成显果者，介然恃其一切具足，故更排拒他物也。”故出而不反，见其鬼；陆德明曰：“谓情识外驰。”出而得，是谓得死。王敔曰：“自谓有得，适得死耳。”灭而有实，鬼之一也。郭象曰：“已灭其性矣，虽有斯生，何异于鬼！”以有形者象无形者而定矣。方潜曰：“以有形象无形，即‘色即是空，空即是色’之旨。”林云铭曰：“惟以有形之物理，取则于无形之造化，则出而知反，而人事定矣。”出无本，入无窍。有实而无乎处，有长而无乎本剽，陆德明曰：“本，始也。”崔谍曰：“剽，末也。”陈碧虚曰：“‘剽’，本作‘標’。”

有所出而无窍者有实。马其昶曰："此言无本而又有所出，无窍而又有所入，是之谓'有实'。上下错举，互备为文也。"宣颖曰："此九字衍文。"马叙伦曰："当作'有所出而无本者有实，有所入而无窍者有长'，移在'有实而无乎处'上。"有实而无乎处者，宇也；郭象曰："宇者，有四方上下，而四方上下未有穷处。"有长而无本剽者，宙也。郭象曰："宙者，有古今之长，而古今之长无极。"穆按：宇宙即今称时空。有乎生，有乎死；有乎出，有乎入；入出而无见其形，是谓天门。郭象曰："天门，犹云'众妙之门'。"天门者，无有也。万物出乎无有。有不能以有为有，穆按：此言物出不得先物也。必出乎无有，而无有一无有。圣人藏乎是。邵雍曰："无思无为者，神妙致一之地也。圣人以此洗心，退藏于密。"杨文会曰："此章显示空如来藏也。世、出世法，皆以真空为本。天者，空无所有也；门者，万物所由出也。既以有、无二端互相显发，而仍归结甚深空义，恰合般若旨趣。"章炳麟曰："言依法执，认有物质，而法执即遍计。遍计所执，自性本空；故知万物出乎无质。质既无，即此万物现相，有色、声、香味、触者，惟依他起性，属于幻有，故曰'无有一无有'。"穆按：无有永此无有，故中庸曰："道不可须臾离也。"古之人，其知有所至矣。恶乎至？有以为未始有物者，至矣，尽矣，弗可以加矣。其次以为有物矣，将以生为丧也，以死为反也，是以分已。以上又见齐物论。郭象曰："虽欲均之，然已分也。"其次曰始无有，既而有生，生俄而死；以无有为首，以生为体，以死为尻。孰知有无死生之一守者，王念孙曰："'守'，借为'道'。知北游篇：'"子巧与？有道与？"曰："臣有守也。"'达生篇：'"子巧乎？有道邪？"曰："我有道也。"'"吾与之为友。是三者虽异，公族也。昭、景也，著戴也；甲氏也，著封也；非一也？成玄英曰："昭、屈、景，楚之公族三姓。昔屈原为三闾大夫，掌三族三姓是也。文略，故直言'昭、景'。"王敔曰："戴，谓所从出之宗也。某甲某氏，以所封之国邑为号。"孙诒让曰："'戴'当为'载'。尔雅：'载，始也。'谓著其所始。"章炳麟曰："籀文'戴'作'㦵'，从'弋'声，则'戴'可借为'代'。昭、景以谥为氏，所以著代也。"武延绪曰："'甲'疑'芊'字讹。"马其昶曰："'非一也'，'也'与'邪'同。释文引崔云：'虽非一姓，同出公族，喻死生同也。'崔同此读。有生，黬于减反。也，陆德明曰："字林：'黬，釜底黑也。'"郭嵩焘曰："有生，尘也。黬者，尘之聚而留焉者也。"披然曰移是。王夫之曰："生乃大白之一点耳。其黬也，渐久而渝，则离披解散，必有所归。移此而之彼，彼又据为此矣。所移者未有定，而要以所移为此。"马其昶曰："'是'，谓'己'也。有生蠢蠢，各执所移者而据之为己也。"穆按："披然"，犹"纷然"也。"披然曰移是"，此皆后世人之见耳。谓是非无定，随时地而移易也。此下论旨，已由生死转移到是非，由来解者多误。尝言移是，非所言也。穆按：故齐物论言"因是"，因是则无言矣。虽然，不可知者也。穆按："移是"之说，貌近理而实非真，故曰"不可知"。腊者之有膍音毗。胲，古来反。可散而不可散也；司马彪曰："膍，牛百叶也。"成玄英曰："胲，牛蹄也。腊祭牲牢甚备，四肢五藏，并皆陈设。祭讫方复散之。若祭未了，则不合散。"孙诒让曰："礼经载胥体之法，皆去蹄。'胲'，当为'胘'。说文：'膍，胘也。'同训'牛百叶'。"章炳麟曰："膍胘平时可散，而当腊祭之时，备物致敬，则不可散。"穆按：若知其不可散，则乌有"此亦一是非，彼亦一是非"之纷然哉！观室者周于寝庙，又适其偃焉，陈碧虚阙误本"偃"下有"溲"字。郭象曰："偃，谓屏厕。"王念孙曰："'偃'与

‘匽’同。”为是举移是。穆按：为此腊祭、观室二事，而举“移是”之说也。郭象曰：“寝庙则以飨燕，屏厕则以偃溲；当其偃溲，则寝庙之是移于屏厕矣。故是非之移，一彼一此，谁能常之！故至人因而乘之则均耳。”穆按：均者不移，移者不均，故知“移是”之说，非所言也。请尝言移是。是以生为本，以知为师，穆按：齐物论：“随其成心而师之”，“知”即“成心”也。因以乘是非；果有名实，穆按：因有是非，遂有名实。因以己为质；郭象曰：“质，主也。物各以己为是非之主。”使人以为己节，王敔曰：“为之裁限，令人从己。”章炳麟曰：“‘节’字本作‘卪’。说文：‘卪，瑞信也。’非彼无我，以触彼故，方知有我；是使所触者为能触者之符验也。”穆按：如王说，当云“使人以己为节”；如章说，则下文“以死偿节”不可通。盖“使人以为己节”，即上文所谓“券外”也。人之争是非，虽若以己为主，而实则以人为主耳；故谓之“券外”。因以死偿节。林云铭曰：“甘以死偿之。”若然者，以用为知，以不用为愚；以彻为名，以穷为辱。移是，今之人也，王夫之曰：“移是而执今日之生以自命为人，不知与物无异。”章炳麟曰：“向之移是，为今之人；今之移是，为后之人。”林云铭曰：“‘今之人’，应上‘古之人’。”穆按：林说是也。上古之人，“其知有所至”，则“因是”而止，根本无“移是”之见也。是蜩与学鸠同于同也。王敔曰：“蜩与鷽鸠，其小，同也；其笑鲲鹏，同也。”穆按：蜩与鷽鸠同于知“移是”，而不知“因是”而止，根本无是非之可言也。方以智曰：“或以秦腊疑此篇伪，然入理甚精。然精于镂空者有之，试问阴符、亢仓、关尹、鹖冠，何者非托？”叶国庆曰：“‘蜩与学鸠’句，暗用逍遥游篇，亦后学者所作。”

蹍市人之足，则辞以放骜，陆德明曰：“广雅：‘蹍，履也。

骜，妄也。'" 兄则以妪，郭象曰："言妪诩之，无所辞谢。" 大亲则已矣。故曰：至礼有不人，郭象曰："视人若己。" 至义不物，至知不谋，至仁无亲，至信辟金。郭象曰："金玉者，小信之质耳；至信，则除矣。"

彻志之勃，王敔曰："'彻'与'撤'同。""勃"，本又作"悖"。解心之谬，去德之累，达道之塞。贵、富、显、严、名、利六者，勃志也；容、动、色、理、气、意六者，谬心也；恶、欲、喜、怒、哀、乐六者，累德也；去、就、取、与、知、能六者，塞道也。此四六者，不荡胸中则正，正则静，静则明，明则虚，虚则无为而无不为也。姚鼐曰："此段尽戒定慧之义。"

道者，德之钦也；奚侗曰："逸周书谥法解：'威仪悉备曰钦。'" 俞樾曰："钦，即'廞'之假字。小尔雅：'廞，陈也。'所以生者为德，陈列之则为道。" 生者，德之光也；成玄英曰："天地之大德曰生，故生化万物者，盛德之光华也。" 穆按：此等语显出易传后。性者，生之质也。性之动，谓之为；郭象曰："以性自动，故称'为'耳，非有为也。为之伪，谓之失。陆长庚曰："'失'即是'失道、失德、失仁、失义'之'失'。庄子分明是老子注疏。" 穆按：此等语显出荀子后，而纠其失也。知者，接也；知者，谟也；章炳麟曰："接谓触受，即感觉。'谟''摹'同，想也，思也。" 马其昶曰："淮南云：'感而后动，性之害也。物至而神应，知之动也。知与物接，而好憎生焉。'" 知者之所不知，犹睨也。王先谦曰："如目斜视一方，故不能遍，是以用智而偏，不如寂照。" 动以不得已之谓德，动无非我之谓治，名相反而实相顺也。胡远浚曰："'动以不得已'，天也，无为也；'动无非我'，人也，有为也。万化之生，莫非性之动，其为出于无为，故曰'名相反而实相顺'。"

羿工乎中微，而拙乎使人无己誉。圣人工乎天，而拙乎人。夫工乎天而俍音良。乎人者，唯全人能之。奚侗曰："'俍'当为'良'，有工巧义。'良乎人'，与上文'拙乎人'相反。"唯虫能虫，唯虫能天。归有光曰："惟虫能自安于虫，惟虫能自全其天。若人，则不免以知巧自丧。"全人恶天？恶人之天？而况吾天乎人乎？郭象曰："都不知而任之。"王敔曰："二'恶'字俱平声。在全人则恶有所谓天者？恶有所谓人之天者？而况有所谓吾立于天人之间乎？"陆长庚曰："天人一体，自尔不生分别。"姚鼐曰："此乃天下篇以天人列圣人、君子之上义也。则阳篇：'圣人未始有天。'"

一雀适羿，羿必得之，威也；王叔岷曰："艺文类聚、御览引'适'皆作'过'。"孙诒让曰："'威'当依崔课本作'或'，不必得也。"成玄英曰："所获者少，所逃者多。"以天下为之笼，则雀无所逃。是故汤以胞人笼伊尹，卢文弨曰："'胞'与'庖'通。"秦穆公以五羊之皮笼百里奚。是故非以其所好笼之而可得者，无有也。介者拸敕纸反。画，外非誉也；崔课曰："拸画，不拘法度也。"俞越曰："汉书注：'痑，自放纵也。'穀梁传'画我'，公羊作'化'，何休注：'行过无礼谓之化。'即此二字之义。人既刖足，非誉不计，故不拘法度。"胥靡登高而不惧，遗死生也。司马彪曰："胥靡，刑徒人也。"郭象曰："无赖于生，故不畏死。"夫复謵不馈元嘉本作"愧"。而忘人，陆长庚曰："复謵，犹复习。"马其昶曰："老子云：'吾服也恒服。'盖内省不疚，而无人之见存也。"忘人，因以为天人矣。王先谦曰："能忘人，即可以为天人，以其近自然也。"故敬之而不喜，侮之而不怒者，唯同乎天和者为然。出怒不怒，则怒出于不怒矣；出为无为，则为出于无为矣。陆长庚曰："非无喜无怒也，谓出怒而不怒也。此不怒乃未发之中。常能养此，然后发而皆中。其有为也亦然，不得已而应之，虽为犹不为也。"欲静则平气，欲神则顺心，有为也欲当，则缘于不得已。不得已之类，圣人之道。

徐无鬼杂篇之二。王夫之曰："此衍老氏'上德不德'之旨。"

徐无鬼因女商见魏武侯，陆德明曰："徐无鬼，缗山人，魏之隐士也。武侯名击，文侯子。"武侯劳之曰："先生病矣，苦于山林之劳，故乃肯见于寡人。"徐无鬼曰："我则劳力报反。于君，君有何劳于我？君将盈耆欲，长好恶，则性命之情病矣；君将黜耆欲，掔苦田反。好恶，崔譔曰："掔，引去也。"则耳目病矣。我将劳君，君有何劳于我？"武侯超然不对。司马彪曰："超然，犹怅然也。"少焉，徐无鬼曰："尝语君，吾相狗也。下之质，执饱而止，罗勉道曰："狗，所以猎。下等之质，所捕执者小，足饱其腹而止。"马其昶曰："周礼疏：'执，取也。'"高亨曰："'执'，'既'之讹。"是狸德也；俞樾曰："广雅：'狸，猫也。'"中之质，若视日；司马彪曰："瞻远也。"罗勉道曰："不顾目前小兽。"上之质，若亡其一。陆德明曰："一，身也。谓精神不动，若无其身。"严复曰："凡物皆有其'一'，所爱惜保持，而有无穷之恋者，惟此'一'也；固不必指身。"罗勉道曰："并以捕猎之事为不足道。失其所专一，则有超乎常狗之外矣。"吾相狗，又不若吾相马也。吾相马，直者中绳，曲者中钩，方者中矩，圆者中规，陶鸿庆曰："进退周旋之节，由教习成。"是国马也，而未若天下马也。天下马有成材，陆德明曰："自然已足，不须教习。"若恤若失，李颐曰："'恤''失'，皆惊悚若飞也。"刘师培曰："'恤'由'侐'义引伸。说文：'侐，静也。'"若丧其一。罗勉道曰："马之专一者，驰走也。忘其专所事，则出于自然，非常马矣。"王毓曰："'亡一''丧一'，此外生之喻。"若是者，超轶绝尘，崔譔曰："轶，彻也。"王叔岷曰："'辙''彻'，古、今字。"不知其所。"陆长庚曰："庄、老立论，只在凝神守气，千言一旨。吾儒所谓不专一则不能直遂，不翕聚则不能发散也。"方扬曰："多欲则神伤，绝欲则神妨。惟至人为能行于欲而不流，乃所以为善养神也。行于欲而不流，惟外生者能之。若亡其一，若丧其一，此外生之喻也。"武侯大说而笑。徐无鬼出，女商曰："先生独何以说吾君乎？吾所以说吾君者，横说之则以《诗》《书》《礼》《乐》，从说之则以《金版》《六弢》，司马彪曰："金版、六弢，皆周书篇名。"奉事而大有功者，不可为数，而吾君未尝启齿。今先生何以说吾君，使吾君说若此乎？"徐无鬼曰："吾直告之吾相狗、马耳。"女商曰："若是乎？"曰："子不闻夫越之流人乎？去国数日，见其所知而喜；去国旬月，见所尝见于国中者喜；及期年也，见似人者而喜矣。不亦去人滋久，思人滋深乎？夫逃虚空者，司马彪曰："故坏冢处为空虚也。"穆按：古人穴居，即名为空。淮南道应："空穴之中，足以适情。"注："空穴，岩穴也。"洪范注："司空，掌居民之官。"则"虚空"即虚室、虚穴，不必指坏冢。藜藋徒吊反。柱乎鼪鼬之径，司马彪曰："柱，塞也。"良本或作"踉"。位其空，郭嵩焘曰："说文：'跄，动也。'舒之言曰'跄踉'，急之言曰'踉'。"奚侗曰：

“广雅：‘良，长也。’谓久位于虚空之间。”穆按：“空”即上“虚空”义，指岩穴。闻人足音跫巨恭反。然而喜矣；崔谍曰：“跫然，行人之声。”而况乎昆弟亲戚之謦咳其侧者乎！李颐曰：“謦欬，喻言笑也。”久矣夫，莫以真人之言謦咳吾君之侧乎！”严复曰：“贵人之所苦者，其所接者皆伪。闻相狗、马而大悦者，诗、书、礼、乐之陈陈，固不若是之亲切而有味也；矧乎其所言之入理乎！”

徐无鬼见武侯，武侯曰：“先生居山林，食芧音序。栗，郭庆藩曰：“芧，即栎也。其实谓之皂，亦谓之样。今书传皆作橡。此篇‘芧栗’，山木篇作‘杼栗’。”厌葱韭，以宾本或作“摈”。寡人，久矣夫！司马彪曰：“摈，弃也。”今老邪？其欲干酒肉之味邪？其寡人亦有社稷之福邪？”徐无鬼曰：“无鬼生于贫贱，未尝敢饮食君之酒肉，将来劳君也。”君曰：“何哉？奚劳寡人？”曰：“劳君之神与形。”武侯曰：“何谓邪？”徐无鬼曰：“天地之养也一，郭象曰：“不以为君而恣之无极。”登高不可以为长，居下不可以为短。君独为万乘之主，以苦一国之民，以养耳目鼻口，夫神者不自许也。夫神者，好和而恶奸。林希逸曰：“和，谓同物。奸，自私也。”夫奸，病也，故劳之。唯君所病之何也？”宣颖曰：“形虽得养，心神当有不自得者；故劳君何故自蹈此病？”武侯曰：“欲见先生久矣。吾欲爱民而为义偃兵，其可乎？”徐无鬼曰：“不可。爱民，害民之始也；为义偃兵，造兵之本也。君自此为之，则殆不成。凡成美，恶器也。郭象曰：“美成于前，则伪生于后。”马其昶曰：“老子云：‘天下皆知美之为美，则恶矣。’”君虽为仁义，几且伪哉！郭象曰："民将以伪继之耳。"形固造形，郭象曰："仁义有形，固伪形必作。"成固有伐，王叔之曰："成功在己，亦众所不与；欲无有伐，其可得乎！"章炳麟："'伐'与'败'同。"变固外战。王叔之曰："伪生形造，又伐焉，非本所图，势之变也。既有伪伐，得无战乎！"君亦必无盛鹤列于丽谯在逍反。之间，郭象曰："鹤列，陈兵也。丽谯，高楼也。"章炳麟曰："说文：'廔，屋丽廔也。''丽廔'犹'离娄'；高明疏爽，非华丽义。'谯'为楼观，亦非嶕峣义。"无徒骥于锱坛之宫。郭象曰："步兵曰徒。"陆长庚曰："骥，骑射。"陆德明曰："锱坛，坛名。"王先谦曰："丽谯之间，锱坛之宫，非可列兵走马之地；喻令毋骋心兵也。"无藏逆于得，司马本"得"作"德"。李颐曰："凡非理而贪，贪得而居之，此藏逆于德内者也。"无以巧胜人，无以谋胜人，无以战胜人。王先谦曰："三者皆'藏逆于得'之事。"夫杀人之士民，兼人之土地，以养吾私与吾神者，其战不知孰善？胜之恶乎在？郭象曰："不知以何为善，则虽克非己胜。"君若勿已矣，奚侗曰："'若勿'二字误倒。"修胸中之诚，以应天地之情而勿撄。郭象曰："若未能已，则莫若修己之诚。"夫民死已脱矣，君将恶乎用夫偃兵哉！"陆长庚曰："老子曰：'行无行，攘无臂，扔无无敌，执无兵。'"

黄帝将见大隗五罪反。乎具茨之山，司马彪曰："具茨山，在荥阳密县东；今名泰隗山。"方明为御，昌寓骖乘，张若、謵朋前马，司马彪曰："先马导。"昆阍、滑稽后车。至于襄城之野，七圣皆迷，无所问涂。适遇牧马童子，问涂焉，曰："若知具茨之山乎？"曰："然。""若知大隗之所存乎？"

曰："然。"黄帝曰："异哉小童！非徒知具茨之山，又知大隗之所存。请问为天下。"小童曰："夫为天下者，亦若此而已矣，郭象曰："各自若则无事矣；无事乃可以为天下也。"归有光曰："'若此'即禅经'如是'意。"又奚事焉？予少而自游于六合之内，陆长庚曰："有方之内也。"予适有瞀病，司马彪曰："'瞀'读曰'眊'，谓眩眊也。"有长者教予曰：'若乘日之车，而游于襄城之野。'司马彪曰："以日为车。"郭象曰："日出而游，日入而息。"今予病少痊，予又且复游于六合之外。夫为天下，亦若此而已。予又奚事焉！"黄帝曰："夫为天下者，则诚非吾子之事。虽然，请问为天下。"小童辞。黄帝又问。小童曰："夫为天下者，亦奚以异乎牧马者哉！亦去其害马者而已矣。"曹受坤曰："去其妨害马之本性者。"严复曰："所谓'视其后者而鞭之'。"黄帝再拜稽首，称天师而退。

知士无思虑之变则不乐，辩士无谈说之序则不乐，察士无凌谇音信。之事则不乐，李颐曰："凌，谓相凌轹。"陆德明曰："谇，广雅：'问也。'"严复曰："史记：'凌杂米盐'；凌谇，犹凌杂也。李说非。"皆囿于物者也。招世之士兴朝，洪颐煊曰："'招'，通作'高'。墨子：'招木近伐'，亦谓高木。"中民之士荣官，李颐曰："中民，善治民也。"孙诒让曰："三苍：'中，得也。'"筋力之士矜难，勇敢之士奋患，兵革之士乐战，枯槁之士宿名，阮毓崧曰："左传注：'宿，安也。'周礼注：'守也。'"俞樾曰："'宿'读曰'缩'，取也。"法律之士广治，礼乐之士敬容，仁义之士贵际。陆德明曰："际，谓盟会事。"阮毓崧曰："交际。"农夫无草莱之事则不比，奚侗曰："广雅：'比，乐也。'"陶鸿庆曰："说文：'比，密也'；谓比附而亲密。"商贾无市井之事则不比。庶人有旦暮之业则劝，百工有器械之巧则壮。李颐曰："壮，犹疾也。"钱财不积，则贪者忧；权势不尤，汉书贾谊传注引作"充"。则夸者悲。势物之徒乐变，奚侗曰："'物'为'利'误。"遭时有所用，不能无为也。此皆顺比于岁，不物于易者也。马其昶曰："逐时俯仰也。"宣颖曰："各囿一物，不能相易也。"按："不"，疑"而"字之讹。下三语即"物于易"之释义。驰其形性，潜之万物，姚永朴曰："潜，没也。之，犹于也。"终身不反，悲夫！

庄子曰："射者非前期而中，谓之善射，天下皆羿也，可乎？"郭象曰："若谓谬中为善射，是则天下皆谓之羿，可乎？言不可也。"惠子曰："可。"庄子曰："天下非有公是也，而各是其所是，天下皆尧也，可乎？"惠子曰："可。"庄子曰："然则儒、墨、杨、秉四，成玄英曰："秉，公孙龙字也。"王应麟曰："列子释文：'公孙龙，字子秉。'"洪颐煊曰："'秉'，疑'宋'讹，宋钘也。"与夫子为五，果孰是邪？郭象曰："庄子以此明妄中者非羿，而自是者非尧。若皆尧也，则五子何为复相非乎？"或者若鲁遽者邪？李颐曰："鲁遽，周初时人。"其弟子曰：'我得夫子之道矣，吾能冬爨鼎而夏造冰矣。'成玄英曰："冬取千年燥灰以拥火，须臾出火，可以爨鼎；盛夏以瓦瓶盛水，汤中煮之，县瓶井中，须臾成冰。"鲁遽曰：'是直以阳召阳，以阴召阴，非吾所谓道也。吾示子乎吾道。'于是乎为之调瑟，废一于堂，废一于室，陆德明曰："废，置也。"鼓宫宫动，鼓角角动，音律同矣。罗勉道曰："唐曹绍夔知乐律。洛阳有僧房中磬，日夜自鸣；僧怪成疾。绍夔来问疾；俄击斋钟，磬复作声。绍夔曰：'此磬与钟律合，故击彼此应。'遂出怀中错，鑢击数下，后声遂绝。又李嗣真得车铎，振之，地中有应，掘之得钟。"马其昶曰："康熙几暇格物编云：'乐发于何音，止于何音。取琴瑟之类，置二器，均调一律，鼓此器一弦，则彼器虚弦必应，推之八音之属皆然；所谓'鼓宫宫动，鼓角角动，音律同'也。"郭象曰："俱亦以阳召阳，而横自以为是。"夫或改调一弦，于五音无当也，鼓之二十五弦皆动，未始异于声，而音之君已。吴汝纶曰："据淮南览冥训，'已'下当有'形'字。"且若是者邪？"宣颖曰："庄子驳鲁遽之道，未足为异也。言无论二瑟五音相应，姑就一瑟言之，当其本调既成，五音各有定弦。今或改调一弦，而为变调，则于本调之五音，移动而无当也；宜不相应矣。乃鼓之，而二十五弦亦随之而变，无不相应；此岂于五音之外有异声哉？盖五音可旋相为宫，今所改一弦，便为变调之宫，如君主。然则余弦自随之而动也。夫一瑟之间，又是变调，无不相应如此；则二瑟五音之正，其相应尤理之常然，何足异乎！今遽以此夸其弟子，不知五音之相动，与二气之相召，有以异乎！在人则见以为非，在己则见以为是，究之相等耳。"惠子曰："今夫儒、墨、杨、秉，且方与我以辩，相拂以辞，相镇以声，而未始吾非也，则奚若矣？"郭象曰："未始吾非者，各自是也。惠子便欲以此为至。"庄子曰："齐人蹢呈亦反。子于宋者，其命阍也不以完，马其昶曰："'蹢'通'谪'。"穆按：谪子于宋，必谓其有罪；然使刖者守门，刖者固亦罪人也。何以于彼则亲而任之，于子则远而遣之乎？其求钘音刑。钟也以束缚，陆德明曰："字林：'钘，似小钟而长颈。"姚鼐曰："'钘'上'求'字衍。"王敔曰："欲钘钟之鸣，必悬之于虚；加以束缚，则无声矣。"其求唐子也，而未始出域，郭象曰："唐，失也。失亡其子，而不能远索。"穆按："域"字当借作"阈"。子已亡失，而求之不出门阈之外，则何可得也！凡此皆齐人之不知类。郭象曰："此齐人亦自以为是，故为之。人之自是，有斯谬也。"有遗类矣夫！楚人寄而蹢阍者，俞樾曰："'蹢'，当读为'谪'。方言：'谪，怒也。'寄居人家，而怒谪其阍也。"夜半于无人之时，而与舟人斗，未始离于岑，而足以造于怨也。"郭象曰："岑，岸也。"宣颖曰："'离'同'丽'。"王先谦曰："夜半无人之时，舟未着岸，而与舟人斗，将有性命之虞；与寄而谪阍之事，皆足以造怨也。"郭象曰："齐、楚二人，所行若此，而未尝自以为非；今五子自是，岂异斯哉！"

庄子送葬，过惠子之墓，顾谓从者曰："郢人垩乌路反。漫其鼻端若蝇翼，陆德明曰："'郢人'，汉书作'獿人'。服虔云：'古之善涂塈者。'"成玄英曰："垩，白善土也。漫，污也。"使匠石斲之。匠石运斤成风，听而斲之，郭象曰："瞑目恣手。"陈碧虚曰："'瞑目恣手'四字正文；旧本作郭注，非是。"尽垩而鼻不伤，郢人立不失容。宋元君闻之，召匠石，曰：'尝试为寡人为之。'匠石曰：'臣则尝能斲之。虽然，臣之质死久矣。'宣颖曰："质者，施技之地。"陆长庚曰："非有'立不失容'之郢人，则匠亦无所施其巧。"自夫子之死也，吾无以为质矣，吾无与言之矣！"严复曰："庄此等文最可爱。不独其罕譬也；思理之来，若由天外。"

管仲有病，桓公问之，曰："仲父之病，病矣。可不谓，云至于大病，奚侗曰："'谓'当作'讳'。管子戒篇、小称篇，吕氏贵公，列子力命，皆可证。”则寡人恶乎属国而可？”管仲曰：“公谁欲与？”公曰：“鲍叔牙。”曰：“不可。其为人，絜廉善士也。其于不己若者，不比之；又一闻人之过，孙诒让曰：“‘又’当为‘人’之误，属上句。列子、吕览皆作‘不比之人’，言不得齿于人也。”终身不忘。使之治国，上且钩乎君，陆德明曰：“钩，反也。”下且逆乎民。其得罪于君也，将弗久矣。”公曰：“然则孰可？”对曰：“勿已，则隰朋可。其为人也，上忘而下畔，马其昶曰：“广雅：‘畔，离也。’”王先谦曰：“力命篇‘畔’上有‘不’字。张湛注：‘居高而自忘，则不忧下之离畔。’”江遹曰：“上忘，其政闷闷；下不畔，其民淳淳。”愧不若黄帝，而哀不己若者。以德分人谓之圣，以财分人谓之贤。以贤临人，未有得人者也；以贤下人，未有不得人者也。其于国，有不闻也；其于家，有不见也。勿已，则隰朋可。”江遹曰：“非真不闻见也，道足容之耳。诗云：‘维是褊心，是以为刺。’褊心之害治如此。”

吴王浮于江，登乎狙之山。众狙见之，恂然弃而走，段玉裁曰：“‘恂’，即说文之‘悍’，惊词也。”严复曰：“‘恂’，亦通‘眴’；若‘少焉眴若’之‘眴’。”逃于深蓁。王念孙曰：“‘蓁’与‘榛’通。”有一狙焉，委蛇攫俱缚反。搔，素报反。见巧乎王。王射之，敏给搏捷矢。俞樾曰：“‘敏’‘给’同义。后汉书注：‘给，敏也。’”吴汝纶曰：“捷矢，犹疾矢。淮南：‘楚王射白猿，搏矢而熙。’”王命相者趋音促。射之，狙执死。司马彪曰：“相者，佐王猎者。执死，见执而死。”王叔岷曰：“御览引‘执’作‘既’。”王顾谓其友颜不疑曰："之狙也，伐其巧、恃其便，以敖予，以至此殛也。戒之哉！嗟乎，无以汝色骄人哉！"颜不疑归而师董梧，以助本亦作"锄"。其色，成玄英曰："锄，除去也。"去乐辞显，三年，而国人称之。

南伯子綦隐几而坐，仰天而嘘。王先谦曰："'伯''郭'声近，'南伯'即'南郭'；事又见齐物论。"颜成子入见，曰："夫子，物之尤也。宣颖曰："言其出类拔萃。"形固可使若槁骸，王先谦曰："齐物论作'槁木'，庚桑楚作'槁木之枝'；此与知北游作'槁骸'。"心固可使若死灰乎？"曰："吾尝居山穴之中矣。当是时也，田禾一睹我，而齐国之众三贺之。陆德明曰："田禾，齐君也。"卢文弨曰："即齐太公和。"我必先之，奚侗曰："'先'当作'有'。"彼故知之；我必卖之，彼故鬻之。若我而不有之，彼恶得而知之？若我而不卖之，彼恶得而鬻之？嗟乎！我悲人之自丧者，吾又悲夫悲人者，吾又悲夫悲人之悲者，其后而日远矣！"宣颖曰："众心尽遣，乃有此槁木死灰之象。"

仲尼之楚，楚王觞之。孙叔敖执爵而立，市南宜僚受酒而祭，陆德明曰："叔敖是楚庄王相，孔子未生。哀公十六年，仲尼卒后，白公为乱。宜僚未尝仕楚。又宣十二年传，楚有熊相宜僚，则与叔敖同时，去孔子甚远；盖寄言也。"焦竑曰："此即史迁所谓'空语无事实'者，固不得以时月核之。"曰："古之人乎！于此言已。"马其昶曰："史记：'优孟，楚之乐人也。为孙叔敖衣冠，抵掌谈语。庄王置酒，优孟前为寿。王大惊，以为孙叔敖复生也。'叔敖为楚名臣，乐人效之，由来旧矣。此所云'执爵而立'，亦乐人象叔敖为三老五更乞言宪道事也。'曰'者，楚王之语。'古之人'，即指叔敖、宜僚。此庄生因优孟事而寓为此言。”穆按：楚王谓古人于此言，亦导孔子使言也。马氏之说，古无其证，姑录以备一说耳。曰：“丘也，闻不言之言矣，未之尝言，于此乎言之。胡远濬曰：“‘不言之言’，指下弄丸解难，甘寝投兵。孔子谓初未尝陈此义，今承君询而遂言之。”市南宜僚弄丸，而两家之难解；罗勉道曰：“宜僚弄丸，丸八常在空，一在手。楚与宋战，宜僚弄丸军前，两军停战观之；在仲尼卒后。”穆按：罗说未检何据。若谓在庄王时，则亦在孔子前。孙叔敖甘寝秉羽，而郢人投兵。郭庆藩曰：“投兵，即淮南所谓‘孙叔敖恬卧，而郢人无所害其锋’。高注：‘但恬卧养德，折冲千里之外，敌国不敢犯。’”郭象曰：“此二子息讼以默，澹泊自若，而兵难自解。”丘愿有喙三尺。”陆德明曰：“三尺，言长也。”陆长庚曰：“凡鸟喙长者，多不能言，如鹳、鹤。”严复曰：“此文家反语。既知不言之言，即有三尺之喙，何济于辩；矧乎其无有耶！”穆按：上引孔子语毕。彼之谓不道之道，此之谓不言之辩。郭象曰：“‘彼’谓二子，‘此’谓仲尼。”故德总乎道之所一，武延绪曰：“‘一’上脱‘不’字，下同。”穆按：下疑脱“不”字，此句可不改。而言休乎知之所不知，至矣。道之所一者，德不能同也；陆长庚曰：“失道而后德。”曹受坤曰：“‘同’，古逸丛书本作‘周’。德者，得也。有所得，则道之所一者已破而不完。周者，圆满普遍义。”知之所不能知者，辩不能举也。名若儒、墨而凶矣。郭嵩焘曰：“儒、墨之所以凶，以有儒、墨之名也。”故海不辞东流，大之至也。圣人并包天地，泽及天下，而不知其谁氏。是故生无爵，死无谥，实不聚，名不立，此之谓大人。狗不以善吠为良，人不以善言为贤，而况为大乎！郭象曰：“大愈不可为而得。”夫为大不足以为大，而况为德乎！郭象曰：“惟自然乃德耳。”夫大备矣，武延绪曰：“‘矣’疑‘者’字讹。”莫若天地；然奚求焉？而大备矣。知大备者，无求、无失、无弃，不以物易己也。反己而不穷，循古而不摩，马其昶曰：“国策注：‘摩，合也。’谓不必拟似古也。”大人之诚。

子綦有八子，陈诸前，召九方歅音因。曰：陆德明曰：“九方歅，善相马人。淮南作‘九方皋’。”“为我相吾子，孰为祥？”九方歅曰：“梱音困。也为祥。”子綦瞿然喜曰：“奚若？”曰：“梱也，将与国君同食，以终其身。”子綦索然出涕曰：“吾子何为以至于是极也！”九方歅曰：“夫与国君同食，泽及三族，而况于父母乎！今夫子闻之而泣，是御福也。陆德明曰：“御，距也。”子则祥矣，父则不祥。”子綦曰：“歅，汝何足以识之！而梱祥邪？尽于酒肉，入于鼻口矣，而何足以知其所自来！吾未尝为牧，而牂子郎反。生于奥；陆德明曰：“尔雅：‘牂，牝羊也。’奥，西南隅。”未尝好田，而鹑生于宎。乌吊反。司马彪曰：“宎，东北隅也。”罗勉道曰：“诗云：‘不狩不猎，胡瞻尔庭有县鹑兮？’语句略同。”若勿怪，何邪？吾所与吾子游者，游于天地。吾与之邀乐于天，吾与之邀食于地；吾不与之为事，不与之为谋，不与之为怪。吾与之乘天地之诚，而不以物与之相撄；吾与之一委蛇，而不与之为事所宜。林云铭曰：“数语与庚桑楚篇同意。”今也然，严复曰：“‘然’字句绝；犹云‘如汝所说’。”马其昶曰：“然，犹乃也。”有世俗之偿焉。凡有怪征者，必有怪行。殆乎非我与吾子之罪，几天与之也。吾以是泣也。”无几何，而使梱之于燕，盗得之于道。全而鬻之则难，不若刖之则易。郭象曰：“全恐其逃，故不如刖之易售也。”于是刖而鬻之于齐，适当渠公之街，孙诒让曰：“‘当’当为‘掌’；‘渠’当为‘康’；‘街’当为‘闺’。列子汤问篇‘义渠’，或本‘渠’作‘康’，是其证。”然身食肉而终。

齧缺遇许由，曰：“子将奚之？”曰：“将逃尧。”曰：“奚谓邪？”曰：“夫尧，畜畜然仁，王叔之曰：“畜畜，恤爱勤劳之貌。”吾恐其为天下笑。后世其人与人相食与！语又见庚桑楚篇。夫民，不难聚也。爱之则亲，利之则至，誉之则劝，致其所恶则散。爱利出乎仁义，捐仁义者寡，利仁义者众。夫仁义之行，唯且无诚，郭象曰：“仁义既行，将伪以为之。”武延绪曰：“‘唯’读若‘微’。‘且’，疑‘旦’字讹；‘旦’通‘但’，独也。”且假夫禽贪者器。宣颖曰：“此即‘重利盗跖’意。”奚侗曰：“禽贪，犹凶贪。易恒卦，‘禽’‘凶’叶韵。”章炳麟曰：“‘禽’，借为‘廞’。周礼故书以‘淫’为‘廞’。乐记注：‘淫，贪也。’”是以一人之断制利天下，譬之犹一覕薄结反。也。司马彪曰：“覕，暂见貌。”朱骏声曰：“‘覕’借为‘瞥’。”宣颖曰：“一人之断制，所见有限，犹目之一瞥，岂能尽万物之情乎？”章炳麟曰：“郭注：‘覕，割也。万物万形，而以一剂割之，则有伤也。’是以‘覕’为‘邲’之借。说文：‘邲，宰之也。’‘宰’‘割’同义。”夫尧，知贤人之利天下也，而不知其贼天下也。夫唯外乎贤者知之矣。”

有暖吁爰反。姝者，有濡需者，有卷音权。娄音缕。者。陆德明曰：“暖，柔貌。姝，妖貌。濡，安也。濡需，谓偷安须臾之顷。卷娄，犹拘挛也。”成玄英曰：“暖姝，自许貌。”罗勉道曰：“濡需，濡滞需待。卷娄，卷曲伛偻。”所谓暖姝者，学一先生之言，则暖暖姝姝而私自说也；自以为足矣，而未知未始有物也，是以谓暖姝者也。濡需者，豕虱是也。择疏鬣，成玄英曰：“疏长之毛鬣。”自以为广宫大囿，奎蹄曲隈，王念孙曰：“说文：‘奎，两髀之间也。’”向秀曰：“曲隈，股间也。”郭庆藩曰：“曲隈，盖谓胯内。言‘隈’者，皆在内曲深之谓。”乳间股脚，自以为安室利处，不知屠者之一旦鼓臂布草，操烟火，而己与豕俱焦也。此以域进，此以域退，宣颖曰：“进退为境所囿。”此其所谓濡需者也。卷娄者，舜也。羊肉不慕蚁，蚁慕羊肉，羊肉膻也。舜有膻行，百姓悦之，故三徙成都，至邓之虚，本又作“墟”。而十有万家。尧闻舜之贤，举之童土之地，向秀曰：“童土，地无草木也。”曰冀得其来之泽。舜举乎童土之地，年齿长矣，聪明衰矣，而不得休归，所谓卷娄者也。是以神人恶众至。众至则不比，王敔曰：“人固不可尽合。”不比则不利也。王敔曰：“必有所伤。”故无所甚亲，无所甚疏，抱德炀和，李颐曰：“炀，炙也。”奚侗曰：“‘炀’借作‘养’。”以顺天下，此谓真人。于蚁弃知，于鱼得计，于羊弃意。郭嵩焘曰：“蚁之附膻也，有利而趋之，即其‘知’也；羊之膻也，与以可歆之利，即其‘意’也。鱼相忘于江湖，故曰‘于鱼得计’。”以目视目，以耳听耳，以心复心。王敔曰：“视听止于视听，不以滑心，心自复其本定。”若然者，其平也绳，马其昶曰：“平，犹常也。绳，直也。”其变也循。古之真人，以天待人，马其昶曰：“‘人’，旧作‘之’，今从张君房本。”不以人入天。古之真人。

得之也生，失之也死；得之也死，失之也生。药也，其实堇音谨。也，桔梗也，鸡廱于容反。也，豕零也，是时为帝者也，何可胜言！司马彪曰：“堇，乌头也。鸡瘫，一名芡，即鸡头。豕零，一名猪苓。”陆长庚曰：“堇毒，梗浮，鸡补，零利。”吴汝纶曰：“时为帝，犹云迭为贵重。”句践也，以甲楯三千栖于会稽，唯种也能知亡之所以存，本又作“可以”。唯种也不知其身之所以愁。陆德明曰：“种，越大夫名也。吴楚春秋云：‘姓文，字少禽。’”故曰：鸱目有所适，鹤胫有所节，解之也悲。司马彪曰：“解，去也。”故曰：风之过，河也有损焉；日之过，河也有损焉。归有光曰：“吹、晒水耗。”请只风与日相与守河，马其昶曰：“只，句中语助。”而河以为未始其撄也，恃源而往者也。故水之守土也审，王敔曰：“审，谓密而无间。”影之守人也审，物之守物也审。故目之于明也殆，耳之于聪也殆，心之于殉也殆。刘师培曰：“‘殉’当作‘徇’。史记：‘幼而徇齐’，大戴记作‘慧齐’，是‘徇’‘慧’谊符。知北游：‘思虑恂达，耳目聪明。’”凡能其于府也殆，穆按：“其”通“之”。王敔曰：“府者，能之所藏也。”殆之成也不给改。宣颖曰：“犹‘不及改’。”祸之长也兹萃，李冶曰：“‘兹’‘滋’古字通。”李颐云：“萃，多也。”其反也缘功，宣颖曰：“欲反自然，须循学力。”其果也待久。宣颖曰：“即果于自克，亦待日久。言败之速，救之难也。”而人以为己宝，不亦悲乎！马其昶曰：“‘果也待久’，恶不积，不足以灭身也。故世人狃于目前，而忽其所戒。”故有亡国戮民无已，不知问是也。故足之于地也践，虽践，恃其所不蹍而后善博也；成玄英曰：“践、踬，俱履蹈也。”林云铭曰：“足之所践无几，而要所不践，方可资以致远。”俞樾曰：“两‘践’字并当作‘浅’。”人之知也少，虽少，恃其所不知而后知天之所谓也。知大一，知大阴，陆长庚曰：“大一，浑沦未判。大阴，至静无感。”知大目，穆按：大目，一视无分也。知大均，刘咸炘曰：“即大圆，与‘大方’对。”知大方，知大信，知大定，至矣。大一通之，郭象曰：“道也。”大阴解之，郭象曰：“用其分内，则万事无滞。”大目视之，郭象曰：“用万物之自见。”大均缘之，郭象曰：“因其本性，令各自得。”大方体之，郭象曰：“体之使各得其分，则万方俱得。”大信稽之，郭象曰：“命之所期，无令越逸。”大定持之。郭象曰：“真不挠，则自定。”杨文会曰：“此历举七大，与佛经暗合。‘大一通之’，体则无二，用乃万殊。‘大阴解之’，寂灭大海，究竟解脱。‘大目视之’，正法眼藏，彻见本源。‘大均缘之’，平等一如，普缘十界。‘大方体之’，无边刹土，不出自心。‘大信稽之’，因果历然，纤毫不爽。‘大定持之’，本来无动，不持而持。”尽有天循，有照冥，有枢始，有彼则。姚鼐曰：“天循者，‘常无以知其妙’也；照冥者，‘常有以知其徼’也。天循为体，故有枢始；照冥为用，故有彼则。言因彼为则，无常则也。此非必圣人，人尽有之，特知解者少耳。”其解之也，似不解之者；其知之也，似不知之也。不知而后知之。其问之也，不可以有崖，而不可以无崖。颉滑有实，向秀曰：“颉滑，谓错乱也。”郭象曰：“万物虽颉滑不同，而物物各自有实也。”陆长庚曰：“颉，谓升降上下；滑，谓流动旋转。所谓化育流行，上下昭著，莫非此理之实。”古今不代，郭象曰：“各自有，故不可相代。”而不可以亏，郭象曰：“宜各尽其分。”陆长庚曰：“更无代易，亦无亏损。”则可不谓有大扬榷音角。乎！

王念孙曰：“广雅：‘扬榷，都凡也。’扬榷、辜榷，皆大数之名，犹言约略。”阖不亦问是已，奚惑然为！以不惑解惑，复于不惑，是尚大不惑。杨文会曰：“以不惑之理，解瞑眩之惑，以复其本性之不惑，然后进而至于大不惑，则契于道矣。”

则阳

则阳杂篇之三。王夫之曰："杂篇惟庚桑楚、徐无鬼、寓言、天下四篇，为条贯之言。则阳、外物、列御寇三篇，皆杂引博喻；理则可通，而文义不相属。"

则阳游于楚，司马彪曰："姓彭，名则阳。"夷节言之于王，陆德明曰："夷节，楚臣。"王未之见，夷节归。彭阳见王果曰：司马彪曰："王果，楚贤人。""夫子何不谭我于王？"王果曰："我不若公阅休。"陆德明曰："公阅休，隐士也。"彭阳曰："公阅休奚为者邪？"曰："冬则擉音捉。鳖于江，司马彪曰："擉，刺也。"夏则休乎山樊。李颐曰："樊，傍也。"有过而问者，曰：'此予宅也。'郭象曰："言此者，以抑彭阳之进趋。"夫夷节已不能，而况我乎！吾又不若夷节。夫夷节之为人也，无德而有知，不自许，以之神其交，罗勉道曰："屈己随人，而人莫测其所以也。"固颠冥乎富贵之地，司马彪曰："颠冥，犹迷惑也。"非相助以德，相助消也。王敔曰："消，谓消其德。"夫冻者假衣于春，暍音谒。者反冬乎冷风。陆德明曰："字林：'暍，伤暑也。'"奚侗曰："此当作'反冷风于冬'。"高亨曰："反，求也。墨子非攻：'必反大国之说'；孟子：'盍亦反其本矣'；本书盗跖篇：'以反一日之无。'" 王敔曰："春不待衣而自暖，冬不待冷风而自凉，于以解冻暍也何有？" 穆按：此喻贪慕富贵，多求人助，方且益病。吴汝纶曰："淮南俶真篇云：'冻者假兼衣于春，暍者望冷于秋。'" 夫楚王之为人也，形尊而严；其于罪也，无赦如虎；非夫佞人、正德，其孰能桡焉！王叔之曰："惟正德以至道服之，佞人以才辩夺之，故能泥挠之也。" 故圣人，其穷也，使家人忘其贫；其达也，使王公忘爵禄而化卑。其于物也，与之为娱矣；姚鼐曰："'娱'，当读为'娭'。" 其于人也，乐物之通而保己焉。阮毓崧曰："即田子方篇'虚缘而葆真'、知北游篇'外化而内不化'也。" 故或不言而饮人以和，与人并立而使人化。父子之宜，彼其乎归。穆按：论语"老者安之，少者怀之"，即"父子之宜，彼其乎归"之义也。居而一闲其所施，高亨曰："尔雅释言：'闲，俔也。'广雅释诂：'闲，覗也。'言一察其所加施于人心者，若是之远也。" 穆按：此犹庚桑楚篇所谓"至人尸居环堵之室，而百姓猖狂不知所如往"也。其于人心者，若是其远也。故曰：待公阅休。" 郭象曰："欲其释楚王而从阅休，将以静泰之风镇其动心也。"

圣人达绸缪，陆德明曰："绸缪，犹缠绵也。" 罗勉道曰："事理缪轕处。" 郭象曰："达绸缪，所谓玄通。" 周尽一体矣，郭象曰："无内外而皆洞照。" 而不知其然，性也。复命摇作，而以天为师，人则从而命之也。忧乎知，而所行恒无几时，其有止也，若之何！阮毓崧曰："老子曰：'静曰复命。'摇作，动也。" 宣颖曰："圣人动静皆依乎天。" 曹受坤曰："'复'，疑'循'字之误。循命摇作，谓率性而动也。" 穆按：惟根乎性而不知其然者，乃能行之无已时也。

生而美者，人与之鉴，不告，则不知其美于人也。若知之，若不知之，若闻之，若不闻之，其可喜也终无已，王念孙曰：“终，竟也；竟无已时也。”陆长庚曰：“其美不以不知、不闻而遂失。”人之好之亦无已，性也。圣人之爱人也，人与之名，不告，则不知其爱人也。若知之，若不知之，若闻之，若不闻之，其爱人也终无已，人之安之亦无已，性也。穆按：中庸曰：“至诚无息。”至诚，即性也；无息，即无已也。旧国旧都，望之畅然；虽使丘陵草木之缗，入之者十九，犹之畅然。况见见闻闻者也？姚鼐曰：“缗，乃芒昧不分明之意。在宥篇：‘当我缗乎！’同此解。旧都虽入于芒昧者十九，所见才十一耳，已自畅然；况见闻亲切者乎！”俞樾曰：“入，谓入于丘陵草木掩蔽之中也。”林希逸曰：“‘见见闻闻’，即佛氏所谓‘本来面目’。”以十仞之台县众闲者也？俞樾曰：“其畅然更可知。”

冉相氏得其环中以随成，郭象曰：“冉相氏，古之圣王也。”宣颖曰：“环中，即时中也。随在自成，莫非此中。”王先谦曰：“齐物论：‘枢始得其环中，以应无穷。’”与物无终无始，无几无时。成玄英曰：“无始，无过去。无终，无未来。无几无时，无见在。”日与物化者，一不化者也，杨文会曰：“此如禅宗一圆相，随众生机而成就之，真俗圆融，恒顺众生，与之俱化，而自无化相可得。”穆按：语又见知北游。阖尝舍之！成玄英曰：“与化俱往，曷尝暂舍也！”夫师天而不得师天，姚鼐曰：“‘师天而不得’，此以意解所至为师天者也；此与殉物者同为殉耳。圣人之师天，则未始知有天也。”与物皆殉，其以为事也若之何？宣颖曰：“有心事此。”夫圣人未始有天，未始有人，未始有始，未始有物，章炳麟曰："'物'，即'物故'之'物'，正当作'歾'。说文：'终也。'"与世偕行而不替，马其昶曰："尔雅：'替，止也。'"所行之备而不洫，王叔之曰："洫，坏败也。"章炳麟曰："'洫'借为'恤'。说文：'鲜少也。'"其合之也若之何？宣颖曰："无心合道。"王先谦曰："两言'若之何'，欲人之自审择。"汤得其司御，门尹登恒为之傅之，向秀曰："登恒，人名。"陆长庚曰："司御，犹司牧；言天以汤为君。"罗勉道曰："或说门尹登恒即伊尹。"从师而不囿，得其随成，宣颖曰："从师而不囿于师，得环中随成之道。"陆长庚曰："汤为之司御，名焉而已。"为之司其名；林云铭曰："人不称其师，而称汤，是汤为师司其名也。"之名嬴法，马其昶曰："之，是也。"得其两见。陆长庚曰："名，嬴法也，犹老子谓'余食赘行'。盖大道无名，名有是非美恶，皆落两见。"吕惠卿曰："其精为道，其嬴为法。见其名之所由生，则知法之所由成；是为两见。"仲尼之尽虑，为之傅之。阮毓崧曰："系辞：'天下何思何虑？'韩注：'一以贯之，不虑而尽矣。'郭象注：'若有纤芥之虑，岂得寂然不动，应感无穷，以辅万物之自然耶！''尽虑'，即无心之谓。凡得环中之道者，要必以无心为之师。"容成氏曰：马其昶曰："淮南高诱注云：'黄帝时造历日者。'""除日无岁，无内无外。"归有光曰："日积成岁，浑全难分。有内方有外，内外无间。"杨文会曰："'除日无岁'，破时量也。'无内无外'，破方量也。"王夫之曰："天之体，浑然一环而已。春非始，冬非终，相禅相成者，至密而无畛域。其浑然一气，流动充满，上者非清，下者非浊，物化其中，随运而成。有者非实，无者非虚。庄生以此见道之大圜，流通以成化，而不以形气名义滞之于小成。其曰'实而无乎处者宇也'，浑天无内无外之环也；其曰'长而无本剽者宙也’，浑天除日无岁之环也。”

魏莹与田侯牟约，司马彪曰：“莹，魏惠王。田侯，齐威王也，名牟。”田侯牟背之。魏莹怒，将使人刺之。犀首闻而耻之，陆德明曰：“犀首，魏官名也。”司马彪曰：“公孙衍为此官。”曰：“君为万乘之君也，而以匹夫从雠。衍请受甲二十万，为君攻之。虏其人民，系其牛马，使其君内热发于背，然后拔其国。忌也出走，成玄英曰：“田忌，齐将。”然后抶敕一反。其背，陆德明曰：“三苍：‘抶，击也。’”折其脊。”季子闻而耻之，陆德明曰：“季子，魏臣。”曰：“筑十仞之城，城者既十仞矣，俞樾曰：“下‘十’乃‘七’之误，与下文‘兵不起七年’，对文为喻。”则又坏之，此胥靡之所苦也。今兵不起七年矣，此王之基也。衍乱人，不可听也。”华子闻而丑之，陆德明曰：“华子，亦魏臣。”曰：“善言伐齐者，乱人也；善言勿伐者，亦乱人也；谓伐之与不伐乱人也者，又乱人也。”君曰：“然则若何？”曰：“君求其道而已矣。”惠子闻之而见戴晋人。陆德明曰：“戴晋人，梁国贤人。”戴晋人曰：“有所谓蜗音瓜。者，李颐曰：“蜗虫有两角，俗谓之蜗牛。”君知之乎？”曰：“然。”“有国于蜗之左角者，曰触氏；有国于蜗之右角者，曰蛮氏。时相与争地而战，伏尸数万，逐北旬有五日而后反。”君曰：“噫！其虚言与？”曰：“臣请为君实之。君以意在四方上下，有穷乎？”马其昶曰：“礼记注：‘在，察也。’”君曰：“无穷。”曰：“知游心于无穷，而反在通达之国，若存若亡乎？”郭象曰：“人迹所及为通达，谓今四海之内。”君曰：“然。”

曰："通达之中有魏，于魏中有梁，于梁中有王。王与蛮氏有辨乎？"君曰："无辨。"客出，而君惝然若有亡也。苏辙曰："诚知所争若此其细也，则天下无争矣。"客出，惠子见。君曰："客，大人也，圣人不足以当之。"惠子曰："夫吹管也，犹有嗃许交反。也；陆德明曰："嗃，管声也。"吹剑首者，吷音血。而已矣。司马彪曰："剑首，谓剑环头小孔也。吷然如风过。"尧、舜，人之所誉也；道尧、舜于戴晋人之前，譬犹一吷也。"郭象曰："曾不足闻。"严复曰："今科学中有天文、地质两科，治之，乃有以实知宇宙之博大而悠久。回观大地与夫历史所著之数千年，真若一吷。庄未尝治此两学，而所言如此，则其心虑之超越常人，真万万也！真所谓大人者非欤！"

孔子之楚，舍于蚁丘之浆。李颐曰："蚁丘，山名。浆，卖浆家。"司马彪曰："谓逆旅舍以菰蒋草覆之。"刘文典曰："淮南原道篇：'上漏下湿，润浸北房，雪霜滚灖，浸潭苽蒋。'亦正以蒋为草舍。艺文类聚、御览引此并作'蒋'。"其邻有夫妻臣妾登极者。司马彪曰："极，平头屋也。"陈治安曰："宜僚欲观夫子为人，又不屑与接也。"子路曰："是稯稯音总，字亦作"总"。何为者邪？"李颐曰："稯稯；聚貌。"仲尼曰："是圣人仆也。宣颖曰："仆，犹徒。"是自埋于民，自藏于畔。王叔之曰："隐藏于垄畔。"其声销，郭象曰："捐其名也。"其志无穷；其口虽言，其心未尝言；方且与世违，而心不屑与之俱。是陆沉者也。郭象曰："人中隐者，譬无水而沉也。"是其市南宜僚邪？"子路请往召之。孔子曰："已矣！彼知丘之著于己也。郭象曰："著，明也。"陆长庚曰：

“彼亦知丘之知彼也。”知丘之适楚也，以丘为必使楚王之召己也，彼且以丘为佞人也。夫若然者，其于佞人也，羞闻其言，而况亲见其身乎！而何以为存？”旧注：“‘存’，谓存问之。”子路往视之，其室虚矣。郭象曰：“果逃去也。”穆按：此似论语“荷蓧丈人”事。

长梧封人问子牢，曰：陆德明曰：“长梧，地名。封人，守封疆之人。”司马彪曰：“子牢，即琴牢，孔子弟子。”“君为政焉勿卤莽，治民焉勿灭裂。司马彪曰：“卤莽，犹麤粗，谓浅耕稀种也。灭裂，断其草也。”昔予为禾，耕而卤莽之，则其实亦卤莽而报予；芸而灭裂之，其实亦灭裂而报予。予来年变齐，才细反。司马彪曰：“谓变更所法。”奚侗曰：“周礼亨人：‘以给水火之齐。’郑注：‘齐，多少之量。’酒正：‘辨五齐之名。’郑注：‘每有祭祀，以度量节作之。’多少合乎法度曰齐，此言‘变齐’，犹言变方法耳。”深其耕而熟耰之，其禾繁以滋，予终年厌飧。”音孙。庄子闻之，曰：“今人之治其形，理其心，多有似封人之所谓：遁其天，离其性，灭其情，亡其神，以众为。宣颖曰：“驰骛众事。”故卤莽其性者，欲恶之孽为性。武延绪曰：“‘孽’，‘蘖’之假字。”林云铭曰：“认贼作子。”萑音丸。苇蒹葭始萌，以扶吾形，寻擢吾性；宣颖曰：“欲恶既萌，与官形表里相助，而因以乱性。”并溃漏发，李颐曰：“谓精气散泄，上溃下漏。”不择所出，漂本亦作“瘭”。疽疥痈，内热溲膏是也。”陆德明曰：“瘭疽，谓病疮脓出也。”司马彪曰：“溲膏，谓虚劳人尿上生肥白沫也。”陆长庚曰：“得其养，形神俱妙；失其养，形神俱病也。”

柏矩学于老聃，曰："请之天下游。"老聃曰："已矣！天下犹是也。"又请之。老聃曰："汝将何始？"曰："始于齐。"至齐，见辜人焉。俞樾曰："周官注：'"辜"之言"枯"也；谓磔之。'汉书注：'磔，谓张其尸也。'"推而强之，成玄英曰："令其正卧。"解朝服而幕之，司马彪曰："幕，覆也。"号天而哭之，曰："子乎，子乎！俞樾曰："'子'读为'嗞'。诗：'子兮子兮'，传：'嗟兹也。'"天下有大灾，子独先离之！曰：'莫为盗！莫为杀人！'马其昶曰："二句推执法者罪之之词。"荣辱立，然后睹所病；货财聚，然后睹所争。今立人之所病，聚人之所争，穷困人之身，使无休时，欲无至此，得乎！古之君人者，以得为在民，以失为在己；以正为在民，以枉为在己。故一形王叔岷曰："'一形'，疑原作'一物'。郭注、成疏可证。"有失其形者，退而自责。今则不然。匿为物而愚不识，俞樾曰："'愚'，释文一本作'遇'，疑'过'字之误。吕览适威：'烦为教而过不识，数为令而非不从，巨为危而罪不敢，重为任而罪不胜'，与此文义相似。"大为难而罪不敢，重为任而罚不胜，远其涂而诛不至。民知力竭，则以伪继之。日出多伪，士民安取不伪！吴汝纶曰："'日出'二句，疑注文误入。"夫力不足则伪，知不足则欺，财不足则盗。盗窃之行，于谁责而可乎？"

蘧伯玉行年六十而六十化，未尝不始于是之，而卒诎之以非也；未知今之所谓是之非五十九非也。万物有乎生，而莫见其根；有乎出，而莫见其门。人皆尊其知之所知，而莫知恃其知之所不知而后知，可不谓大疑乎！奚侗曰："说文：‘疑，惑也。’”已乎已乎！且无所逃此，则所谓然与，然乎？陆德明曰：“‘然乎’，言未然。”王先谦曰：“论语：‘其然，岂其然乎？’与此意同。”严复曰：“此犹赫胥黎所谓之‘不可知论’。”

仲尼问于大史大弢、伯常骞、狶韦，曰：“夫卫灵公饮酒湛乐，不听国家之政；田猎毕弋，不应诸侯之际。司马彪曰：“际，盟会之事。”其所以为灵公者，何邪？”大弢曰：“是因是也。”郭象曰：“‘灵’即是无道之谥。”伯常骞曰：“夫灵公有妻三人，同滥而浴。陆德明曰：“滥，浴器也。”奚侗曰：“‘滥’当作‘鉴’。说文：‘鉴，大盆也。’”史鳅奉御而进所，司马彪曰：“史鳅，史鱼也。”王敔曰：“进于君所。”搏币而扶翼。郭象曰：“以鳅为贤，而奉御之劳，故搏币而扶翼之，使其不得终礼。此其所以为肃贤也。币者，奉御之物。”陈景元曰：“币，帛也；浴巾也。”武延绪曰：“‘搏币’，疑当读若‘匍匐’。”方扬曰：“同浴是一事，奉御又是一事，不必同时。”其慢，若彼之甚也；见贤人，若此其肃也。是其所以为灵公也。”郭象曰：“‘灵’有二义，亦可谓善，故仲尼问焉。”狶韦曰：“夫灵公也死，卜葬于故墓，不吉；卜葬于沙丘，而吉。掘之数仞，得石椁焉。洗而视之，有铭焉，曰：‘不冯其子，灵公夺而里之。’司马彪曰：“言子孙不足可凭，故使公得此处为冢。”陆德明曰：“而，汝也。里，居处也。”宣颖曰：“‘子’‘里’为韵。”方扬曰：“古人谓窀穸为蒿里。”夫灵公之为灵也久矣，之二人何足以识之！”郭象曰：“徒识已然之见事耳，未知已然之出于自然也。”严复曰：“二人，指大弢、伯常骞。”

少知问于大公调曰：“何谓丘里之言？”李颐曰：“四井

为邑，四邑为丘。五家为邻，五邻为里。古者邻里井邑，土风不同。”大公调曰：“丘里者，合十姓百名而以为风俗也。合异以为同，散同以为异。吕惠卿曰：“合姓名为丘里，散丘里为姓名。”今指马之百体而不得马，而马系于前者，立其百体而谓之马也。是故丘山积卑而为高，江河合水一本作“合流”。而为大，大人合并而为公。武延绪曰：“‘并’，疑‘众’字讹。‘众’古作‘㐺’，与‘并’形近。”是以自外入者，有主而不执；由中出者，有正而不距。吕惠卿曰：“不执者，有万而无不容。不距者，周行而无不遍。’四时殊气，天不赐，故岁成；于省吾曰：“‘赐’读如‘易’。诗文王：‘骏命不易。’”穆按：谓不以私意变易自然也。五官殊职，君不私，故国治；文武大人不赐，王叔岷曰：“据注、疏，‘文武’下疑原有‘殊能’二字。”故德备；万物殊理，道不私，故无名。无名故无为，无为而无不为。时有终始，世有变化。祸福淳淳，王叔之曰：“淳淳，流动貌。”至有所拂者，而有所宜；郭象曰：“流行反覆，于此为戾，于彼或以为宜。”自殉殊面，有所正者有所差。陆德明曰：“广雅：‘面，向也。’”成玄英曰：“各逐己见，所向不同。”比于大泽，百材皆度；观乎大山，木石同坛。成玄英曰：“坛，基也。”此之谓丘里之言。”少知曰：“然则谓之道，足乎？”大公调曰：“不然。今计物之数，不止于万，而期曰‘万物’者，成玄英曰：“期，限也。”以数之多者号而读之也。李颐曰：“读，犹语也。”是故天地者，形之大者也；阴阳者，气之大者也；道者为之公。因其大以号而读之，则可也。老子曰：“公乃王。”又曰：“道，吾不知其名，字之曰道，强为之名曰大。”已有之矣，乃将得比哉！吕惠卿曰：“道本无名，而以名称之，则已有矣；乃将得与无名者比哉！”严复曰：“‘有’通‘囿’。既为丘里之言，是已囿之矣，恶足以拟道！”则若以斯辩，譬犹狗马，其不及远矣。”宣颖曰：“如子云‘谓之道’，则犹狗之名狗，马之名马，同于一物，不及道远矣。”少知曰：“四方之内，六合之里，万物之所生恶起？”大公调曰：“阴阳相照，相盖相治；陆长庚曰：“盖，藏也。”俞樾曰：“‘盖’读为‘害’，古字通。”严复曰：“凡对待，皆阴阳也。”四时相代，相生相杀。欲恶去就，于是桥起；马其昶曰：“荀子注：‘“桥”与“矫”同。’矫起，犹言蜂起。”王筠曰：“桥，谓桔槔也。”雌雄片音判。合，王念孙曰：“‘片’与‘胖’同。说文：‘胖，半体肉也。’丧服传：‘夫妻，胖合也。’”于是庸有。安危相易，祸福相生，缓急相摩，聚散以成。此名实之可纪，精微之可志也。随序之相理，桥运之相使，成玄英曰：“四序相随，更相治理；五行运动，递相驱使。”陆长庚曰：“桥有升降，故谓气运为桥。屈伸相感，若或使之。”穷则反，终则始。此物之所有，言之所尽，知之所至，极物而已。睹道之人，不随其所废，不原其所起，此议之所止。”少知曰：“季真之莫为，接子之或使，成玄英曰：“季真、接子，齐贤人，俱游稷下。”郭庆藩曰：“接子，汉书人表作‘捷子’，‘接’‘捷’古字通。”俞樾曰：“礼郑注：‘或，有也。’”二家之议，孰正于其情？孰遍于其理？奚侗曰：“‘遍’为‘偏’字误。”唐顺之曰：“‘莫为’，是佛家自然性也；‘或使’，因缘性也。”严复曰：“化，或云‘莫为’，或云‘或使’，犹西学之云‘自由’与‘前定’。”大公调曰："鸡鸣狗吠，是人之所知；虽有大知，不能以言读其所自化，又不能以意其所将为。王叔岷曰："据成疏，疑'意'下脱'测'字。"严复曰："鸡鸣狗吠，物之至近者也。其为'莫为''或使'，且不可知。"斯而析之，王念孙曰："广雅：'斯，分也。'"精至于无伦，大至于不可围。或之使，莫之为，未免于物，而终以为过。陈寿昌曰："二说皆从物上起论，故终不免于过。"或使则实，莫为则虚。有名有实，是物之居；唐顺之曰："居，言著物也。"无名无实，在物之虚。陆长庚曰："老子：'有之以为利，无之以为用。'"可言可意，言而愈疏。未生不可忌，成玄英曰："忌，禁也。"已死不可徂。一本作"阻"。成玄英曰："阻，碍也。"死生非远也，理不可睹。或之使，莫之为，疑之所假。马其昶曰："大宗师释文：'假，因也。'"吾观之本，其往无穷；吾求之末，其来无止。无穷无止，言之无也，与物同理；或使、莫为，言之本也，与物终始。马叙伦曰："'之'读为'其'。"马其昶曰："理无穷止，而物有终始。故忘言而寓诸无竟者，与物同理也。有、无二执，言本此兴，特与物终始耳；非无穷无止之道也。"道不可有，有不可无。马其昶曰："'有不'之'有'，读为'又'。"严复曰："道不可有，又不可无，故化。固不可以为'莫为'，又不可以为'或使'。"道之为名，所假而行。马其昶曰："老子云：'不知其名，字之曰道。'"或使、莫为，在物一曲，夫胡为于大方？言而足，则终日言而尽道；言而不足，则终日言而尽物。道、物之极，言、默不足以载；非言非默，议其有极。"

外物杂篇之四。

外物不可必，故龙逢诛，比干戮，箕子狂，恶来死，桀、纣亡。郭象曰："善恶所致，俱不可必也。"人主莫不欲其臣之忠，而忠未必信，故伍员流于江，苌弘死于蜀，藏其血三年而化为碧。郭象曰："精诚之至。"人亲莫不欲其子之孝，而孝未必爱，故孝己忧而曾参悲。李颐曰："孝己，殷高宗太子。"木与木相摩则然，阮毓崧曰："上古取火，先以硬棒在干燥木块上反复磨擦。至钻木取火，仍以木棒为之。"金与火相守则流。薛福成曰："此泰西电学、化学之权舆。"阴阳错行，则天地大絯，音骇。王叔岷曰："在宥、天运皆作'天下大骇'。"于是乎有雷有霆，成玄英曰："阴阳错乱，不顺五行，故雷霆击怒，惊骇万物。"水中有火，乃焚大槐。司马彪曰："水中有火，谓电也。焚，谓霹雳时烧大树也。"唐顺之曰："造化变异则生火，人心扰攘则生火。"有甚忧两陷而无所逃，王先谦曰："人亦有甚忧者，利害是也。害固害，利亦害，故常两陷而无所逃。"螴音陈。蜳音惇。不得成，成玄英曰："螴蜳，犹怵惕也。"王先谦曰："人视外物过重，虽怵惕恐惧，卒无所成。"心若县于天地之间，慰暋音昏。沉屯，李颐曰："慰，郁也。暋，闷也。"利害相摩，生火甚多，众人焚和。郭象曰："内热故也。"月固不胜火，陆长庚曰："火在人身，有所谓'五志之火'者。月，水也。月不胜火，即医家'一水不能胜五火'义。"宣颖曰："月，喻人之清明本性也。"于是乎有僓音颓。然而道尽。王敔曰："所受以生之道，于是乎亡。"

庄周家贫，故往贷粟于监河侯。陆德明曰："说苑作魏文侯。"监河侯曰："诺。我将得邑金，将贷子三百金，可乎？"庄周忿然作色曰："周昨来，有中道而呼者。周顾视，车辙中有鲋鱼焉。周问之曰：'鲋鱼来！子何为者邪？'对曰：'我，东海之波臣也。君岂有斗升之水而活我哉？'王引之曰："岂，犹其也。"周曰：'诺。我且南游吴、越之王，激西江之水而迎子，可乎？'鲋鱼忿然作色曰：'吾失我常与，林云铭曰："常与，谓水。"我无所处。吾得斗升之水然活耳，王引之曰："然，犹则也。"君乃言此，曾不如早索我于枯鱼之肆！'"

任公子为大钩巨缁，李颐曰："任，国名。"司马彪曰："巨缁，大黑纶也。"五十犗古迈反。以为饵，郭象曰："犗，犍牛也。"蹲音存。乎会稽，投竿东海，旦旦而钓，期年不得鱼。已而大鱼食之，牵巨钩，錎音陷。没而下，陆德明曰："字林：'錎，犹陷也。'"骛扬而奋鬐，求夷反。白波若山，海水震荡，声侔鬼神，惮赫千里。任公子得若鱼，离而腊音昔。之，自制河以东，陆德明曰："'制'，应作'浙'。"苍梧已北，莫不厌若鱼者。

已而后世辁音权。才讽说之徒，皆惊而相告也。李颐曰："辁，量人也。"朱骏声曰："'辁'，借为'铨'。"夫揭竿累，本亦作"纍"。趣本又作"趋"。灌渎，司马彪曰："纍，纶也。灌渎，溉灌之渎。"守鲵鲋，其于得大鱼，难矣；饰小说以干县令，马永卿曰："庄子与梁惠王同时，是时已有县令，见史记年表。"朱亦栋曰："犹左传之'县尹'。"其于大达，亦远矣。是以未尝闻任氏之风俗，其不可与经于世，亦远矣。严复曰："以上两段，政用相发。物之差数，不主故常。方其欲少，则升斗之水，利于东海之波；方其图大，则连犗巨缁，贤于揭竿趣渎。"

儒以诗礼发冢。大儒胪传曰：向秀曰："从上语下曰胪传。""东方作矣，司马彪曰："谓日出也。"事之何若？"小儒曰："未解裙襦，口中有珠。""《诗》固有之曰：马叙伦曰："此下皆大儒答小儒辞。"'青青之麦，生于陵陂。生不布施，死何含珠为？'接其鬓，压本一作"擪"。其颊，许秽反。陆德明曰："字林：'擪，一指按也。'"司马彪曰："颊，颐下毛也。"儒以金椎控其颐，王念孙曰："'儒'，艺文类聚引作'而'，是也；而，汝也。"刘文典曰："御览七六三引'儒'作'徐'。"徐别其颊，无伤口中珠！"陆长庚曰："此喻世儒无实得，而剽窃古人为事。"

老莱子之弟子出薪，陆德明曰："老莱子，楚人。出薪，出采薪也。"遇仲尼，反以告曰："有人于彼，修上而趋音促。下，郭象曰："长上而促下也。"末偻而后耳，成玄英曰："肩背伛偻。"孙诒让曰："淮南地形训'末偻'，高注：'末，犹脊也。'末偻，即背偻。"郭象曰："耳却近后。"视若营四海，刘师培曰："营，谓匝遍。"不知其谁氏之子。”老莱子曰：“是丘也，召而来！”仲尼至。曰：“丘！去汝躬矜与汝容知，陆德明曰：“容智，谓饰智为容好。”斯为君子矣。”仲尼揖而退，蹙然改容而问曰：“业可得进乎？”老莱子曰：“夫不忍一世之伤，而骜万世之患，马其昶曰：“吕览注：‘骜，亦轻也。’”抑固窭邪？王先谦曰：“抑子胸中固素无蓄备。”亡其略弗及邪？王引之曰：“‘亡’‘无’同，转语词。”惠以欢为骜，王先谦曰：“以施惠博众欢，长一己之傲。”章炳麟曰：“左襄二十六年传服注：‘惠，发声。’”终身之丑，中民之行进焉耳，宣颖曰：“中民，庸人也。”穆按：此处“进”字，承上“业可得进乎”之问来。王叔岷曰：“阙误‘进’上有‘易’字。”相引以名，相结以隐。俞樾曰：“吕览注：‘隐，私也。’”与其誉尧而非桀，不如两忘而闭其所誉。语又见大宗师。反无非伤也，动无非邪也。成玄英曰：“反于物性，无不伤损，扰动心灵，皆非正法。”圣人踌躇以兴事，以每成功。王夫之曰：“踌躇兴事，养生主所谓‘戒’，人间世所谓‘慎’。”奈何哉，其载焉终矜尔！”吴汝纶曰：“淮南云：‘反性之本，在于去载，去载则虚。’与此文‘载’字同。”

宋元君夜半而梦人被发窥阿门，成玄英曰：“阿，曲也。”曰：“予自宰路之渊，予为清江使河伯之所，渔者余且子余反。得予。”元君觉，使人占之，曰：“此神龟也。”君曰：“渔者有余且乎？”左右曰：“有。”君曰：“令余且会朝。”明日，余且朝。君曰：“渔何得？”对曰：“且之网，得白龟焉，箕圆五尺。”孙诒让曰：“‘箕’‘其’字同。‘圆’，‘运’之声转。‘其运五尺’，言龟大径五尺；犹山木篇言异鹊‘翼广七尺，目大运寸’。”君曰：“献若之龟。”龟至，君再欲杀之，再欲活之，心疑，卜之，曰：“杀龟以卜，吉。”乃刳龟，刘文典曰：“文选江赋注、类聚、御览引并作‘刳龟以卜’。”七十二钻而无遗策。仲尼曰：“神龟能见梦于元君，而不能避余且之网；知能七十二钻而无遗策，不能避刳肠之患。如是，则知有所困，神有所不及也。虽有至知，万人谋之。鱼不畏网而畏鹈鹕。陆德明曰：“鹈鹕，水鸟。”吕惠卿曰：“鹈鹕有知，网无知也。”罗勉道曰：“鹈鹕害小，网害大。人能去小知，而大知明矣。”去小知而大知明，去善而自善矣。婴儿生无石师而能言，王敔曰：“‘石’‘硕’通。”与能言者处也。”

惠子谓庄子曰：“子言无用。”庄子曰：“知无用，而始可与言用矣。夫地，非不广且大也，人之所用，容足耳。然则厕音侧。足而垫丁念反。崔譔本又作“堑”。之致黄泉，崔譔曰：“垫，下也。”陆德明曰：“致，至也。”马永卿曰：“以足外无余地也。”人尚有用乎？”惠子曰：“无用。”庄子曰：“然则无用之为用也亦明矣。”洪迈曰：“学记：‘鼓无当于五声，五声弗得不和。水无当于五色，五色弗得不章。’其理一也。”严复曰：“‘婴儿’两语，当自成章；否则属之本章。石师于言，有用之用；能言相处，无用之用也。”

庄子曰：“人有能游，且得不游乎？人而不能游，且得游乎？夫流遁之志，决绝之行，噫！其非至知厚德之任与！覆坠而不反，火驰而不顾，陶鸿庆曰：“‘火’疑‘𠔁’字误。说文：‘𠔁，分也。’互见天地篇。”虽相与为君臣，时也，易世而无以相贱。故曰：至人不留行焉。唐顺之曰："不留行，即无住著意。"夫尊古而卑今，学者之流也。且以狶韦氏之流观今之世，夫孰能不波？刘师培曰："'波'借作'颇'，与下文'僻'字并文；皆谓偏侧。"唯至人乃能游于世而不僻，顺人而不失己。彼教不学，郭象曰："教因彼性，故非学也。"承意不彼。吕惠卿曰："达其意而承之，'不彼'也。不能通天下之意，则'彼是'生矣。"陆长庚曰："承其意而不外之也。"

目彻为明，耳彻为聪，鼻彻为颤，马其昶曰："'颤'读曰'馨'。礼：'燔燎羶芗'，注：'"羶"，当为"馨"，声之误也。''颤'与'羶'同，见列子释文。"口彻为甘，心彻为知，知彻为德。凡道不欲壅，壅则哽，哽而不止则跈，王念孙曰："'跈'读为'抮'。广雅：'抮，戾也。'"跈则众害生。物之有知者恃息，其不殷，非天之罪。马其昶曰："殷，盛也。"陆长庚曰："存焉者寡。"天之穿之，日夜无降，人则顾塞其窦。马其昶曰："广雅，'降'与'㡒'同，云：'减也。'天人气息，日夜相通，未尝有减。其不能殷盛者，人特以声色自戕耳。"武延绪曰："'降'疑当为'隙'，德充符、田子方可证。"胞有重阆，音浪。陆德明曰："胞，腹中胎。"郭象曰："阆，空旷也。"心有天游。室无空虚，则妇姑勃谿；音奚。司马彪曰："勃谿，反戾也。无虚空以容自私，则反戾共斗争也。"心无天游，则六凿相攘。司马彪曰："谓六情攘夺。"大林丘山之善于人也，亦神者不胜。马其昶曰："大林丘山，其境虚也。神不胜六凿之扰，故睹清旷之境而喜。"穆按：以其境虚，无与相争胜者，故若神王也。德溢乎名，名溢乎暴，宣颖曰："名之溢外，由于表暴。"

谋稽乎谹，音弦。郭象曰："谹，急也。急而后考其谋。"知出乎争，柴生乎守官，曾国藩曰："柴，梗塞也；言所以闭塞不通，由拘守太过。"马其昶曰："官，即'官知止'之'官'。"事果乎众宜。马其昶曰："徇众好则果于为。"方扬曰："此六者，皆以物胜其神，以贼袭其虚者也。"春雨日时，王先谦曰："'日'疑'曰'之误。"草木怒生，铫七遥反。鎒乃豆反。于是乎始修，陆德明曰："铫，削也，能有所穿削也。鎒，似锄。"草木之到植者过半，而不知其然。司马彪曰："锄拔反之更生者曰'到植'。"卢文弨曰："'到'，古'倒'字。"方扬曰："时至则生，铫鎒不能遏，其天遂也。"

静默可以补病，眦搣音灭。一作"揃搣"。可以休老，焦竑曰："眦搣，盖养生家之术。"段玉裁曰："眥搣颊旁，修养之法；故急就篇以'揃搣'与'沐浴''寡合同'并言。"郭嵩焘曰："广韵：'搣，按也，摩也。'谓以两手按摩目眦。"宁可以止遽。虽然，若是，劳者之务也，非佚者之所，陆长庚曰："'所'，如'所其无逸'之'所'。"未尝过而问焉。圣人之所以駴户楷反。天下，王叔之曰："谓改百姓之视听也。"神人未尝过而问焉；王夫之曰："超其上，则知其不屑。"贤人所以駴世，圣人未尝过而问焉；君子所以駴国，贤人未尝过而问焉；小人所以合时，君子未尝过而问焉。演门有亲死者，以善毁，爵为官师，陆德明曰："演门，宋城门名。"其党人毁而死者半。尧与许由天下，许由逃之；详逍遥游。汤与务光，务光怒之。详大宗师与让王。纪他闻之，帅弟子而踆音存。于窾水。陆德明曰："'踆'，古'蹲'字。"诸侯吊之，三年，申徒狄因以踣芳附反。河。纪他、申徒狄，并见大宗师。马其昶曰："踣，赴也。见秋水释文。"

荃者所以在鱼，得鱼而忘荃；蹄者所以在兔，得兔而忘蹄；陆德明曰："荃，香草也，可以饵鱼。一云：'鱼笱也。'蹄，兔罝也。又云：兔弶也；系其脚，故曰蹄也。"言者所以在意，得意而忘言。吾安得夫忘言之人而与之言哉！"王夫之曰："此段文义，乃以起寓言篇之旨；而寓言篇末，又与列御寇篇首意旨吻合。盖杂篇次序相因，类如此。昔人以此益证让王四篇为搀入，信不诬也。"姚鼐曰："寓言一章，正与'荃者'节相续；分篇者殊为不审。"陈用光曰："篇名不必拘于章首数字。'荃者'节于外物义无所属，而取以冠下篇之首，合齐物论中一段连属之，乃觉文义浑成，首尾完备。"

寓言

杂篇之五。王夫之曰："发明其'终日言而未尝言'之旨，使人不泥其迹。此与天下篇乃全书之序例，详说乃反约也。"

寓言十九，重言十七，陆德明曰："寓，寄也。重言，为人所重者之言。"姚鼐曰："庄生书凡托为人言者，十有其九。就寓言中，其托为神农、黄帝、尧、舜、孔、颜之类，言足为世重者，又十有其七。"卮言日出，和以天倪。王叔之曰："卮器满即倾，空则仰，随物而变，非执一守故者也。"王闿运曰："'卮''觯'同字。觯言，饮燕礼成，举觯后可以语之时之言也。"马其昶曰："诗云：'献酬交错，礼仪卒度，笑语卒获。'古者旅酬之时，少长交错，皆无算爵。乡射记云：'于旅也语。'故曰'卮言'，义主尽欢。无次第，故曰'和之以天倪，因之以曼衍'矣。"寓言十九，藉外论之。郭象曰："言出于己，俗多不受，故借外耳。"亲父不为其子媒。亲父誉之，不若非其父者也。非吾罪也，人之罪也。司马迁曰："庄子其学无所不窥，其著书十余万言，大抵率寓言也。畏累虚、亢桑子之属，皆空语无事实。然善属书离辞，指事类情，用剽剥儒、墨，虽当世宿学，不能自解免也。其言汪洋自恣以适己，故自王公大人不能器之。"与己同则应，不与己同则反。同于己，为是之；异于己，为非之。王引之曰："为，犹则也。"重言十七，所以已言也，王敔曰："已言者，止人之争辩也。”是为耆艾。年先矣，而无经纬本末以期年耆者，杨守敬曰：“按注文，‘年耆者’三字，应依古钞本作‘来者’。”王闿运曰：“不但以古人为重，以经纬本末重也。”是非先也。人而无以先人，无人道也；人而无人道，是之谓陈人。郭象曰：“直是陈久之人耳。”马其昶曰：“世人各以先入之言为主，彼未尝不以为重言而守之。其实皆无经纬本末者，不似己所托为黄帝、尧、舜、孔、老之徒也。”章炳麟曰：“谓依据故言，若因明论所谓‘圣教量’者，足以暂宁诤论，止息人言，而非智者所服。”卮言日出，和以天倪，因以曼衍，所以穷年。三语又见齐物论。不言则齐，齐与言不齐，言与齐不齐也，故曰无言。苏舆曰：“不言而道存，物论齐矣。言则有正有差，齐与言，言与齐，终无可齐之日；故曰，莫若无言。”言无言，终身言，未尝言；终身不言，未尝不言。阮籍曰：“庄周述道德之妙，叙无为之本，寓言以广之，假物以延之，聊以娱无为之心，而逍遥于一世；岂将以希咸阳之门，而与稷下争辩也哉！”有自也而可，有自也而不可；郭象曰：“自，由也。由彼我之情偏，故有可不可，然不然。”有自也而然，有自也而不然。恶乎然？然于然。恶乎不然？不然于不然。恶乎可？可于可。恶乎不可？不可于不可。物固有所然，物固有所可。无物不然，无物不可。以上又见齐物论。非卮言日出，和以天倪，孰得其久！万物皆种也，以不同形相禅，王夫之曰：“各依其种而有变化。”宣颖曰：“皆有种类，各以其形禅于无穷。”始卒若环，莫得其伦，郭象曰：“伦，理也。”是谓天均。严复曰：“天均，犹天钧。钧，陶轮也。似道之物，皆无始卒。无始卒者，惟环可言；而由是往复周流之事起。”天均者，天倪也。姚鼐曰："'何谓和之以天倪'八十四字，当在此'天倪也'下。其章末'忘年忘义'，与章首'忘言'正相应。"按：姚氏移上篇'荃者'节为本篇之首章，故云然。

庄子谓惠子曰："孔子行年六十而六十化，始时所是，卒而非之；未知今之所谓是之非五十九非也。"王先谦曰："与则阳篇称蘧伯玉同。"惠子曰："孔子勤志服知也？"罗勉道曰："服知，从事乎知也。"王闿运曰："'也'，读为'邪'。"庄子曰："孔子谢之矣，而其未之尝言？马其昶曰："'其'，读为'岂'。言勤志服知之说，孔子已自谢之；夫岂未之尝言？故下引孔子语，以证其所见盖进乎此矣。"孔子云：'夫受才乎大本，罗勉道曰："'才'犹孟子云'天之降才'。大本，谓太初。"复灵以生。孙诒让曰："'复'，疑与'腹'通。腹灵，犹言含灵。"章炳麟曰："'复'，借为'伏'，谓伏藏灵气。"鸣而当律，言而当法，利义陈乎前，而好恶是非，直服人之口而已矣。吕惠卿曰："利义陈乎前，我从而好恶是非之，直服人之口而已。以其所待未定，非无为而自化者。"马其昶曰："此勤志服知者，孔子始时所是，卒而非之者也。"使人乃以心服，而不敢蘁立，马其昶曰："'蘁'与'愕''鄂'字通。颜师古说：'凡言"鄂"者，皆谓阻碍不依顺也。'潘岳赋：'应叱愕立。'"王叔岷曰："'蘁'与'遻'通。文选谢惠连雪赋注引作'忤'，从'忤'绝句。"马叙伦曰："'立''定'形近，错羡一字。"定天下之定。已乎已乎！吾且不得及彼乎！'"马其昶曰："能服人之心者，孔子自谢不及，故曰能化也。"

曾子再仕而心再化，宣颖曰："化，变也。"曰："吾及亲仕三釜，而心乐；后仕三千钟，不洎，其器反。郭象曰："洎，及也。”吾心悲。”弟子问于仲尼曰：“若参者，可谓无所县其罪乎？”郭象曰：“县，系也。”陶鸿庆曰：“说文：‘罪，捕鱼竹网也。’引伸有系累义，谓不系心于利禄之累也。”曰：“既已县矣。郭象曰：“系于禄以养也。”夫无所县者，可以有哀乎？彼视三釜、三千钟，如鹳雀蚊虻相过乎前也。”俞樾曰：“‘雀’字衍。‘鹳’，当依古本作‘观’。”王叔岷曰：“阙误作‘如观鸟雀蚊虻’。”

颜成子游谓东郭子綦曰：武延绪曰：“‘东’，疑‘南’字讹。”“自吾闻子之言，一年而野，成玄英曰：“野，质朴也。”二年而从，成玄英曰：“顺于俗。”三年而通，成玄英曰：“不滞境。”四年而物，成玄英曰：“与物同。”陆长庚曰：“槁木死灰，情识不起。”于省吾曰：“‘物’乃‘易’字讹。”五年而来，成玄英曰：“为众归。”武延绪曰：“‘来’上脱‘神’字；知北游、人间世可证。”六年而鬼入，成玄英曰：“神会物理。”七年而天成，成玄英曰：“合自然成。”八年而不知死、不知生，九年而大妙。”陶鸿庆曰：“老子：‘常无欲以观其妙’，王注：‘妙者，微之极。’”穆按：“大妙”犹之言“太玄”也。

生有为，死也劝。马其昶曰：“此与天运篇‘劝’字皆当作‘亏’。彼与‘施’为韵，此与‘为’为韵。”公以其死也，有自也；而生，阳也，无自也。而果然乎？恶乎其所适？恶乎其所不适？武延绪曰：“‘公’，疑当为‘皆’，草书形近之讹。”马其昶曰：“吕览注：‘公，共也。’言众人之情，共以生本阳气，无所自来，而死则实自于生，故见为亏而悲耳。抑知生恶乎适？死恶乎不适？”天有历数，陆长庚曰：“甘、石之书是。”地有人据，陆长庚曰：“据人耳目闻见，禹贡、图经之类是。”王敔曰：“以人所据而分国邑。”章炳麟曰：“‘人’借为‘夷’。‘据’借为‘剧’，有急促义；与平夷相对。犹言地有夷险难易耳。”吾恶乎求之？严复曰：“天可推，地可指；死生去来之事，吾安所执而求之？”马其昶曰：“以历数测天，以疆域画地，实则天地本自浑然，无可分别。人据此身而觉有生死之异，实则一气屈伸，亦无可分别耳。”莫知其所终，若之何其无命也？莫知其所始，若之何其有命也？有以相应也，若之何其无鬼邪？无以相应也，若之何其有鬼邪？王夫之曰：“儒言命，墨言鬼，各有所通者，各有所穷。”

众罔两问于景曰：武延绪曰：“‘众’，疑‘象’字讹。象罔，犹言无象；后人据齐物论加‘两’字。”陶鸿庆曰：“‘众’，疑‘罔’字之误而衍。”“若向也俯，而今也仰；向也括，而今也被发；司马彪曰：“括，谓括发。”向也坐，而今也起；向也行，而今也止；何也？”景曰：“搜搜也，奚稍问也？刘师培曰：“‘搜’，读学记‘谀闻’之‘谀’，犹区区也。‘稍’，与‘肖’同。方言、广雅‘肖’并训‘小’。‘奚稍问’，犹云何问之小。”予有而不知其所以。予，蜩甲也？蛇蜕也？似之而非也。穆按：以上又见齐物论，而繁简稍异。火与日，吾屯也；阴与夜，吾代也。陆德明曰：“屯，聚也。”成玄英曰：“代，谢。”彼，吾所以有待邪？罗勉道曰：“若曰影生于形，如蜩之甲、蛇之蜕，此说似矣而非。甲犹是生于蜩，蜕犹是生于蛇。若影，遇火、日照之则屯聚，遇阴、夜则代去。无火、日，虽有形，不能为我影；故曰有所待。”而况乎以有待者乎！陶鸿庆曰：“‘以’字读为‘已’，言吾有待于彼，而彼已先有所待矣。”穆按：齐物论云：“吾所待又有待而然者邪？”郭象曰：“推而极之，则今之所谓有待者，卒至于无待，而独化之理彰矣。”彼来，则我与之来；彼往，则我与之往；彼强阳，则我与之强阳。宣颖曰：“强阳，谓健动。”穆按：火、日之光强阳，则影亦随之强阳。强阳者，又何以有问乎！”穆按：火、日之光之强弱，此入化机，不可复问。

阳子居南之沛。列子黄帝篇作“杨朱”。张湛曰：“朱不与老子同时，此寓言也。”老聃西游于秦，邀于郊，陆德明曰：“邀，要也。”至于梁而遇老子。老子中道仰天而叹曰：“始以汝为可教，今不可也。”阳子居不答。至舍，进盥音管。漱巾栉，脱屦户外，膝行而前曰：“向者弟子欲请夫子，夫子行不闲，是以不敢。今闲矣，请问其故。”老子曰：“而睢睢盱盱，而谁与居？郭象曰：“睢睢盱盱，跋扈之貌。人将畏难而疏远。”大白若辱，盛德若不足。”语见老子。阳子居蹴然变容曰：“敬闻命矣。”其往也，舍者迎将，其家公执席，李颐曰：“家公，主人公也。”妻执巾栉，舍者避席，炀羊向反。者避灶。陆德明曰：“炀，炊也。”其反也，舍者与之争席矣。郭象曰：“去其夸矜故也。”

让王

杂篇之六。苏轼曰："盗跖、渔父、让王、说剑，皆浅陋不入于道。"陆长庚曰："既言不以天下之故而伤其生，何故却将赴渊枯槁之士续记其后？"马其昶曰："此篇杂见列子、吕览、淮南，及韩诗外传、新序各书。"

尧以天下让许由，许由不受。又让于子州支父。李颐曰："支父，即支伯也。"吴汝纶曰："此见吕览贵生篇。"子州支父曰："以我为天子，犹之可也。虽然，我适有幽忧之病，方且治之，未暇治天下也。"夫天下，至重也，而不以害其生，又况他物乎！唯无以天下为者，可以托天下也。

舜让天下于子州支伯。子州支伯曰："予适有幽忧之病，方且治之，未暇治天下也。"故天下，大器也，而不以易生，此有道者之所以异乎俗者也。

舜以天下让善卷。善卷曰："予立于宇宙之中，冬日衣皮毛，夏日衣葛絺。春耕种，形足以劳动；秋收敛，身足以休食。日出而作，日入而息，逍遥于天地之间，而心意自得。吾何以天下为哉？悲夫！子之不知予也！"遂不受。于是去而入深山，莫知其处。

舜以天下让其友石户之农。吴汝纶曰："此见吕览离俗篇。"石户之农曰："卷卷乎郭象曰："卷卷，用力貌。"后之为人，葆力之士也！"以舜之德为未至也，于是夫负妻戴，携子以入于海，终身不反也。

大王亶父居邠，吴汝纶曰："此淮南道应篇文，亦见吕览审为篇。"狄人攻之。事之以皮帛而不受，事之以犬马而不受，事之以珠玉而不受，狄人之所求者，土地也。大王亶父曰："与人之兄居，而杀其弟；与人之父居，而杀其子，吾不忍也。子皆勉居矣！为吾臣，与为狄人臣，奚以异？且吾闻之，不以所用养害所养。"因杖策而去之。民相连而从之，陈用光曰；"今京师方言谓追人者曰'辇'。司马彪曰："'连'读曰'辇'。'"奚侗曰："广雅：'连，续也。'"遂成国于岐山之下。夫大王亶父可谓能尊生矣。能尊生者，虽贵富不以养伤身，虽贫贱不以利累形。今世之人，居高官尊爵者，皆重失之，见利轻亡其身，岂不惑哉！

越人三世弑其君。吴汝纶曰："此吕览贵生篇文。"王子搜患之，逃乎丹穴。而越国无君，求王子搜，不得，从之丹穴。王子搜不肯出，越人薰之以艾，乘以王舆。王子搜援绥登车，仰天而呼曰："君乎，君乎！独不可以舍我乎！"王子搜非恶为君也，恶为君之患也。若王子搜者，可谓不以国伤生矣。此固越人之所欲得为君也。

韩、魏相与争侵地。吴汝纶曰："此吕览审为篇文。"子华子见昭僖侯，昭僖侯有忧色。子华子曰："今使天下书铭于君之前，书之言曰：‘左手攫之，则右手废；右手攫之，则左手废。然而攫之者，必有天下。’君能攫之乎？”昭僖侯曰：“寡人不攫也。”子华子曰：“甚善！自是观之，两臂重于天下也，身亦重于两臂。韩之轻于天下亦远矣，今之所争者，其轻于韩又远。君固愁身伤生，以忧戚不得也！”僖侯曰：“善哉！教寡人者众矣，未尝得闻此言也。”子华子可谓知轻重矣。

鲁君闻颜阖，得道之人也，吴汝纶曰：“此吕览贵生篇文。”使人以币先焉。颜阖守陋闾，苴本或作“麤”布之衣，李颐曰：“苴，有子麻也。”而自饭牛。鲁君之使者至，颜阖自对之。使者曰：“此颜阖之家与？”颜阖对曰：“此阖之家也。”使者致币，颜阖对曰：“恐听者阙误张君房本无“者”字。谬而遗使者罪，不若审之。”使者还反审之，复来求之，则不得已。故若颜阖者，真恶富贵也。刘文典曰：“‘真’当为‘非’；下有敚文。”故曰：“道之真，以治身；其绪余，以为国家；其土苴，以治天下。”司马彪曰：“土苴，如粪草也。”由此观之，帝王之功，圣人之余事也，非所以完身养生也。今世俗之君子，多危身弃生以殉物，岂不悲哉！凡圣人之动作也，必察其所以之，与其所以为。王叔之曰：“所以之，谓德所加之方也。所以为，谓所以待物也。”今且有人于此，以随侯之珠，弹千仞之雀，世必笑之。是何也？则其所用者重，而所要者轻也。夫生者，岂特随侯之重哉！俞樾曰：“‘随侯’下当补‘珠’字。”

子列子穷，吴汝纶曰："此吕览观世篇文。"容貌有饥色。客有言之于郑子阳者，曰："列御寇，盖有道之士也，居君之国而穷，君无乃为不好士乎？"郑子阳即令官遗之粟。子列子见使者，再拜而辞。使者去，子列子入，其妻望之而拊心，曰："妾闻为有道者之妻子，皆得佚乐，今有饥色。君过而遗先生食，先生不受，岂不命邪！"子列子笑谓之曰："君非自知我也。以人之言而遗我粟，至其罪我也，又且以人之言。此吾所以不受也。"其卒，民果作难而杀子阳。

楚昭王失国，吴汝纶曰："此见韩诗外传廉稽篇。"屠羊说走而从于昭王。昭王反国，将赏从者，及屠羊说。屠羊说曰："大王失国，说失屠羊；大王反国，说亦反屠羊。臣之爵禄已复矣，又何赏之言？"王曰："强之！"屠羊说曰："大王失国，非臣之罪，故不敢伏其诛；大王反国，非臣之功，故不敢当其赏。"王曰："见之！"屠羊说曰："楚国之法，必有重赏大功，而后得见。今臣之知，不足以存国；而勇，不足以死寇。吴军入郢，说畏难而避寇，非故随大王也。今大王欲废法毁约而见说，此非臣之所以闻于天下也。"王谓司马子綦曰："屠羊说居处卑贱，而陈义甚高，子綦为我延之以三旌之位。"司马本作"三珪"。孙诒让曰："楚爵以执珪为最贵，大招云：'三圭重侯。'王注：'三圭，谓公、侯、伯也。'楚策有'上执珪'。"陶鸿庆曰："'綦'当为'其'；古逸丛书本不误。"屠羊说曰："夫三旌之位，吾知其贵于屠羊之肆也；

万钟之禄，吾知其富于屠羊之利也。然岂可以贪爵禄，而使吾君有妄施之名乎！说不敢当，愿复反吾屠羊之肆。”遂不受也。

原宪居鲁，吴汝纶曰：“此见韩诗外传曾子仕篇，亦见新序节士篇。”环堵之室，茨以生草；成玄英曰：“以草盖屋曰茨。”蓬户不完，陆德明曰：“织蓬为户。”桑以为枢；而瓮牖司马彪曰：“屈桑条为户枢，破瓮为牖。”二室，褐以为塞。陶鸿庆曰：“说文：‘塞，隔也。’谓以褐衣隔为内外二室也。”上漏下湿，匡坐而弦。司马彪曰：“匡，正也。”陆德明曰：“弦，谓弦歌。”韩传有“歌”字；阙误张君房本亦有“歌”字。子贡乘大马，中绀而表素，轩车不容巷，往见原宪。原宪华冠縰履，陆德明曰：“以华木皮为冠。”陶鸿庆曰：“曲礼郑注：‘华，中裂之。’华冠，谓冠敝而分裂。”李颐曰：“縰履，履无跟也。”杖藜而应门。子贡曰：“嘻！先生何病？”原宪应之曰：“宪闻之：‘无财谓之贫，学而不能行谓之病。’今宪贫也，非病也。”子贡逡巡而有愧色。原宪笑曰：“夫希世而行，比周而友，学以为人，教以为己，仁义之慝，舆马之饰，宪不忍为也！”

曾子居卫，奚侗曰：“韩传、新序并以此为原宪事。”缊袍无表，颜色肿哙，司马彪曰：“肿哙，剥错也。”王叔之曰：“盈虚不常之貌。”手足胼胝。三日不举火，十年不制衣，正冠而缨绝，捉衿而肘见，纳屦而踵决。曳縰马叙伦曰：“当依御览作‘屣’。”而歌《商颂》，声满天地，若出金石。天子不得臣，诸侯不得友。故养志者忘形，养形者忘利，致道者忘心矣。

孔子谓颜回曰：“回来！家贫居卑，胡不仕乎？”颜回对曰：“不愿仕。回有郭外之田五十亩，足以给飦陆德明曰：“字或作‘饘’。广雅：‘糜也。’”粥；郭内之田十亩，足以为丝麻；鼓琴足以自娱；所学夫子之道者，足以自乐也。回不愿仕。”孔子愀一本作“欣”。奚侗曰：“礼哀公问郑注：‘愀然，变动貌。’”然变容曰：“善哉，回之意！丘闻之：‘知足者，不以利自累也；审自得者，失之而不惧；行修于内者，无位而不怍。’丘诵之久矣，今于回而后见之，是丘之得也。”

中山公子牟谓瞻子曰：吴汝纶曰：“此淮南道应篇文，亦见吕览审为。”陆德明曰：“‘瞻子’，淮南作‘詹’。”“身在江海之上，心居乎魏阙之下，奈何？”瞻子曰：“重生。重生则利轻。”中山公子牟曰：“虽知之，未能自胜也。”瞻子曰：“不能自胜，则从；神无恶乎！王叔岷曰：“淮南道应作‘不能自胜则从之；从之，神无怨乎！’此有脱字。”不能自胜而强不从者，此之谓重伤。俞樾曰：“重伤，犹再伤也。”重伤之人，无寿类矣。”魏牟，万乘之公子也，其隐岩穴也，难为于布衣之士；虽未至乎道，可谓有其意矣。

孔子穷于陈、蔡之间，吴汝纶曰：“此吕览慎人篇文。”七日不火食，藜羹不糁，成玄英曰：“藜菜之羹，不加米糁。”颜色甚惫，而弦歌于室。颜回择菜，奚侗曰：“吕览慎人‘择菜’下有‘于外’二字。”子路、子贡相与言曰：“夫子再逐于鲁，削迹于卫，伐树于宋，穷于商、周，围于陈、蔡，杀夫子者无罪，藉夫子者无禁。陆德明曰：“藉，陵藉也。”弦歌鼓琴，未尝绝音，君子之无耻也若此乎？”颜回无以应，入告孔子。孔子推琴喟然而叹曰：“由与赐，细人也。召而来，吾语之！”子路、子贡入。子路曰：“如此者，可谓穷矣。”孔子曰：“是何言也！君子通于道之谓通，穷于道之谓穷。今丘抱仁义之道，以遭乱世之患，其何穷之为？郭庆藩曰：“吕览慎人‘为’作‘谓’，是也。古‘为’‘谓’字通。”奚侗曰：“‘为’，犹‘有’也。”故内省而不穷于道，王叔岷曰：“‘穷’字当依吕览作‘疚’。”临难而不失其德，天寒既至，俞樾曰：“‘天’当为‘大’。鲁语：‘大寒降。’”霜雪既降，吾是以知松柏之茂也。陈、蔡之隘，于丘其幸乎！”孔子削然反琴而弦歌，成玄英曰：“削然，取琴声。”子路扢然执干而舞。李颐曰：“扢然，奋舞貌。”王叔岷曰：“‘扢’，书钞、御览并引作‘仡’。说文：‘仡，勇壮也。’”子贡曰：“吾不知天之高也，地之下也。”古之得道者，穷亦乐，通亦乐。所乐非穷通也，道德于此，俞樾曰：“‘德’，当依吕览慎人作‘得’。”则穷通为寒暑风雨之序矣。故许由虞于颍阳，而共伯得乎共首。王叔岷曰：“阙误‘得’下有‘志’字。”陆德明曰：“共丘山，今在河内共县西。”

舜以天下让其友北人无择。吴汝纶曰：“此吕览离俗篇文，淮南齐俗篇同。”北人无择曰：“异哉，后之为人也！居于畎亩之中，而游尧之门！不若是而已，又欲以其辱行漫我。吾羞见之。”因自投清泠之渊。陆德明曰：“山海经云：‘在江南。’一云：在南阳郡西崿山下。”

汤将伐桀，吴汝纶曰：“此亦离俗篇文。”因卞随而谋。卞随曰："非吾事也。"汤曰："孰可？"曰："吾不知也。"汤又因瞀光而谋。瞀光曰："非吾事也。"汤曰："孰可？"曰："吾不知也。"汤曰："伊尹何如？"曰："强力忍垢，朱骏声曰："'垢'，借为'诟'，耻也。"吾不知其他也。"汤遂与伊尹谋伐桀。克之，以让卞随。卞随辞曰："后之伐桀也，谋乎我，必以我为贼也；胜桀而让我，必以我为贪也。吾生乎乱世，而无道之人再来漫我以其辱行，吾不忍数闻也。"乃自投椆水而死。司马彪本作"洞"，曰："洞水在颍川。一云：在范阳郡界。"王叔岷曰："吕览作'颍'。水经颍水注引作'洞水'，形误为'洞'。"汤又让瞀光，曰："知者谋之，武者遂之，仁者居之，古之道也。吾子胡不立乎？"瞀光辞曰："废上，非义也；杀民，非仁也；人犯其难，我享其利，非廉也。吾闻之曰：'非其义者，不受其禄；无道之世，不践其土。'况尊我乎！吾不忍久见也。"乃负石而自沉于庐水。司马彪本作"卢水"，曰："在辽东西界，一云：在北平郡界。"

昔周之兴，吴汝纶曰："此见吕览诚廉篇。"有士二人，处于孤竹，曰伯夷、叔齐。二人相谓曰："吾闻西方有人，似有道者，试往观焉。"至于岐阳，武王闻之，使叔旦往见之，与之盟曰："加富二等，就官一列。"血牲而埋之。二人相视而笑曰："嘻！异哉！此非吾所谓道也。昔者神农之有天下也，时祀尽敬，而不祈喜；俞樾曰："'喜'，当作'禧'。释诂：'禧，福也。'"其于人也，忠信尽治，而无求焉。乐与政为政，乐与治为治，俞樾曰："吕氏诚廉作'乐正与为正，乐治与为治'，疑此文亦当同。”不以人之坏自成也，不以人之卑自高也，不以遭时自利也。今周见殷之乱，而遽为政，马叙伦曰：“吕氏诚廉作'而遽为之正与治'，此当依补。”上谋而下行货，王念孙曰：“'下'字误加。吕览诚廉篇可证。'上'，与'尚'同。”阻兵而保威，割牲而盟以为信，扬行以说众，高亨曰：“'扬'，读为'阳'，伪也。”杀伐以要利，是推乱以易暴也。吾闻古之士，遭治世，不避其任；遇乱世，不为苟存。今天下暗，周德衰，刘文典曰：“阙误引江南古藏本'周'作'殷'，是也。”其并乎周以涂吾身也，不如避之以洁吾行。”二子北至于首阳之山，遂饿而死焉。若伯夷、叔齐者，其于富贵也，苟可得已，则必不赖。章炳麟曰：“方言：'赖，取也。'”高节戾行，独乐其志，不事于世，此二士之节也。

盗跖

盗跖杂篇之七。王安石曰："庄子重言十九，以为耆艾人而无人道者，不以先人。若盗跖，可谓无人道者，而以之为重言，其不然明矣。故此篇之赝，不攻自破。"马其昶曰："太史公称其'作渔父、盗跖、胠箧，以诋訾孔子之徒，以明老子之术'。今盗跖篇未睹所谓'老子之术'，非史公所见之旧。"

孔子与柳下季为友。柳下季之弟，名曰盗跖。陆德明曰："李奇注汉书云：'跖，秦之大盗也。'"俞樾曰："跖为何时人，竟无定说。孔子与柳下惠不同时，柳下惠与盗跖亦不同时。"盗跖从卒九千人，横行天下，侵暴诸侯，穴室枢户，孙诒让曰："'枢'，当为'抠'。殷敬顺列子释文云：'抠，探也。'"驱人牛马，取人妇女，贪得忘亲，不顾父母兄弟，不祭先祖。所过之邑，大国守城，小国入保，陆德明曰："礼记郑注：'小城曰保。'"万民苦之。孔子谓柳下季曰："夫为人父者，必能诏其子；为人兄者，必能教其弟。若父不能诏其子，兄不能教其弟，则无贵父子兄弟之亲矣。今先生，世之才士也，弟为盗跖，为天下害，而弗能教也，丘窃为先生羞之。丘请为先生往说之。"柳下季曰："先生言'为人父者，必能诏其子；为人兄者，必能教其弟’，若子不听父之诏，弟不受兄之教，虽今先生之辩，将奈之何哉！且跖之为人也，心如涌泉，意如飘风，强足以拒敌，武延绪曰：“‘敌’，疑读若‘谪’，与‘谪’同。广韵：‘谪，责也。’”辩足以饰非，顺其心则喜，逆其心则怒，易辱人以言。先生必无往。”孔子不听；颜回为驭，子贡为右，往见盗跖。盗跖乃方休卒徒大山之阳，脍人肝而铺之。陆德明曰：“字林：‘铺，日申时食也。’”孔子下车而前，见谒者曰：“鲁人孔丘，闻将军高义，敬再拜谒者。”谒者入通，盗跖闻之，大怒，目如明星，发上指冠，曰：“此夫鲁国之巧伪人孔丘非邪？为我告之：‘尔作言造语，妄称文、武，冠枝木之冠，司马彪曰：“冠多华饰，如木之枝繁。”带死牛之胁，司马彪曰：“取牛皮为大革带。”多辞缪说，章炳麟曰：“缪，犹繁也。庚桑楚：‘外韄者不可繁而捉，内韄者不可缪而捉。’”不耕而食，不织而衣，摇唇鼓舌，擅生是非，以迷天下之主，使天下学士，不反其本，妄作孝弟，而侥幸于封侯富贵者也。子之罪大极重，俞樾曰：“‘极’当作‘殛’。释言：‘殛，诛也。’”按：古人不避复，“极”字可不烦改。疾走归！不然，我将以子肝益昼铺之膳。’”孔子复通曰：“丘得幸于季，愿望履幕下。”谒者复通，盗跖曰：“使来前！”孔子趋而进，避席反走，再拜盗跖。盗跖大怒，两展其足，案剑瞋目，声如乳虎，曰：“丘来前！若所言，顺吾意则生，逆吾心则死。”孔子曰：“丘闻之，凡天下有三德：生而长大，美好无双，少长贵贱见而皆说之，此上德也；知维天地，能辩诸物，此中德也；勇悍果敢，聚众率兵，此下德也。凡人有此一德者，足以南面称孤矣。今将军兼此三者，身长八尺二寸，面目有光，唇如激丹，司马彪曰："激，明也。"章炳麟曰："'激'，借为'敫'"。齿如齐贝，音中黄钟，而名曰盗跖，丘窃为将军耻不取焉。将军有意听臣，臣请南使吴、越，北使齐、鲁，东使宋、卫，西使晋、楚，使为将军造大城数百里，立数十万户之邑，尊将军为诸侯，与天下更始，罢兵休卒，收养昆弟，共祭先祖。此圣人才士之行，而天下之愿也。"盗跖大怒曰："丘来前！夫可规以利，而可谏以言者，皆愚陋恒民之谓耳。今长大美好，人见而说之者，此吾父母之遗德也。丘虽不吾誉，吾独不自知邪？且吾闻之：'好面誉人者，亦好背而毁之。'今丘告我以大城众民，是欲规我以利，而恒民畜我也，安可长久也！城之大者，莫大乎天下矣。尧、舜有天下，子孙无置锥之地；汤、武立为天子，而后世绝灭；马叙伦曰："庄子时，周犹未亡，岂以其列为东、西周故邪？不然，是可疑也。"非以其利大故邪？且吾闻之：古者，禽兽多而人民少，于是民皆巢居以避之，昼拾橡栗，暮栖木上，故命之曰有巢氏之民。古者，民不知衣服，夏多积薪，冬则炀之，故命之曰知生之民。神农之世，卧则居居，起则于于，民知其母，不知其父，与麋鹿共处，耕而食，织而衣，无有相害之心，此至德之隆也。然而黄帝不能致德，与蚩尤战于涿鹿之野，流血百里。尧、舜作，立群臣，汤放其主，武王杀纣。自是之后，以强陵弱，以众暴寡。汤、武以来，皆乱人之徒也。今子修文、武之道，掌天下之辩，以教后世，缝衣浅带，释文“缝”作“摓”。郭庆藩曰：“列子注引向秀云：‘摓衣，儒服宽而长大。’”矫言伪行，以迷惑天下之主，而欲求富贵焉，盗莫大于子。天下何故不谓子为盗丘，而乃谓我为盗跖？子以甘辞说子路而使从之，使子路去其危冠，解其长剑，而受教于子，天下皆曰孔丘能止暴禁非。其卒之也，子路欲杀卫君而事不成，身菹于卫东门之上，是子教之不至也。穆按：子路菹，颜渊已先卒，不能复为孔子驭。子自谓才士圣人邪？则再逐于鲁，削迹于卫，穷于齐，围于陈、蔡，不容身于天下。子教子路菹，陶鸿庆曰：“‘子路’二字当叠。”此患上无以为身，下无以为人，子之道，岂足贵邪？世之所高，莫若黄帝，黄帝尚不能全德，而战涿鹿之野，流血百里。尧不慈，舜不孝，禹偏枯，汤放其主，武王伐纣，文王拘羑里。此六子者，阙误作“七子”。马叙伦曰：“文王疑后人增。”世之所高也，孰论之，皆以利惑其真，而强反其情性，其行乃甚可羞也。世之所谓贤士，伯夷、叔齐，辞孤竹之君，而饿死于首阳之山，骨肉不葬。鲍焦饰行非世，抱木而死。申徒狄谏而不听，负石自投于河，为鱼鳖所食。介子推，至忠也，自割其股以食文公，文公后背之，子推怒而去，抱木而燔死。尾生与女子期于梁下，女子不来，水至不去，抱梁柱而死。此四者，成玄英本作“此六子者”，谓夷、齐、鲍焦、申徒、介推、尾生。无异于磔犬、流豕、孙诒让曰：“‘流豕’，当为‘沉豕’。周礼：‘以狸沉祭山林川泽，以䴙辜祭四方百物。'‘磔犬’，即所谓‘䴙辜’。”操瓢而乞者，皆离名轻死，阙误“离”作“利”。不念本养寿命者也。世之所谓忠臣者，莫若王子比干、伍子胥。子胥沉江，比干剖心。此二子者，世谓忠臣也，然卒为天下笑。自上观之，至于子胥、比干，皆不足贵也。丘之所以说我者，若告我以鬼事，则我不能知也；若告我以人事者，不过此矣，皆吾所闻知也。今吾告子以人之情：目欲视色，耳欲听声，口欲察味，志气欲盈。人上寿百岁，中寿八十，下寿六十，除病瘦死丧忧患，王念孙曰：“‘瘦’，当为‘瘐’字之误。”其中开口而笑者，一月之中，不过四五日而已矣。天与地无穷，人死者有时。操有时之具，而托于无穷之间，忽然无异骐骥之驰过隙也。不能说其志意，养其寿命者，皆非通道者也。丘之所言，皆吾之所弃也。亟去走归，无复言之！子之道，狂狂汲汲，诈巧虚伪事也，非可以全真也，奚足论哉！”孔子再拜趋走，出门上车，执辔三失，目芒然无见，色若死灰，据轼低头，不能出气。归到鲁东门外，适遇柳下季。柳下季曰：“今者阙然，数日不见，车马有行色，得微往见跖邪？”孔子仰天而叹曰：“然。”柳下季曰：“跖得无逆女意若前乎？”孔子曰：“然。丘所谓无病而自灸也。疾走料虎头，成玄英曰：“料，触。”王叔岷曰：“事文类聚引作‘撩’。”编虎须，几不免虎口哉！”

子张问于满苟得曰：“盍不为行？无行则不信，不信则不任，不任则不利。故观之名，计之利，而义真是也。

若弃名利，反之于心，则夫士之为行，不可一日不为乎！”满苟得曰：“无耻者富，多信者显。夫名利之大者，几在无耻而信。故观之名，计之利，而信真是也。若弃名利，反之于心，则夫士之为行，抱其天乎！”子张曰：“昔者，桀、纣贵为天子，富有天下；今谓臧聚曰：孙诒让曰：“‘聚’，当读‘驺’。说文：‘驺，厩御也。’‘臧’‘驺’皆仆隶贱役。”‘女行如桀、纣’，则有怍色，有不服之心者，小人所贱也。仲尼、墨翟，穷为匹夫；今为宰相曰：焦竑曰：“‘封侯’‘宰相’等语，秦以前无之。”马叙伦曰：“‘宰相’之名，又见韩非显学、吕氏制乐。”‘子行如仲尼、墨翟’，则变容易色称不足者，士诚贵也。故势为天子，未必贵也；穷为匹夫，未必贱也。贵贱之分，在行之美恶。”满苟得曰：“小盗者拘，大盗者为诸侯，诸侯之门，义士存焉。四语又见胠箧篇。刘师培曰：“‘义士’，当作‘仁义’。”昔者桓公小白杀兄入嫂，而管仲为臣；田成子常杀君窃国，焦竑曰：“避汉文帝讳，改‘田恒’为‘田常’。”而孔子受币。论则贱之，行则下之，则是言行之情，悖战于胸中也，不亦拂乎！成玄英曰：“拂，戾也。”故《书》曰：‘孰恶孰美？成者为首，不成者为尾。’”子张曰：“子不为行，即将疏戚无伦，贵贱无义，长幼无序；五纪六位，俞樾曰：“五纪，即五伦。六位，即六纪。白虎通：‘六纪谓诸父、兄弟、族人、诸舅、师长、朋友。’”将何以为别乎？”满苟得曰：“尧杀长子，舜流母弟，疏戚有伦乎？汤放桀，武王杀纣，贵贱有义乎？王季为适，周公杀兄，长幼有序乎？儒者伪辞，墨者兼爱，五纪六位，将有别乎？且子正为名，我正为利。名利之实，不顺于理，不监于道。吾日与子讼于无约，俞樾曰："日，犹日者。"陶鸿庆曰："'无约'二字当叠。"曰：'小人殉财，君子殉名。其所以变其情，易其性，则异矣；乃至于弃其所为，而殉其所不为，则一也。'故曰：无为小人，反殉而天；无为君子，从天之理。若枉若直，相而天极；面观四方，与时消息。若是若非，执而圆机；独成而意，与道徘徊。无转而行，王念孙曰："'转'，读为'专'。山木篇：'无肯专为'；秋水篇：'无一而行'一，亦专也。"无成而义，将失而所为。无赴而富，无殉而成，将弃而天。比干剖心，子胥抉眼，忠之祸也；直躬证父，尾生溺死，信之患也；鲍子立干，胜子不自理，陆德明曰："本又作'申子自理'，谓申徒狄抱瓮之河也。"廉之害也；孔子不见母，俞樾曰："疑'仲子'之误，即所谓避兄离母之陈仲子也。"匡子不见父，司马彪曰："匡章，事见孟子。"义之失也。此上世之所传，下世之所语；以为士者，正其言，必其行，故服其殃，离其患也。"

无足问于知和曰："人卒未有不兴名就利者。彼富则人归之，归则下之，下则贵之。夫见下贵者，所以长生安体乐意之道也。今子独无意焉，知不足邪？意知而力不能行邪？故推正不忘邪？"知和曰："今夫此人，以为与己同时而生、同乡而处者，以为夫绝俗过世之士焉，是专无主正，所以览古今之时、是非之分也。与俗化世，去至重，弃至尊，以为其所为也；此其所以论长生安体乐意之道，不亦远乎！惨怛之疾，恬愉之安，不监于体；怵惕之恐，欣欢之喜，不监于心。知为为而不知所以为，是以贵为天子，富有天下，而不免于患也。”无足曰：“夫富之于人，无所不利，穷美究势，至人之所不得逮，圣人之所不能及，侠人之勇力而以为威强，秉人之智谋以为明察，因人之德以为贤良，非享国而严若君父。且夫声色滋味权势之于人，心不待学而乐之，体不待象而安之。夫欲恶避就，固不待师，此人之性也。天下虽非我，孰能辞之！”知和曰：“知者之为，故动以百姓，不违其度，是以足而不争，无以为，故不求。不足故求之，争四处而不自以为贪；有余故辞之，弃天下而不自以为廉。廉贪之实，非以迫外也，反监之度。势为天子，而不以贵骄人；富有天下，而不以财戏人。计其患，虑其反，以为害于性，故辞而不受也，非以要名誉也。尧、舜为帝而雍，孙诒让曰：“‘雍’，当为‘推’，谓推位于善卷、许由也。”非仁天下也，不以美害生也；善卷、许由得帝而不受，非虚辞让也，不以事害己。此皆就其利，辞其害，而天下称贤焉，则可以有之，彼非以兴名誉也。”无足曰：“必持其名，苦体绝甘，约养以持生，则亦久病长厄而不死者也。”知和曰：“平为福，有余为害者，物莫不然，而财其甚者也。今富人，耳营钟鼓管籥之声，口嗛于刍豢醪醴之味，以感其意，遗忘其业，可谓乱矣；侅音碍。溺于冯气，陆德明曰：“饮食至咽为侅。”王念孙曰：“冯气，犹盛气。”若负重行而上也，阙误本“上”下有“坂”字。可谓苦矣；贪财而取慰，郭庆藩曰：“淮南缪称训高注：‘慰，病也。’”章炳麟曰：“诗小雅传：‘慰，怨也。’”刘文典曰：“阙误‘慰’作‘辱’。”贪权而取竭，静居则溺，体泽则冯，可谓疾矣；为欲富就利，故满若堵耳，而不知避，且冯而不舍，可谓辱矣；财积而无用，服膺而不舍，满心戚醮，成玄英曰：“戚醮，犹烦恼也。”奚侗曰：“‘醮’，‘醮’之误。广雅：‘醮、悴，忧也。’”求益而不止，可谓忧矣；内则疑劫请之贼，外则畏寇盗之害，内周楼疏，李颐曰：“重楼内匝，疏轩外通，谓设备守具。”外不敢独行，可谓畏矣。此六者，天下之至害也，皆遗忘而不知察，及其患至，求尽性竭财，穆按：尽其生，竭其财。单郭嵩焘曰：“‘单’‘亶’古字通，但也。”以反一日之无故，而不可得也。故观之名，则不见；求之利，则不得；缭意绝体而争此，奚侗曰；“说文：‘缭，缠也。’此谓缠束其志意。”不亦惑乎！”

说剑杂篇之八。吕惠卿曰："庄子之制行，愿曳尾于涂中，而不为大庙牺牲，以悟危身殉物之俗，则说剑实所未闻。"马骕曰："语近国策，非庄生本书。"

昔赵文王喜剑，马叙伦曰："本书记庄子事，无加'昔'字者。"剑士夹门而客三千余人，日夜相击于前，死伤者岁百余人，好之不厌。如是三年，国衰，诸侯谋之。太子悝患之，俞樾曰："惠文王后为孝成王丹，则此太子盖不立。"募左右曰："孰能说王之意止剑士者，赐之千金。"左右曰："庄子当能。"太子乃使人以千金奉庄子。庄子弗受，与使者俱往见太子，曰："太子何以教周，赐周千金？"太子曰："闻夫子明圣，谨奉千金，以币从者。夫子弗受，悝尚何敢言！"庄子曰："闻太子所欲用周者，欲绝王之喜好也。使臣上说大王，而逆王意，下不当太子，则身刑而死，周尚安所事金乎？使臣上说大王，下当太子，赵国何求而不得也！"太子曰："然。吾王所见，唯剑士也。"庄子曰："诺。周善为剑。"太子曰："然。吾王所见剑士，刘文典曰："文选注、御览三四四引‘见’字，并作‘好’。”皆蓬头突鬓垂冠，陆德明曰：“将欲斗，故冠低倾也。”曼胡之缨，司马彪曰：“谓粗缨无文理。”吴汝纶曰：“曼胡，坚固之意。吕览孟冬纪：‘其虫介’，高注：‘乘冬闭固，皮曼胡也。’”短后之衣，瞋目而语难，陶鸿庆曰：“‘语难’与‘责难’‘行难’‘归难’文法同。”王乃说之。今夫子必儒服而见王，事必大逆。”庄子曰：“请治剑服。”治剑服三日，乃见太子。太子乃与见王，王脱白刃待之。庄子入殿门不趋，见王不拜。王曰：“子欲何以教寡人，使太子先？”曰：“臣闻大王喜剑，故以剑见王。”王曰：“子之剑，何能禁制？”曰：“臣之剑，十步一人，千里不留行。”王叔岷曰：“李白侠客行：‘十步杀一人，千里不留行。’据司马彪注，疑‘步’下原有‘杀’字。”王大说之，曰：“天下无敌矣！”庄子曰：“夫为剑者，示之以虚，开之以利，后之以发，先之以至。愿得试之。”王曰：“夫子休，就舍，待命；令设戏，王叔岷曰：“本或无‘令’字。”请夫子。”王乃校剑士七日，死伤者六十余人，得五六人，使奉剑于殿下，乃召庄子。王曰：“今日试使士敦剑。”郭嵩寿曰：“鲁颂：‘敦商之旅’，笺：‘敦，治也。’”奚侗曰：“‘敦’，当依上文作‘校’。”庄子曰：“望之久矣！”王曰：“夫子所御杖，王先谦曰：“杖，持也。”马叙伦曰：“玉篇引作‘仗’。”长短何如？”曰：“臣之所奉皆可。然臣有三剑，唯王所用，请先言而后试。”王曰：“愿闻三剑。”曰：“有天子剑，有诸侯剑，有庶人剑。”王曰：“天子之剑何如？”曰：“天子之剑，以燕谿、石城为锋，齐、岱为锷，司马彪曰：“锷，剑刃。一云：剑棱也。”晋、魏为脊，陈碧虚音义“魏”作“卫”。周、宋为镡，成玄英曰：“镡，环也。”奚侗曰：“说文：‘镡，剑鼻也。’”韩、魏为夹；司马彪曰：“夹，把也。一本作‘铗’。”包以四夷，裹以四时，绕以渤海，带以常山；制以五行，马叙伦曰：“本书不言五行义。”论以刑德，开以阴阳，持以春夏，行以秋冬。此剑直之无前，王叔岷曰：“古钞本‘直’作‘值’。”举之无上，案之无下，运之无旁，上决浮云，下绝地纪。此剑一用，匡诸侯，天下服矣。此天子之剑也。”文王芒然自失，曰：“诸侯之剑何如？”曰：“诸侯之剑，以知勇士为锋，以清廉士为锷，以贤良士为脊，以忠胜士为镡，以豪杰士为夹。此剑直之亦无前，举之亦无上，案之亦无下，运之亦无旁；上法圆天，以顺三光，下法方地，以顺四时；武延绪曰：“‘时’，疑当为‘方’。”中知民意，以安四乡。成玄英曰：“四乡，犹四方。”此剑一用，如雷霆之震也，四封之内，无不宾服，而听从君命者矣。此诸侯之剑也。”王曰：“庶人之剑何如？”曰：“庶人之剑，蓬头突鬓垂冠，曼胡之缨，短后之衣，瞋目而语难，相击于前，上斩颈领，下决肝肺。此庶人之剑，无异于斗鸡，一旦命已绝矣，无所用于国事。今大王有天子之位，而好庶人之剑，臣窃为大王薄之。”王乃牵而上殿，宰人上食，王三环之。庄子曰：“大王安坐定气，剑事已毕奏矣。”于是文王不出宫三月，剑士皆服毙其处也。王叔岷曰：“‘服’，本或作‘伏’。”司马彪曰：“忿不见礼，皆自杀也。”

渔父 外篇之九。朱子曰："苏子由古史中，论此数篇决非庄子书，乃后人截断本文搀入；此其考据甚精密。"

孔子游乎缁帷之林，休坐乎杏檀之上。弟子读书，孔子弦歌鼓琴。奏曲未半，有渔父者，下船而来，须眉交白，释文："'交'，一本作'皎'。"被发揄袂，奚侗曰："说文：'揄，引也。'"行原以上，距陆而止，左手据膝，右手持颐以听。曲终，而招子贡、子路二人俱对。客指孔子曰："彼何为者也？"子路对曰："鲁之君子也。"客问其族。子路对曰："族孔氏。"客曰："孔氏者，何治也？"子路未应。子贡对曰："孔氏者，性服忠信，身行仁义，饰礼乐，选人伦，上以忠于世主，下以化于齐民，将以利天下。此孔氏之所治也。"又问曰："有土之君与？"子贡曰："非也。""侯王之佐与？"子贡曰："非也。"客乃笑而还，行言曰："仁则仁矣，恐不免其身；苦心劳形，以危其真。呜呼远哉！其分于道也！"章炳麟曰："说文：'异，分也。'"子贡还报孔子。孔子推琴而起，曰："其圣人与！"乃下求之，至于泽畔，方将杖拏而引其船，司马彪曰："拏，桡也。"顾见孔子，还乡而立。孔子反走，再拜而进。客曰：“子将何求？”孔子曰：“曩者先生有绪言而去，俞樾曰：“绪，余也。未毕而去，故曰绪言。”丘不肖，未知所谓。窃待于下风，幸闻咳唾之音，以卒相丘也。”客曰：“嘻！甚矣，子之好学也！”孔子再拜而起曰：“丘少而修学，以至于今，六十九岁矣，无所得闻至教，敢不虚心！”客曰：“同类相从，同声相应，固天之理也。吾请释吾之所有，而经子之所以。司马彪曰：“经，理也。”子之所以者，人事也。天子、诸侯、大夫、庶人，此四者自正，治之美也，四者离位，而乱莫大焉。官治其职，人忧其事，于省吾曰：“日本高山寺卷子本‘忧’作‘处’。檀弓注：‘处，安也。’”乃无所陵。故田荒室露，衣食不足，征赋不属，妻妾不和，长少无序，庶人之忧也；能不胜任，官事不治，行不清白，群下荒怠，功美不有，爵禄不持，大夫之忧也；廷无忠臣，国家昏乱，工技不巧，贡职不美，春秋后伦，陆德明曰：“朝覲不及等比也。”不顺天子，诸侯之忧也；阴阳不和，寒暑不时，以伤庶物，诸侯暴乱，擅相攘伐，以残民人，礼乐不节，财用穷匮，人伦不饬，百姓淫乱，天子有司之忧也。今子既上无君侯有司之势，而下无大臣职事之官，而擅饰礼乐，选人伦，以化齐民，不泰多事乎？且人有八疵，事有四患，不可不察也。非其事而事之，谓之摠；章炳麟曰：“‘總’，借为‘儳’。地官‘總布’，杜子春云：‘“總”，当为“儳”。’曲礼：‘毋儳言。’儳者，不应豫而豫之也。”成玄英曰：“摠，滥也。”穆按：“滥”字是“揽”字之误。莫之顾而进之，谓之佞；

希意道言，谓之谄；不择是非而言，谓之谀；好言人之恶，谓之谗；析交离亲，谓之贼；称誉诈伪以败恶人，谓之慝；不择善否，两容颊适，偷拔其所欲，陆德明曰："善恶皆容。"陶鸿庆曰："'颊'，当读为'夹'；夹，亦两也。'夹适'与'两容'义同。"马叙伦曰："'偷'，借为'揄'。说文：'揄，引也。'"谓之险。此八疵者，外以乱人，内以伤身，君子不友，明君不臣。所谓四患者，好经大事，变更易常，以挂功名，章炳麟曰："说文：'挂，画也。'引伸为谋画。"谓之叨；专知擅事，侵人自用，谓之贪；见过不更，闻谏愈甚，谓之很；人同于己则可，不同于己，虽善不善，谓之矜。此四患也。能去八疵，无行四患，而始可教已。"孔子愀然而叹，再拜而起，曰："丘再逐于鲁，削迹于卫，伐树于宋，围于陈、蔡，丘不知所失，而离此四谤者，何也？"客凄然变容曰："甚矣，子之难悟也！人有畏影恶迹而去之走者，举足愈数，而迹愈多；走愈疾，而影不离身。王叔岷曰："本或无'身'字。"自以为尚迟，疾走不休，绝力而死。不知处阴以休影，处静以息迹，愚亦甚矣！子审仁义之间，察同异之际，观动静之变，适受与之度，理好恶之情，和喜怒之节，而几于不免矣。谨修而身，慎守其真，还以物与人，则无所累矣。今不修之身而求之人，不亦外乎！"孔子愀然曰："请问何谓真？"客曰："真者，精诚之至也。不精不诚，不能动人。故强哭者虽悲不哀，强怒者虽严不威，强亲者虽笑不和。真悲无声而哀，真怒未发而威，真亲未笑而和。真在内者，神动于外，是所以贵真也。其用于人理也，事亲则慈孝，事君则忠贞，饮酒则欢乐，处丧则悲哀。忠贞以功为主，饮酒以乐为主，处丧以哀为主，事亲以适为主。功成之美，无一其迹矣。事亲以适，不论所以矣；饮酒以乐，不选其具矣；处丧以哀，无问其礼矣。礼者，世俗之所为也；真者，所以受于天也，自然不可易也。故圣人法天贵真，不拘于俗。愚者反此，不能法天而恤于人，不知贵真，禄禄而受变于俗，奚侗曰："'禄'，借作'娽'，说文：'随从也。'或作'錄'。"故不足。惜哉！子之蚤湛于人伪，而晚闻大道也！"

孔子又再拜而起曰："今者，丘得遇也，若天幸然。先生不羞而比之服役，而身教之。敢问舍所在，请因受业，而卒学大道。"客曰："吾闻之：可与往者，与之至于妙道；不可与往者，不知其道，慎勿与之，身乃无咎。子勉之！吾去子矣，吾去子矣！"乃刺船而去，延缘苇间。颜渊还车，子路授绥，孔子不顾，待水波定，不闻拏音，而后敢乘。

子路旁车而问曰："由得为役久矣，未尝见夫子遇人如此其威也。高亨曰："'威'，读为'畏'，广雅：'畏，敬也。'"万乘之主、千乘之君，见夫子，未尝不分庭伉礼，夫子犹有倨傲之容。今渔父杖拏逆立，而夫子曲要磬折，再拜而应，得无太甚乎？门人皆怪夫子矣，渔父何以得此乎？"孔子伏轼而叹曰："甚矣，由之难化也！湛于礼义有间矣，而朴鄙之心，至今未去。进，吾语女！夫遇长不敬，失礼也；见贤不尊，不仁也。彼非至仁，不能下人，下人不精，不得其真，故长伤身。惜哉！不仁之于人也，祸莫大焉，而由独擅之。且道者，万物之所由也。庶物失之者死，得之者生；为事逆之则败，顺之则成。故道之所在，圣人尊之。今渔父之于道，可谓有矣，吾敢不敬乎！”

列御寇

列御寇杂篇之十。苏轼曰："寓言之终曰'阳子居西游于秦，遇老子'云云，若去其让王四篇，以合于列御寇篇首，固是一章也。庄子之言未终，昧者剿之以入其言。"焦竑曰："列子第二篇首载御寇馈浆事，而即缀以阳朱争席，正与轼之言合。"

列御寇之齐，中道而反，遇伯昏瞀音务。人。伯昏瞀人曰："奚方而反？"李颐曰："方，道也。"金其源曰："易复卦：'后不省方'，注：'方，事也。'"曰："吾惊焉。"曰："恶乎惊？"曰："吾尝食于十饗，而五饗先馈。"司马彪曰："'饗'，读曰'浆'。"陆德明曰："馈，遗也。"陆长庚曰："谓取一半之值。"姚范曰："卖浆者以人至之先后为馈浆之次第，列子应食于十浆，而先于五浆而馈，以其形神足以动其畏敬故也。"伯昏瞀人曰："若是，则汝何为惊已？"曰："夫内诚不解，罗勉道曰："不能中虚。"形谍成光，孙诒让曰："'谍'，假为'渫'。"宣颖曰："心积而不化，形即泄之，而成光仪。"以外镇人心，使人轻乎贵老，高秋月曰："言敬己过于爵、齿也。"而𩐈其所患。罗勉道曰："𩐈，犹酿也。"苏舆曰："其，指己。庄子中'其'字多如此用，下文'盍胡尝视其良'，亦然。"夫饗人，特为食羹之货，多余之赢，阙误本"多余"上有"无"

字。其为利也薄，其为权也轻，而犹若是，而况于万乘之主乎！身劳于国，而知尽于事，彼将任我以事，而效我以功，吾是以惊。”伯昏瞀人曰：“善哉，观乎！汝处已，人将保汝矣。”司马彪曰：“保，附也。”马其昶曰：“‘处已’，犹言‘归矣。’”无几何而往，则户外之屦满矣。伯昏瞀人北面而立，敦音顿。杖蹙之乎颐，司马彪曰：“敦，竖也。”立有间，不言而出。宾本亦作“傧”。者以告列子。列子提屦，跣而走，暨乎门，曰：“先生既来，曾不发司马彪作“废”，曰：“置也。”药乎？”曰：“已矣！吾固告汝曰‘人将保汝’，果保汝矣。非汝能使人保汝，而汝不能使人无保汝也，而焉用之感豫出异也！吴汝纶曰：“之，是也；属下读。”郭象曰：“先物施惠，惠不因彼。”罗勉道曰：“豫，未然，感之于未然，所以出异众之验。”王先谦曰：“是自异也。”必且有感，摇而本才，一本作“性”。奚侗曰：“孟子：‘不能尽其才’；中庸：‘因才而笃。’”罗勉道曰：“摇动本性。”又无谓也。与汝游者，又莫汝告音谷。也。彼所小言，尽人毒也。马其昶曰：“谓甘言为患。”莫觉莫悟，何相孰也！陶鸿庆曰：“‘孰’为‘熟’之本字，犹言‘谁相亲爱’。”巧者劳而智者忧，无能者无所求，饱食而遨游，泛若不系之舟，虚而遨游者也。”

郑人缓也，呻吟裘氏之地，司马彪曰：“缓，名也。”郭象曰：“呻吟，吟咏之谓。”祇三年而缓为儒。李颐曰：“祇，适也。”河润九里，泽及三族，使其弟墨。儒、墨相与辩，其父助翟。奚侗曰：“‘翟’，当作‘墨’。墨子名翟，钞者缘以致误。”十年而缓自杀。郭象曰："缓怨父助弟，故感激自杀。"其父梦之曰："使而子为墨者，予也。"马其昶曰："缓见梦止此一语。'阖胡'以下，庄子讥缓不自知墓木已拱，虽死而恨久不忘。"阖胡尝视其良，既为秋柏之实矣！宣颖曰："'阖''胡'，皆'何'也。"李调元曰："'阖''盍'通。"严复曰："尝，试也。"陆德明曰："'良'，或作'埌'，音浪，冢也。"俞樾曰："'圹''埌'，叠韵字，故圹亦得谓之埌。"夫造物者之报人也，不报其人，而报其人之天。成玄英曰："物之智能，禀乎造化，非由从师而学也。故假于学习，辅道自然，报其天性，不报人功也。翟有墨性，不从缓得，缓言我教，不亦缪乎！"彼故使彼。王先谦曰："有墨性，故使墨。"夫人以己为有以异于人，以贱其亲，成玄英曰："言缓自恃己有学植之功，异于常人，故轻贱其亲，而汝于父也。"齐人之井饮者相捽才骨反。也。陆德明曰："言穿井之人为己有造泉之功而捽饮者，不知泉之天然也。"陆长庚曰："齐人，即众人。"故曰：今之世皆缓也。自是有德者以不知也，而况有道者乎！穆按："是"，犹"彼"也。俞樾曰："'以'，读为'已'。"宣颖曰："稍有一得之能，且不测其能然之故，况有道者乎！"古者谓之遁天之刑。宣颖曰："以不可知者而邀为己功，是遁天自贼也。"圣人安其所安，不安其所不安；众人安其所不安，不安其所安。

庄子曰："知道易，勿言难。知而不言，所以之天也；知而言之，所以之人也。古之人，阙误或本作"古之至人"。天而不人。"

朱泙音平。漫学屠龙于支离益，俞樾曰："广韵引郭注：'朱泙，姓也。'" 单千金之家三，陆德明曰："单，尽也。" 崔譔曰："用千金者三也。" 技成而无所用其巧。

圣人以必不必，故无兵；郭象曰："理虽必然，犹不必之。" 焦竑曰："兵非戈矛之谓，喜怒之战于胸中者是也。" 众人以不必必之，故多兵。宣颖曰："理之不必然者，而必其所偏见，则乖争生矣。" 王雱曰："言不必信，行不必果，必不必也；言必信，行必果，不必必也。" 顺于兵，故行有求。宣颖曰："徇于兵争，故动则求济所欲。" 兵，恃之则亡。

小夫之知，不离苞苴竿牍，宣颖曰："裹曰苞，藉曰苴。诗郑笺：'以果实相遗者，必苞苴之。'" 司马彪曰："竿牍，谓竹简为书，以相问遗。" 章炳麟曰："'竿'，本借为'简'字。" 敝精神乎蹇浅，而欲兼济道物，太一形虚。曹受坤曰："形，物也。虚，道也。太一形虚，犹言道与物合一。" 若是者，迷惑于宇宙，形累不知太初。马叙伦曰："'形累'，涉郭象注文而羡。知北游：'外不观乎宇宙，内不知乎太初'，可证。" 罗勉道曰："'形累不知太初'句，为形所累，不知有太初也。" 彼至人者，归精神乎无始，而甘冥本一作"瞑"。乎无何有之乡。俞樾曰："'瞑''眠'，古今字。'甘眠'，与徐无鬼'甘寝'同义。" 刘文典曰："甘冥，即酣眠也。" 水流乎无形，发泄乎太清。郭象曰："泊然无为，而任其天行也。" 宣颖曰："出于虚，归于虚。" 悲哉乎！汝为知在豪毛，而不知大宁！王先谦曰："大宁，无为泰定之宇。"

宋人有曹商者，为宋王使秦。司马彪曰："宋王，偃王也。" 其往也，得车数乘；王说之，陶鸿庆曰："'王'上当有'秦'字。"

益车百乘。反于宋，见庄子，曰："夫处穷闾厄巷，困窘织屦，槁项黄馘古获反。者，李颐曰："槁项，羸瘦貌。"司马彪曰："黄馘，谓面黄熟也。"奚侗曰："'馘'，疑'顑'之误。说文：'顑，食不饱，面黄起行也。'"商之所短也；一悟万乘之主，而从车百乘者，商之所长也。"庄子曰："秦王有病，司马彪曰："秦王，惠王也。"召医。破痈溃痤徂禾反。者，得车一乘；舐痔治纪反。者，得车五乘。所治愈下，得车愈多。子岂治其痔邪？何得车之多也！子行矣！"

鲁哀公问乎颜阖曰："吾以仲尼为贞幹，旧注："'贞'同'桢'。"阮毓崧曰："书费誓：'峙乃桢榦。'孔传：'题曰桢，旁曰榦。'桢当墙两端，榦在墙两边。"国其有瘳乎？"曰："殆哉，圾鱼及反。乎！郭象曰："圾，危也。"仲尼方且饰羽而画，从事华辞，以支为旨，宣颖曰："羽有自然之文采，饰而画之，则务人巧。"忍性以视民，而不知不信受乎心、宰乎神，马其昶曰："'信受'连读，合下'宰乎神'为句。"穆按：视，示也。言民不信受，无主于其中，而忍性示民者不知也。夫何足以上民！彼宜女与予颐与误而可矣。姚鼐曰："'误'，当作'诶'，言民但宜彼此相顺，娭诶而已矣。"马其昶曰："道因碑：'颐然理顺'，'颐'即'怡'也。'颐''诶'义同。则阳篇：'其于物也，与之为娭矣。'"今使民离实学伪，非所以视民也。为后世虑，不若休之，难治也。"

施于人而不忘，非天布也。陆长庚曰："天普万物而无心。"商贾不齿，陆长庚曰："商贾不齿于大道。"虽以事齿之，神者弗齿。郭象曰："要能施惠，故于事不得不齿。以其不忘，故心神忽之。

此百姓之大情也。”

为外刑者，金与木也；郭象曰：“金，谓刀锯斧钺；木，谓捶楚桎梏。”为内刑者，动与过也。宵人之离外刑者，旧注：“‘宵’同‘小’。”金木讯之；离内刑者，阴阳食之。俞正燮曰：“‘食’如‘日食’之‘食’，谓消蚀也。”陆长庚曰：“即内篇所谓‘有阴阳之患’。”夫免乎外内之刑者，唯真人能之。

孔子曰：“凡人心险于山川，难于知天。王叔岷曰：“‘知于’二字误倒。”天犹有春秋冬夏旦暮之期，人者，厚貌深情。故有貌愿而益，陆德明曰：“愿，谨悫也。”俞樾曰：“‘益’同‘溢’。荀子：‘以骄溢人。’”严复曰：“‘益’，同‘隘’。”有长若不肖，马其昶曰：“若，犹而也。”陆德明曰：“外如长者，内不似也。”有顺懁而达，马其昶曰：“‘懁’，徐音绢，与‘獧’‘狷’音义并同。‘顺’，王作‘慎’。‘达’，读如诗‘达兮’之‘达’。言外则慎狷，内实佻达也。”有坚而缦，有缓而釬。音干。陆德明曰：“釬，急也。”故其就义若渴者，其去义若热。故君子远使之而观其忠，近使之而观其敬，烦使之而观其能，卒然问焉而观其知，急与之期而观其信，委之以财而观其仁，告之以危而观其节，醉之以酒而观其则，俞樾曰：“周书官人篇：‘醉之酒以观其恭’，大戴礼作‘醉之以观其不失’；谓不失法则也。”杂之以处而观其色。宣颖曰：“杂处易淫。”九征至，不肖人得矣。”

正考父一命而伛，再命而偻，三命而俯，陆德明曰：“正考父，宋滑公之玄孙，弗父何之曾孙。公士一命，大夫再命，卿三命。”循墙而走，孰敢不轨！马其昶曰：“谓不敢不法。”如而夫者，郭象曰："而夫，凡夫也。"一命而吕钜，俞正燮曰："言其脊吕背梁强钜也。'吕钜'，即'强梁'，俱叠韵。"再命而于车上儛，三命而名诸父，孰协唐、许！陆德明曰："唐，唐尧；许，许由。皆崇让者。"郭象曰："言而夫与考父者，谁同于唐、许之事也！"

贼莫大乎德有心而心有睫，音捷。宣颖曰："心中凿多窍，如有睫然。"奚侗曰："淮南主术训：'德有心则险，心有目则眩。'"及其有睫也而内视，俞樾曰："内视者，非谓收视返听也；谓不以目视，而以心视也。后世儒者，执一理以断天下事，近乎心有睫矣。心有睫，正内视之谓。"宣颖曰："方寸之地，伺察多端。"内视而败矣。

凶德有五，成玄英曰："谓心、耳、眼、舌、鼻也。"中德为首。宣颖曰："中德，心也。"何谓中德？中德也者，有以自好也，而吡匹尔反。其所不为者也。郭象曰："吡，訾也。"孙诒让曰："'吡'，当为'呲'，即'呰'之变体。"

穷有八极，达有三必，形有六府。美、髯、长、大、壮、丽、勇、敢，八老俱过人也，因以是穷。宣颖曰："自恃故也。"缘循、成玄英曰："缘物顺他，不能自立。"偃佒、于丈反。方以智曰："'偃佒'，即'偃仰'，'仰'有去声，故通'佒'。"郭嵩焘曰："犹言俯仰从人也。"困畏不若人，三者俱通达。陆长庚曰："三者俱不若人，而却有通达之理。"穆按："困畏不若人"为一事。知慧外通，勇动多怨，仁义多责。阙误引或本，此下有"六者所以相刑也"一句。达生之情者傀，呼槐反。郭象曰："傀然大，恬解之貌。"达于知者肖；王念孙曰："方言：'肖，小也。'言任天则大，任智则小也。"达大命者随，达小命者遭。林希逸曰："遭者，犹有得失委命之心，随则无容心矣。”严复曰：“多怨、多责、傀、肖、随、遭，所谓‘六府’。”

人有见宋王者，锡车十乘，以其十乘骄稚庄子。郭庆藩曰：“稚，亦骄也。管子军令篇：‘工以雕文刻镂相稚。’”庄子曰：“河上有家贫恃纬萧而食者，陆德明曰：“纬，织也。萧，荻蒿也。织萧以为畚而卖之。”其子没于渊，得千金之珠。其父谓其子曰：‘取石来，锻丁乱反。之！陆德明曰：“锻，谓槌破之。”夫千金之珠，必在九重之渊，而骊龙颔户感反。下。陆德明曰：“骊龙，黑龙也。”子能得珠者，必遭其睡也。使骊龙而寤，子尚奚微之有哉！’林希逸曰：“残食无余也。”今宋国之深，非直九重之渊也；宋王之猛，非直骊龙也。子能得车者，必遭其睡也。使宋王而寤，子为齑粉夫！”

或聘于庄子，庄子应其使曰：“子见夫牺牛乎？衣以文绣，食以刍叔。陆德明曰：“叔，大豆也。”及其牵而入于大庙，虽欲为孤犊，其可得乎！”

庄子将死，弟子欲厚葬之。庄子曰：“吾以天地为棺椁，以日月为连璧，星辰为珠玑，万物为赍音资。送，吾葬具岂不备邪？何以加此！”弟子曰：“吾恐乌鸢之食夫子也。”庄子曰：“在上为乌鸢食，在下为蝼蚁食，夺彼与此，何其偏也！”

以不平平，其平也不平；以不征征，其征也不征。郭象曰：“征，应也。”成玄英曰：“圣人无心，有感则应，此真应也；若有心应物，不能应也。”明者唯为之使，神者征之。王雱曰：“明者，神之散；神者，明之藏。”王夫之曰：“神使明者，天光也；明役其神者，小夫之知也。”夫明之不胜神也久矣，而愚者恃其所见入于人，其功外也，不亦悲乎！

天下

杂篇之十一。陆长庚曰："天下篇，庄子后序也。列叙古今道术渊源所自，而以己承之，即孟子终篇之意。"王夫之曰："与孟子篇末举狂、狷、乡愿之异，历述先圣来至己渊源，及史迁序列九家之说，略同；古人撰述之体然也。"马骕曰："此自序也。诸篇多寓言，而此独为庄语。"姚鼐曰："是篇乃庄子后序。"

天下之治方术者多矣，成玄英曰："方，道也。"皆以其有，为不可加矣。古之所谓道术者，果恶乎在？曰："无乎不在。"曰："神何由降？明何由出？"陆长庚曰："神，谓人之本性，降衷于天者；且有灵觉，谓之曰明。""圣有所生，王有所成，陆长庚曰："内圣之德，外王之业。"皆原于一。"不离于宗，谓之天人。不离于精，谓之神人。不离于真，谓之至人。以天为宗，以德为本，以道为门，兆于变化，陆长庚曰："以无为为体，以有为为用。"朱骏声曰："广雅：'兆，避也。'"顾实曰："谓超离乎穷通死生之变化也。"谓之圣人。郭象曰："凡此四名，一人耳，所自言之异。"以仁为恩，以义为理，以礼为行，以乐为和，薰然慈仁，谓之君子。郭象曰："此四名之粗迹，而贤人君子之所服膺也。"以法为分，以名为表，陆长庚曰："法度所以齐天下，名器所以别天下。”以参为验，以稽为决，其数一二三四是也。百官以此相齿。王闿运曰：“此即事为治，不求其道，但为其法。法不出奇耦参倍，尚不必至五而数穷矣。自周衰用之，至今百官以治天下，但有差贤者耳，不能相绝也。”以事为常，以衣食为主，蕃息畜藏老弱孤寡为意，梁启超曰：“疑‘为意’二字，当在‘养’字下。”蒋锡昌曰：“疑在‘藏’字下。”皆有以养，民之理也。古之人其备乎！配神明，醇天地，马其昶曰：“‘醇’同‘淳’。左传注：‘淳，耦也。’仪礼注：‘耦阴阳。’”章炳麟曰：“‘醇’，借为‘准’。地官质人：‘一其淳制’释文：‘淳，音准。’是其例。易曰：‘易与天地准。’”育万物，和天下，泽及百姓，明于本数，系于末度。郭嵩焘曰：“天人、神人、至人、圣人、君子，所从悟入不同，而稽之名法度数，以求养民之理，则固不能离弃万物，以不与民生为缘；故曰：‘明于本数，系于末度。’”六通四辟，本又作“辟”。小大精粗，其运无乎不在。其明而在数度者，旧法世传之史，尚多有之。方昌翰曰：“‘史’字属上句。”姚鼐曰：“夫子语子夏，以君子‘必达于礼乐之原’，礼乐原于中之不容已，而‘志气塞乎天地’。庄子言‘明于本数’及‘知礼意’者，固即所谓‘达礼乐之原’。而‘配神明’，‘与造物为人’，亦‘志气塞天地’之旨。退之谓其学出于子夏，殆其然与？”其在于《诗》《书》《礼》《乐》者，邹、鲁之士、王安石曰：“先六经而后各家，庄子岂鄙儒哉！”穆按：邹，孟子生邑。孟、庄同时，未见相称。此篇以邹、鲁言儒业，可见其晚出。搢绅先生多能明之。《诗》以道志，《书》以道事，《礼》以道行，《乐》以道和，《易》以道阴阳，《春秋》以道名分。穆按：以诗、书、礼、乐、易、春秋为六经，此汉代始有，亦非庄子所知也。马叙伦曰：“此六句，疑古注误入正文。”其数散于天下，而设于中国者，百家之学，时或称而道之。天下大乱，贤圣不明，道德不一，天下多得一察焉以自好。罗勉道曰：“一察者，谓天下之人，多执其一偏之见以自喜。”譬如耳目鼻口，皆有所明，不能相通。犹百家众技也，王叔岷曰：“‘百家’，古钞卷子本作‘百官’。”皆有所长，时有所用。虽然，不该不遍，一曲之士也。判天地之美，析万物之理，察古人之全，穆按：此“察”字与上文“判”“析”同义。陶鸿庆曰：“以一得之见，窥古人之全也。”寡能备于天地之美，称神明之容。罗勉道曰：“‘容’，与‘颂’通。”是故内圣外王之道，暗而不明，郁而不发，天下之人，各为其所欲焉以自为方。马端临曰：“庄生时，六籍未经秦火，其书具在也。而诸子百家各以其说舛驰而淆乱之，是以有暗郁之忧。周以荒唐谬悠之言著书，盖亦百家之一也。而此段议论，无异圣贤格言。东坡谓庄子助孔子者，于此见之。”悲夫！百家往而不反，必不合矣。后世之学者，不幸不见天地之纯，古人之大体，道术将为天下裂。严复曰：“纯，全也。”郭象曰：“裂，分离也。”方东树曰：“庄子叙六艺之后，次及诸子道术。其后司马谈、刘歆、班固次第论撰，皆本诸此。”

不侈于后世，马其昶曰：“风俗古朴后侈，今不侈也。”不靡于万物，不晖一作“浑”。于数度，王敔曰：“不以文物为光采。”以绳墨自矫，而备世之急；郭象曰：“矫，厉也。”古之道术有在于是者，墨翟、禽滑厘闻其风而说之。陆德明曰：“禽滑厘，墨翟弟子也。”为之大过，已之大顺。郭象曰：“不复度众所能。”成玄英曰：“适周己身自顺，未堪教被于人。”穆按：“顺”，与“循”

通。“已”，误为“巳”。“已之大循”，谓太循于已也。成本作“已”，是。作为《非乐》，命之曰《节用》，陆德明曰：“非乐、节用，墨子二篇名。”生不歌，死无服。墨子泛爱兼利而非斗，其道不怒；又好学而博，不异，陆长庚曰：“不异，尚同也。”章炳麟曰：“‘又好学而博’为句；‘不异’为句；‘不与先王同’为句。”不与先王同，马其昶曰：“墨子南游，载书甚多，自言尝见百国春秋，是其好学之事。荀子称其‘大俭约而僈差等，曾不足以容辨异’。盖墨子之学，以‘不异’为宗旨；又好学以广博之也。淮南称其‘背周道而用夏政’，故曰‘不与先王同’。先王，谓周先王也。”顾实曰：“异，分也，别也。谓其为学博杂，不知别择也。”毁古之礼乐。黄帝有《咸池》，尧有《大章》，舜有《大韶》，禹有《大夏》，汤有《大濩》，音护。文王有辟雍之乐，武王、周公作《武》。古之丧礼，贵贱有仪，上下有等，天子棺椁七重，诸侯五重，大夫三重，士再重。今墨子独生不歌，死不服，桐棺三寸而无椁，以为法式。以此教人，恐不爱人；以此自行，固不爱己。未败墨子道。穆按：此谓后世墨学之徒，虽其持论，未败墨子之道，然非毁歌哭，而终不能无歌哭，言行不类也。章炳麟曰：“‘未’，借为‘非’；‘败’，即‘伐’字。言已非攻伐墨子之道。”马叙伦曰：“荀子富国篇：‘我以墨子之非乐也，则使天下乱；墨子之节用也，则使天下贫，非将堕之也，说不免焉。’意与此同。”虽然，歌而非歌，哭而非哭，乐而非乐，是果类乎？其生也勤，其死也薄，其道大觳。苦角反。郭象曰：“觳，无润也。”使人忧，使人悲，其行难为也；恐其不可以为圣人之道，反天下之心，天下不堪。墨子虽独能任，奈天下何！离于天下，其去王也远矣。墨子称道曰："昔者禹之湮洪水，陆德明曰："湮，塞也。"决江河，而通四夷九州也，名山三百，俞樾曰："'山'，当作'川'。吕览、淮南并曰'名川六百'。"郭庆藩曰："名川，大川也。"支川三千，小者无数。禹亲自操橐耜，而九杂天下之川；陆德明曰："橐，崔、郭音托，字则应作'橐'。'九'，本亦作'鸠'，聚也。"司马彪曰："橐，盛土器。"马其昶曰："'九''杂'同义。吕览注：'杂，聚也。'洪水泛滥，故聚之川以归于海。"腓音肥。无胈，步葛反。李颐曰："胈，白肉也。"胫无毛，沐甚雨，奚侗曰："广雅：'甚，剧也。'"栉疾风，置万国。禹大圣也，而形劳天下也如此。"使后世之墨者，多以裘褐为衣，以跂蹻纪略反。为服，李颐曰："木曰屐，麻曰屩。'屐'与'跂'同；'屩'与'蹻'同。"日夜不休，以自苦为极，曰："不能如此，非禹之道也，不足谓墨。"相里勤之弟子五侯之徒，司马彪曰："姓相里，名勤，墨师也。"孙诒让曰："五侯，盖姓五；古书伍子胥姓多作'五'。"南方之墨者苦获、已齿、邓陵子之属，李颐曰："苦获、已齿，二人姓字也。"俞樾曰："韩非云：'自墨子之死也，有相里氏之墨，有相夫氏之墨，有邓陵氏之墨。'"俱诵《墨经》，马叙伦曰："鲁胜墨辩序曰：'墨辩有上、下经，经各有说，凡四篇。'此即墨经也。"而倍谲不同，王念孙曰："吕览注：'在两旁反出为倍，在上反出为谲。''倍谲不同'，谓分离乖异也。"王叔岷曰："陶潜圣贤群辅录引此作'背谲'。"相谓别墨；以坚白同异之辩相訾，以觭纪宜反。偶不仵音五。之辞相应；王敔曰："觭偶，即奇偶。"梁启超曰："'觭'，疑'畸'之异文，即'奇'字。"陆德明曰："仵，同也。"陶鸿庆曰："'仵'与'伍'同。"

以巨子为圣人，王敔曰：“犹浮屠之‘法嗣’。”吴汝纶曰：“吕览去私：‘墨者有钜子腹䵍。’又上德篇：‘墨者钜子孟胜。’则钜子当为墨之大师，若诸侯之盟主矣。”皆愿为之尸，冀得为其后世，宣颖曰：“思继其统。”至今不决。陆长庚曰：“决，绝也。”墨翟、禽滑厘之意则是，其行则非也。将使后世之墨者，必自苦以腓无胈、胫无毛，相进而已矣。王敔曰：“进而不休。”武延绪曰：“疑当作‘相进而亡已’。”乱之上也，治之下也。虽然，墨子，真天下之好也，王敔曰：“人爱其惠。”将求之不得也，宣颖曰：“世少此人。”虽枯槁不舍也。才士也夫！

不累于俗，不饰于物，不苟于人，陆长庚曰：“谓无求于人。”章炳麟曰：“‘苟’，‘苟’之误。说文言‘苟之字止句’，是汉时俗书‘苟’‘苟’相乱。”不忮于众，愿天下之安宁，以活民命，人我之养，毕足而止，以此白心；古之道术有在于是者，宋钘、尹文闻其风而说之。崔譔曰：“尹文，齐宣王时人。”俞樾曰：“艺文志‘尹文子一篇’，在名家。师古注：‘刘向云：“与宋钘俱游稷下。”’”方以智曰：“宋钘即宋牼，‘钘’‘铿’声相近。”作为华山之冠以自表，陆德明曰：“华山上下均平，作冠象之，表已心均平也。”接万物以别宥为始。马其昶曰：“‘别宥’，见吕览去宥篇；别宥，即去宥也。”马叙伦曰：“‘宥’，借为‘囿’。尸子广泽篇：‘料子贵别囿。’料子，疑即宋子。别囿，谓解蔽也。”语心之容，命之曰心之行，成玄英曰：“名此容受，而为心行。”穆按：心之行，犹云心之德。谓以能容受为心之本德也。以聏音而。合驩，司马彪曰：“聏，色厚貌。”崔譔曰：“和也。”郭嵩焘曰：“当依阙误引作‘胹’。说文：‘胹，烂也。’方言：‘胹，熟也。’”章炳麟曰：“‘聏’，借为‘而’。释名：‘饵，而也；相黏而也。’本字当作‘昵’。此言以昵合驩。”以调海内，请欲置之以为主。梁启超曰：“‘请欲置’，当系‘情欲寡’之误。”王叔岷曰：“古钞卷子本无‘之’字。”见侮不辱，救民之斗；禁攻寝兵，救世之战。以此周行天下，上说下教，虽天下不取，强聒古活反。而不舍者也。故曰：上下见厌而强见也。虽然，其为人太多，其自为太少，曰："请欲固置，梁启超曰："此亦‘情欲固寡’之误。”五升之饭足矣。先生恐不得饱，弟子虽饥，不忘天下。”郭象曰：“称天下为先生，自称弟子也。”日夜不休，曰："我必得活哉！”图傲乎救世之士哉！穆按：图，计拟之辞。谓我志在救世，世人必不傲慢我，故我必得活也。章炳麟曰："‘图’，当为‘啚’之误。‘啚’，即‘鄙陋’‘鄙夷’之本字。啚傲，犹今言鄙夷耳。”曰："君子不为苛察，马其昶曰："说苑：‘尹文对齐宣王曰："事寡易从，法省易因"’，是其不为苛察也。”不以身假物。”郭象曰："必自出其力也。”以为无益于天下者，明之不如已也。马其昶曰："已，谓不必明之也。”以禁攻寝兵为外，以情欲寡浅为内，马其昶曰：" 荀子载子宋子曰：‘明见侮之不辱，使人不斗。’又曰：‘人之情欲寡，而皆以己之情欲为多，是过也。’”其小大精粗，其行适至是而止。王夫之曰："此亦近墨，而不为苦难之行，如俗所云安分无求者。其不避厌恶而强聒人，亦有忍力焉。”

公而不党，一作“当”；今从崔。王闿运曰：“‘当’‘党’古通。”易而无私，成玄英曰："平易。”决然无主，罗勉道曰："不先立主意。”陆长庚曰："决东而东，决西而西，更无主宰也。”穆按：此等字法，疑当出孟子告子篇后。趣物而不两，罗勉道曰："随事而趣，不生两意。"陆长庚曰："与物同趣，不立人我。"不顾于虑，不谋于知，于物无择，与之俱往；陆长庚曰："廓然而大公，物来而顺应。"古之道术有在于是者，彭蒙、田骈、慎到闻其风而说之。俞樾曰："艺文志，道家：'田子二十五篇。名骈，齐人，游稷下。'吕览、淮南俱作'陈骈'。史记：'慎到，赵人，著十二论。'艺文志，法家：'慎子四十二篇。名到。'"齐万物以为首，曰："天能覆之，而不能载之；地能载之，而不能覆之；大道能包之，而不能辩之。知万物皆有所可，有所不可，故曰：选则不遍，教则不至，郭象曰："都用乃周；任其性乃至。"道则无遗者矣。"陆长庚曰："道体物而未始有遗。"宣颖曰："所谓齐也。"马其昶曰："吕览云：'陈骈贵齐。'高注：'贵齐生死，等古今也。'"是故慎到弃知去己，而缘不得已；泠汰音泰。于物，以为道理。郭象曰："泠汰，犹听放也。"陆德明曰："泠汰，犹沙汰也。"穆按：惟其弃知去己而缘不得已，故能经历事物，而不为事物所沾滞也。曰："知不知，将薄知而后邻伤之者也。"姚范曰："'邻'与'磷'同。"孙诒让曰："'后'，疑当为'复'。'邻'同'甐'，义与'伤'同。"穆按：薄，鄙薄也。謑音奚。髁户寡反。无任，而笑天下之尚贤也；陆德明曰："謑髁，讹倪不正貌。"罗勉道曰："謑，忍耻；髁，独行。无任，无所事任。"纵脱无行，而非天下之大圣。郭象曰："欲坏其迹，使物不殉。"椎拍輐五管反。断，王叔之曰："椎拍輐断，皆刑截者所用。"王念孙曰："'輐'与'刓'同。"章炳麟曰："'断'，借为'剸'。说文：'刓，剸也。'"与物宛转，舍是与非，苟可以免，不师知虑，不知前后，马其昶曰："荀子云：'慎子蔽于法而不知贤'，是笑尚贤也；又云：‘慎子有见于先，无见于后’，是不知前后也。”魏鱼威反。然而已矣。推而后行，曳而后往，若飘风之还，若羽之旋，若磨石之隧，方以智曰：“隧，磨齿也。”马叙伦曰：“‘隧’，借为‘回’。说文：‘回，转也。’”全而无非，动静无过，未尝有罪。是何故？夫无知之物，无建己之患，无用知之累，动静不离于理，是以终身无誉。故曰：“至于若无知之物而已，无用贤圣，夫块不失道。”郭象曰：“欲令去知如土块也。”豪杰相与笑之，曰：“慎到之道，非生人之行，而至死人之理，陶鸿庆曰：“‘至’，当为‘主’字误。”适得怪焉。”田骈亦然，学于彭蒙，得不教焉。宣颖曰：“不言之教。”彭蒙之师曰：“古之道人，至于莫之是、莫之非而已矣。其风窢况逼反。然，方以智曰：“‘窢’即‘阈’，古文作‘閾’‘闆’‘侐’，唐人用‘侐然’，是也。”恶可而言？”王念孙曰：“而，犹以也。”陈寿昌曰：“以喻其过而无迹也。”常反人，不见一本作“聚”。观，郭象曰：“不顺民望。”陆长庚曰：“犹言‘不取则’。”而不免于鲩五管反。断。郭象曰：“鲩断，无圭角也。”马其昶曰：“常反人，谓其笑贤非圣。鲩断，谓其与物宛转也。”其所谓道非道，而所言之韪，不免于非。彭蒙、田骈、慎到不知道。虽然，概乎皆尝有闻者也。王夫之曰：“此亦略似庄子，而无所怀，无所照；盖浮屠之所谓‘枯木禅’。”

以本为精，以物为粗，以有积为不足，淡然独与神明居；古之道术有在于是者，关尹、老聃闻其风而说之。俞樾曰：“艺文志，道家：‘关尹子九篇’，注云：‘名喜，为关吏。’吕览：‘关尹贵清’，注云：‘关尹，关正也。’”建之以常无有，主之以大一；以濡弱谦下为表，以空虚不毁万物为实。关尹曰："在己无居，王敔曰："不居一是。"形物自著。陈显微曰："能无我，则形物自著，非我分别而著彼形物也。"陆长庚曰："无所住而生其心。"其动若水，其静若镜，其应若响。芴乎若亡，寂乎若清。同焉者和，陈显微曰："不自异，则与物和而不竞。"得焉者失。未尝先人，而常随人。"老聃曰："知其雄，守其雌，为天下谿；知其白，守其辱，为天下谷。"人皆取先，己独取后，曰："受天下之垢。"人皆取实，己独取虚，无藏也，故有余，岿然而有余。其行身也，徐而不费，王敔曰："徐，所谓'后其身'也。"王闿运曰："费，拂也。"章炳麟曰："'徐'，读为'馀'。老子云：'治人事天莫若啬。'训之者乃云'积敛无崖'矣。"无为也而笑巧。马其昶曰："即老子之所谓'绝巧弃利'也。"武延绪曰："'笑'，古作'关'；'笑巧'，疑当为'大巧'。老子：'大巧若拙。'"人皆求福，己独曲全，严复曰："求福，犹求备也。"曰："苟免于咎。"以深为根，以约为纪，曰："坚则毁矣，锐则挫矣。"常宽容于物，高山寺卷子本无"容"字。不削于人，王敔曰："不侵削人。"可谓至极。王叔岷曰："古钞卷子本作'虽未至于极'。"关尹、老聃乎！古之博大真人哉！王夫之曰："赞之曰'真人'，意其未至于天。"宣颖曰："世传关尹是老聃弟子，今庄子不见此证，反叙尹于老聃之上，岂传者未必然乎？"王闿运曰："关尹在老聃前，别有书，则不强老子著书明矣。"严复曰："古之方术，固不尽此上述之数者。而周略而置之；岂其所取，必与己为类，而有相受递及者欤？"

芴漠无形，变化无常，陆长庚曰："无相为宗，无住为行。"

死与生与！天地并与！神明往与！芒乎何之？忽乎何适？万物毕罗，莫足以归；古之道术有在于是者，庄周闻其风而说之。以谬悠之说，荒唐之言，无端崖之辞，王闿运曰：“‘谬’，读为‘寥’，远也。悠，亦远也。”马其昶曰：“谬悠，迂远也；荒唐，虚无也；无端崖，放旷也。”时恣纵而不傥，王叔岷曰：“‘傥’，本或作‘党’。”高亨曰：“‘傥’，借为‘谠’。玉篇：‘谠，直言也。’”王闿运曰：“傥，当也。”不以觭见之也。罗勉道曰：“犹言不以一端而见。”以天下为沉浊，不可与庄语；以卮言为曼衍，以重言为真，以寓言为广。独与天地精神往来，而不敖倪于万物，王闿运曰：“敖倪，视貌。”不谴是非，马其昶曰：“说文：‘谴，谪问也。’”以与世俗处。其书虽瑰古回反。玮，而连犿芳袁反。无伤也；陆德明曰：“瑰玮，奇特也。”李颐曰：“连犿，宛转貌。”王闿运曰：“‘犿’，读若‘蜷’。”其辞虽参差，而諔诡可观。宣颖曰：“諔诡，即滑稽。”吴澄曰：“庄子内圣外王之学，洞彻天人；遭世沉浊，而放言滑稽以玩世。其为人固不易知，而其为书亦未易知也。”彼其充实不可以已，上与造物者游，而下与外死生、无终始者为友。其于本也，弘大而辟，深闳而肆；其于宗也，可谓调适而上遂矣。陶鸿庆曰：“疑‘宗’为‘末’字误。”陆长庚曰：“上遂，谓达本反始。”宣颖曰：“上言其本宗，下言其应用。体用兼妙，此胜老子处。”虽然，其应于化而解于物也，陆长庚曰：“此即调适上遂意。”王闿运曰：“解，脱也。”其理不竭，其来不蜕；陆长庚曰：“不蜕，谓不离本宗。”阮毓崧曰：“蜕，有脱遗之义。言施之来世，亦无遗失也。”芒乎昧乎，未之尽者。王夫之曰：“庄子之学，盖以不离于宗之天人自命；谓内圣外王之道，皆自此出。于此殿诸家，为物论之归墟，而犹自以为未尽，望解人于后世，遇其言外之旨焉。”林云铭曰：“段中备极赞扬，真所谓上无古人，下无来者。庄叟断无毁人自誉至此，是订庄者所作无疑。”

惠施多方，其书五车；武内义雄曰：“以下或即北齐杜弼所注惠施篇。本篇上半释文，多引崔音，此下无一引。又列子仲尼篇多与此下文有相似，而张湛注亦不引向秀，则此下半为崔、向所不传，郭象取他本附此。”其道舛驳，其言也不中。历物之意，陆德明曰：“分别历说之。”章炳麟曰：“礼运：‘非意之也’，注：‘意，心所无虑也。’广雅：‘无虑，都凡也。’在心计其都凡曰‘意’，在物之都凡亦曰‘意’。‘历物之意’，陈数万物之大凡也。’曰：“至大无外，谓之大一；至小无内，谓之小一。无厚不可积也，其大千里。马其昶曰：“荀子言‘坚白同异、有厚无厚之察，非不察也，然而君子不辩，止之也。’”高亨曰：“名家离面与体，以为面大非体大也。”天与地卑，孙诒让曰：“‘卑’与‘比’通。荀子：‘山渊平，天地比。’杨注亦引庄子此文，是其证。广雅：‘比，近也。’”山与泽平。日方中方睨，高亨曰：“说文：‘睨，衺视也。’是睨有衺义。”物方生方死。大同而与小同异，此之谓小同异；万物毕同毕异，此之谓大同异。南方无穷而有穷，王叔岷曰：“古钞卷子本此下更有‘无厚不可积也’六字。”今日适越而昔来。此语见齐物论。连环可解也。我知天下之中央，燕之北、越之南是也。泛爱万物，天地一体也。”马其昶曰：“此惠施之说，以下公孙龙等辩者之说。”惠施以此为大，观于天下，陆长庚曰：“观，示也。”而晓辩者。天下之辩者，相与乐之。卵有毛；鸡三足；郢有天下；钱基博曰："犹宋儒云'一物一太极'。"犬可以为羊；马有卵；丁子有尾；成玄英曰："楚人呼虾蟆为丁子也。"火不热；山出口；王叔岷曰："司马彪注：'是山犹有口也'，疑司马本作'山有口'。"轮不辗地；目不见；指不至；姚范曰："列子：'指不至'，张湛有解。又世说，乐广答人'指不至'之问，及刘孝标注，与庄子司马彪之说，各自立意。"至不绝；龟长于蛇；矩不方；规不可以为圆；凿不围枘；飞鸟之景，未尝动也；司马彪曰："墨子曰：'影不徙。'"镞矢之疾，而有不行不止之时；狗非犬；墨子曰："狗，犬也，然狗非犬也。"黄马、骊牛三；白狗黑；孤驹未尝有母；一尺之棰，章蘂反。日取其半，万世不竭。穆按：上诸辩说，拙著惠施公孙龙详释之，此不复及。辩者以此与惠施相应，终身无穷。桓团、公孙龙，辩者之徒。成玄英曰："桓团、公孙龙，并赵人，游平原君家。公孙龙著守白论。"马其昶曰："列子作'韩檀'。汉志，名家：'公孙龙子十四篇。惠子一篇。'"饰人之心，易人之意；能胜人之口，不能服人之心，辩者之囿也。惠施日以其知与人之辩，王叔岷曰："古钞卷子本无'人'字。"俞樾曰："涉下衍'之'字。"蒋锡昌曰："与，犹敌也。徐无鬼：'方且与我以辩。'"特与天下之辩者为怪，此其柢丁计反。也。俞樾曰："'柢'与'氐'通。史记始皇纪：'大氐尽畔秦吏'，正义：'氐，犹略也。'"然惠施之口谈，自以为最贤，曰："天地其壮乎！司马彪曰："唯以天地为壮于己。"施存雄而无术。"穆按：此亦施之自语。谓惟欲雄于天地而无术，其他则无多让也。南方有倚人焉，方以智曰："'倚'即'奇'。"奚侗曰："倚人，谓不耦于俗。"曰黄缭，问天地所以不坠不陷，风雨雷霆之故。惠施不辞而应，不虑而对，遍为万物说；说而不休，多而无已；犹以为寡，益之以怪。以反人为实，而欲以胜人为名，是以与众不适也。蒋锡昌曰："管子白心：'兵之胜从于适。'注：'适，和也。'"弱于德，强于物，其涂隩矣。王闿运曰："隩，曲也。"吕惠卿曰："不能自胜，故弱于德；胜人，故强于物。其涂隩，谓非六通四辟之道也。"由天地之道，观惠施之能，其犹一蚉一蝱之劳者也。其于物也何庸！王闿运曰："庸，功也。"夫充一尚可曰愈，贵道几矣！吕惠卿曰："一与多，皆道也。一虽不足为本末之备，然比之忘本逐末者，尚可曰愈。贵于道，亦几矣。"穆按：此惜惠子之逐于多，而不能反充于一；散于物，而不能归宁于道也。惠施不能以此自宁，散于万物而不厌，卒以善辩为名。惜乎！惠施之才，骀荡而不得，陆德明曰："骀者，放也。"逐万物而不反，是穷响以声，形与影竞走也。悲夫！马叙伦曰："王应麟依北齐书杜弼传，尝注庄子惠施篇，谓'今无此篇，亦逸篇也'，疑此篇'惠施多方'以下，乃惠施篇文。观音义引崔譔、向秀音说，自'惠施'以下，讫不一见，则向、崔本此篇，终于'未之尽者'可知。"